Hansjörg Schneider

Kind der Aare

AUTOBIOGRAPHIE

Mit einem Nachwort von
Beatrice von Matt

Diogenes

Covermotiv: Gemälde von Paul Klee,
›Aare‹, 1900 (Ausschnitt)
Copyright © De Agostini Picture Library /
G. Nimatallah / Bridgeman Images

Inhalt

Ich bin ein Kind der Aare. Sie ist der schönste Fluss der Schweiz, unscheinbar, aber lieblich anzuschauen. Sie entspringt den Gletschern des Berner Oberlandes, fließt durch das westliche Mittelland und erreicht bei Murgenthal den Aargau. Bei Aarburg durchbricht sie den ersten Jura-riegel. Sie streift die alten Städte Olten, Aarau und Brugg, bis sie sich bei Koblenz mit dem Rhein vermengt. Obschon sie mehr Wasser mitbringt, verliert sie hier ihren Namen.

Ich habe mich stets gewundert, dass der Rhein männlich sein soll. Rhenus, Vater Rhein. Die Aare kann ich mir nicht männlich vorstellen. Sie ist weiblich, eine Mutter. Deshalb wohl muss sie ihren Namen hergeben.

Das Zentrum des Aargaus ist jenes goldene Gebiet, in dem die Lenzburg, die Brunegg, die Habsburg, die Wildegg und Wildenstein stehen. Wobei Wildegg und Wildenstein nicht ihrer Wildheit wegen so heißen, sondern nach der ur-alten Göttin Wil. Das ist altes, stolzes Minnesanggebiet, mit dem Römerlager Vindonissa zu Füßen, wo Reuss und Lim-mat in die Aare münden. Mit der Klosterkirche Königsfel-den, die von der Königin Elisabeth in Erinnerung an den ermordeten König Albrecht gebaut wurde. Mit der Kirche auf dem Staufberg, wo die wunderschönen Glasfenster hän-gen. Mit dem heiligen Baum des Aargaus, der Linde von

Linn auf dem Bözberg oben. Ihr Alter wird auf 800 Jahre geschätzt. Aber wer kennt schon ihr wahres Alter.

Diese Gegend ist ein Frauenland, regiert von der Göttin Verena, die später zur Heiligen erklärt wurde. Sie hatte die Macht, die physischen Gesetze aufzuheben. Sie ist von Solothurn auf einem Stein die Aare hinuntergeschwommen bis nach Koblenz und dort einige Kilometer den Rhein hinauf nach Zurzach, wo sie begraben liegt unter dem Verena-Münster. Die mächtigste, hilfreichste Göttin beidseits des Rheins. Noch heute wird sie von frommen Leuten besucht und um Hilfe angefleht. Ihre Insignien sind ein Kamm und ein Krüglein.

Eine der schönsten Sagen, die der 1833 in die Schweiz geflüchtete Bayer Ernst Ludwig Rochholz im Aargau gesammelt hat, erzählt von der Königin des Landes, die von ihrem bösen Bruder am Leben bedroht wurde. Sie hat sich von ihrer Burg, bei Auenstein direkt über der Aare gelegen, hinuntergestürzt in die Flut, um zu sterben. Aber die Aare hat sie aufgefangen, derart sanft, dass sie nicht ertrank, sondern über das Wasser gehen und das Land Richtung Rhein verlassen konnte.

Die frühchristlichen Kulturzentren der Schweiz sind Saint-Maurice im Wallis und Chur in Graubünden, die beide von Süden her über die Alpen christianisiert worden sind. Und St. Gallen, wo der Ire Gallus seine Einsiedelei hatte. Aber lange vorher waren schon die Römer da. Einige Kilometer unterhalb von Koblenz haben sie die Stadt Augusta Raurica gebaut. Und bei Brugg das Legionslager Vindonissa. Sie haben nicht nur ihre Legionäre mitgebracht, sondern auch ihre Kultur, ihre Mythen.

Der römische Autor Ovid hat die *Metamorphosen* verfasst, was man mit »Verwandlungsmythen« übersetzen könnte. Darin wimmelt es von Nymphen und Nixen, die das Wasser nicht nur bevölkern, sondern eins sind mit ihm. Denn die Römer wussten, dass alles Leben aus dem Wasser kommt.

Vor einiger Zeit bin ich zu einer Lesung ins Kloster Wettingen gefahren. Eine Zisterzienser-Abtei an der unteren Limmat, gegründet 1227, 1841 vom jungen, liberalen Kanton Aargau aufgehoben und enteignet. Es wurde ein Lehrerseminar darin untergebracht, das dann auch mein Vater besucht hat.

Vor der Lesung hat mich ein freundlicher Mann durch die alte Klosteranlage geführt. Wir kamen in eine hohe, von der Klosterkirche abgetrennte Seitenkapelle, in der Statuen der Wettinger Äbte standen. Auf die Rückwand ganz oben war in Rot eine zweischwänzige Wassernixe gemalt. Ich fragte den Mann, woher denn an diesem frommen Ort diese Seejungfrau komme. Er druckste herum und antwortete, diese Frauenfigur sei da oben, um die Mönche zu versuchen und ihre zölibatäre Standhaftigkeit dem Weibe gegenüber zu prüfen.

Später zeigte er mir in der Klosterkirche das Chorgestühl. Auf einmal bemerkte ich, wie er vorsichtig um sich schaute, ob die Luft rein sei. Dann leuchtete er mit einer Taschenlampe auf eine faustgroße Figur im Gestühl. Es war eine wunderschön herausgearbeitete zweischwänzige Wasserjungfer.

Das Kloster Wettingen, das wasserumflossen auf einer Halbinsel liegt, ist der Maria geweiht. Und zwar, so die fromme Theorie, der Maria der Seefahrer. Der Stella maris, dem Meeresstern. Womit die katholische Kirche offensichtlich die uralte Wassergöttin, die dort gewohnt hat, eingemeindet hat.

Ich habe mich damals über diese Wasserfrau erkundigt. Es war nichts über sie zu erfahren. Außer dass die Blechmusik Wettingen ihre Fahne, die sie bei ihren Aufmärschen vor sich herträgt, mit einer zweischwänzigen Wassernixe schmückt.

Jenes goldene Gebiet hat mächtige Adelsgeschlechter hervorgebracht. Die Frohburger, die Lenzburger, die Habsburger, die Rheinfelder. Das war noch vor den Städtegründungen. Vielmehr wurden die Städte von den Adelsgeschlechtern gegründet. Mein Heimatstädtchen Zofingen zum Beispiel von den Frohburgern. Lenzburg von den Lenzburgern. Brugg war die Garnisonsstadt der Habsburger, Rheinfelden die der Rheinfelder. Aber obschon ich im Geschichtsunterricht stets gut aufgepasst habe, habe ich von diesen Adelsgeschlechtern fast nichts erfahren. Außer von den Habsburgern, die waren als Feinde der Eidgenossen Schulstoff. Von den andern habe ich bloß gehört, dass sie ausgestorben seien. Weshalb, hat mir niemand gesagt. Weil es niemand wusste. Von der Frohburg, oberhalb von Olten auf einem Jurarücken gelegen, steht nur noch eine Ruine. Wir sind oft hinaufgestiegen, besonders in den Wintermonaten, wenn das alte Gemäuer im Sonnenlicht stand, während über Aare und Wigger Nebel lag.

Die Lenzburg steht noch. Eine mächtige Anlage mit großem Innenhof, fast eine kleine Stadt, mit tausendjährigem

Palas. Auch die Habsburg gibt es noch immer. Wenn man auf der Autobahn von Basel nach Zürich fährt, sieht man sie auf einem bewaldeten Hügel direkt über der Aare aufragen, als wäre sie ein riesiger erratischer Block. Sie war der Stammsitz mehrerer deutscher Könige und Kaiser.

Von der Burg in Rheinfelden, die auf einer Insel im Rhein stand, ist kein Stein mehr zu sehen. Und dies, obschon die Rheinfelder als Herzöge von Schwaben eines der mächtigsten Fürstengeschlechter des deutschen Reiches waren. Ende des 11. Jahrhunderts wurde Rudolf von Rheinfelden zum deutschen König gewählt. Allerdings gab es noch einen Gegenkönig, den Sachsen Heinrich. Folglich mussten die beiden zum Kampf antreten. Das geschah im Jahre 1080 in der Schlacht an der Elster, die Rudolf gewann. Allerdings verlor er dabei seine rechte Hand, worauf er starb. Und Heinrich wurde rechtmäßiger König.

Rudolfs abgetrennte Hand wurde aufgehoben und einbalsamiert. Man kann sie im Domschatz von Merseburg bewundern.

Ich frage mich, warum ich von diesen alten Geschichten, die doch den Aargau geprägt haben, so wenig erfahren habe. Die Antwort ist klar. Die Geschichte wird von den Siegern geschrieben. Und das waren nicht die Aargauer. Verlierer haben kein Anrecht auf eine eigene Geschichte. Untertanen schon gar nicht.

Im Jahre 1415 hatte der Habsburger Herzog Friedrich, genannt Friedrich mit der leeren Tasche, Streit mit König Sigismund. Es ging dabei um die Wahl des rechtmäßigen Papstes. Jedenfalls hat König Sigismund über den Habsburger die Reichsacht verhängt. Was hieß, dass seine Ländereien, zu denen das Gebiet des heutigen Aargaus gehörte, vogelfrei waren und ungestraft geraubt werden durften.

Das ließen sich die lieben, getreuen Eidgenossen nicht zweimal sagen. Die Berner besetzten den westlichen Teil des heutigen Kantons Aargau bis nach Brugg hinunter, samt den Jurapässen ins Fricktal hinüber. Die Innerschweizer und Zürcher eroberten die Täler der Reuss und der Limmat und die ehemalige Grafschaft Baden. Nur das Fricktal wollte niemand haben, vermutlich war es zu abgelegen, zu waldig.

Das ist heute mehr als 600 Jahre her, und 2015 musste irgendwie gefeiert werden. Obschon es niemandem ums Feiern war. Das Jubiläumsmotto lautete: »Die Eidgenossen kommen!« Was wohl irgendwie aufmunternd gemeint war.

Im Grunde wissen es alle: 1415 war für den Aargau eine Katastrophe. Denn die Aargauer wurden nicht als Eidgenossen aufgenommen, sondern als Untertanen unterjocht und ausgeplündert.

Und zwar bis 1798, als die Franzosen einmarschierten und der Alten Eidgenossenschaft ein Ende bereiteten. Damals wurden im Aargau Freiheitsbäume aufgestellt, es wurde getanzt. In Bern räumten die Franzosen den Gnädigen Herren die Schatzkammern aus. Sie beluden fünf schwere, fünfspännige Pferdewagen mit Silber und Gold und fuhren damit ins französische Garnisonsstädtchen Hüningen bei Basel. Aarau wurde für kurze Zeit Hauptstadt der Helvetischen Republik. Und der Aargau 1803 ein selbständiger Kanton.

In jenen Jahren wurde das ehemalige Untertanenland zu einem Zentrum des geistig-politischen Fortschritts. Das hatte schon mit der Gründung der Helvetischen Gesellschaft 1761 in Bad Schinznach angefangen, wo sich revolutionäre Geister regelmäßig zu Diskussion, Tanz und Badevergnügen trafen. Jetzt, nach Ende des *ancien régime*, kamen bedeutende Geister nach Aarau. Heinrich Pestalozzi aus Zürich, Remigius Sauerländer aus Frankfurt am Main, Heinrich Zschokke aus Magdeburg. Sie alle waren revolutionäre Volksaufklärer, die für das einfache Volk schreiben wollten. Dieser volksaufklärerische Zug ist dem Aargau bis heute eigen geblieben. Denn der Aargau hatte einen enormen Nachholbedarf in Sachen Bildung und Theorie. Wissen macht frei. Und genau das hatten die eidgenössischen Vögte fast vierhundert Jahre lang verhindert. Es gibt noch heute im großen, reichen Kanton Aargau keine Universität.

Pestalozzi gab im Dienste der Helvetik das *Helvetische Volksblatt* heraus. 1825 erhielt er das aargauische Ehrenbürgerrecht. Er wurde im aargauischen Birr begraben.

Heinrich Remigius Sauerländer führte ab 1803 in Aarau eine Buchhandlung samt Verlag. Er verlegte Pestalozzis *Wochenschrift für Menschenbildung* und Zschokkes *Schweizerboten* und die *Stunden der Andacht*. 1822 baute er in der Klus bei Küttigen eine Papiermühle. Heute wohnt dort eine Künstlerkolonie.

1941 hat der Sauerländer Verlag *Die rote Zora und ihre Bande* von Kurt Held herausgegeben. Eigentlich hieß der Autor Kurt Kläber und war in jungen Jahren Kommunist gewesen. Deswegen hätte er aufgrund der Schweizer Zensur nicht publizieren dürfen. Daher das Pseudonym. Weil der Krieg ausbrach, fand das geniale Jugendbuch vorerst keine große Beachtung. Erst in den fünfziger Jahren wurde die *Zora* zum Bestseller. Mehrere Verlage rissen sich um den Autor. Doch Kurt Held blieb Sauerländer treu. *Die schwarzen Brüder* sind übrigens auch von ihm, obschon er sie unter dem Namen seiner Ehefrau Lisa Tetzner publiziert hat.

Heinrich Zschokke kam 1798 nach Aarau. Hier wurde er von Philipp Albert Stapfer aus Brugg, der in der helvetischen Regierung Minister der Künste und Wissenschaften war, zum Chef des Bureaus für Nationalkultur berufen. Er verfasste Romane und fromme Traktate, er war ein sehr populärer Schriftsteller. Seine noch heute lesenswerte Autobiographie trägt den Titel *Eine Selbstschau*.

Er hat so viel Geld verdient mit seiner Literatur, dass er eine prächtige Villa bauen konnte. Sie liegt auf einer Anhöhe gleich ennet der Aarauer Aarebrücke. Sie heißt Blumenhalde und ist heute ein Kulturzentrum.

Ich will hier noch eine Autorin und einen Autor erwähnen, die für mich persönlich sehr wichtig waren und sind. Beide sind eingeborene Aargauer und haben ihre besten Texte in Mundart geschrieben. Es sind dies Sophie Haemmerli-Marti und Paul Haller.

Sophie Haemmerli-Marti (1868–1942) kam aus Othmarsingen und lebte als Frau eines Arztes in Lenzburg. Sie war Schulkameradin von Frank Wedekind, der oben auf dem Schloss aufwuchs. Obschon ich bloß zwei Gedichte von ihr auswendig kann, behaupte ich, dass sie eine großartige Lyrikerin war. Das eine ist der Text zum Lied von den zwei

Kätzlein, das andere der Text zum Weihnachtslied von den drei Engeln. Ersteres ist in Schulbüchern abgedruckt und im Schweizerlande weit herum bekannt.

Ich habe kürzlich gelesen, dass der Zürcher Altbundesrat Christoph Blocher in der Mehrzweckhalle Zofingen über einige wichtige Aargauer geredet hat. Über die Habsburger, Heinrich Pestalozzi und Sophie Haemmerli-Marti. In einem Interview vorab hat er vom Lied von den zwei Kätzlein geschwärmt und gesagt, er singe es seinen Enkeln vor. Auf die Frage, ob er es auch in der Mehrzweckhalle Zofingen singen werde, hat er geantwortet, vielleicht, vielleicht auch nicht. Vielleicht hat er es tatsächlich gesungen, vor tausend Leuten. Eine seltsame, eigentlich unerträgliche Vorstellung für mich. Denn ich habe das Gefühl, dieses Lied gehöre uns Aargauern. Was offenbar eine Qualität von Mundart ist.

Das Weihnachtslied von den drei Engeln, die an Heiligabend auf die Erde herabfliegen, um zu schlichten und zu helfen, rührt mich stets so sehr, dass aus meinen Augen das Aargauer Augenwasser hervordrückt. Das kommt daher, dass es mich an unsere Weihnachten zu Hause in meiner Kindheit erinnert. Wir sangen jeweils *Oh du fröhliche* und *Stille Nacht.* Dann, zum Schluss, sang mein Vater dieses Lied. Und zwar allein. Obschon er im Zofinger Männerchor war, habe ich ihn sonst nie singen hören. Er sang es leise, achtete genau auf den Text, als wollte er nichts anderes als eine Geschichte erzählen.

Ich wusste lange nicht, von wem dieses Lied war. Erst viel später, als ich ihn bat, mir doch den Text auf ein Blatt Papier zu schreiben, habe ich es erfahren.

Als ich selber zwei Kinder hatte, habe auch ich ihnen dieses Lied vorgesungen, ebenfalls allein.

Neuerdings feiern wir Weihnachten bei meiner Schwester, die in der Nähe von Schinznach Bad wohnt. Da ich Weihnachtslieder nicht mehr ohne Tränen ertrage, verziehe ich mich während des Singens jeweils ins Schlafzimmer. Ich höre ihnen zu, wie sie versuchen, das Lied von den drei Engeln zu singen. Den Text können sie, aber die Melodie kennt niemand mehr genau.

Paul Haller (1882–1920) wuchs in Rein bei Brugg auf, im Pfarrhaus direkt über der Aare. Er studierte Theologie und wurde Pfarrer auf Kirchberg bei Aarau. Von Glaubenszweifeln geplagt, legte er sein Amt nieder und begann ein zweites Studium in Germanistik, Geschichte und Psychologie. Er schrieb eine hervorragende Dissertation über *Pestalozzis Dichtung,* wobei ihn vor allem Pestalozzis Volkssprache interessierte. Er wurde Lehrer am aargauischen Lehrerseminar in Wettingen. 1920 schied er freiwillig aus dem Leben.

1911 erschien sein Versepos *s'Juramareili,* 1916 sein Theaterstück *Marie und Robert.* Es wurde 1917 vom Aarauer Dramatischen Verein uraufgeführt. Eine Berufsbühne, wie in allen größeren Städten üblich, gab es im Aargau nicht.

Diese beiden Texte gehören, neben einer Handvoll Gedichte, zum Besten, was die Schweizer Literatur zu bieten hat. Trotzdem kennt sie fast niemand. Denn sie sind in Brugger Mundart verfasst. *Marie und Robert* wurde zwar mehrfach von professionellen Bühnen nachgespielt, vom Zürcher Schauspielhaus zweimal. Dennoch gilt Haller als zweitrangiger Autor, da Mundart bis heute als zweitrangig gilt. Wenn es ernst wird, so die landläufige Meinung, muss es Hochdeutsch sein.

Aber Mundart ist eben auch eine schöne, poetische Sprache. Wir Deutschschweizer drücken alles, was wir sagen wollen, in Mundart aus. Und wenn ein begnadeter Autor kommt und seine Geschichten in Mundart erzählt, entsteht auch aus Mundart Literatur. Im Theater geht das gut, weil man die Wörter hört und nicht langsam entziffern muss. Muss man aber Mundart lesen, wird es mühsam. Besonders wenn man einen anderen Dialekt spricht. Deshalb gilt Paul Haller noch heute als lokaler Aargauer Autor.

Es gab zu Hallers Zeiten eine ganze Reihe von Mundartautoren wie Alfred Huggenberger und Meinrad Lienert. Sie wurden in der Zeit um den Zweiten Weltkrieg geehrt und gepflegt. Denn sie besangen eine heile Schweiz, wie es sie nie gegeben hat. Bodenständige Schweizer Freiheit von altem Schrot und Korn gegen Großdeutschlands Blut und Boden. Ich staune immer wieder darüber, wie sehr sich die Schweiz damals durch die deutschen Nazis auf das Niveau des Nationalkitsches herunterdrücken ließ. Offenbar war man der Meinung, es brauche einen eigenen, alle Bereiche umfassenden Nationalismus, um die Nazis abwehren zu können.

Paul Haller war anders. Er war ein hochbegabter Intellektueller, der dem christlichen Sozialismus des Theologen Ragaz nahestand. Er hat nicht die Bauernsame verherrlicht, sondern sehr genau die entwurzelte, verarmte Arbeiterschaft seiner Umgebung beschrieben. Das Juramareili zum Beispiel stammt aus der ärmsten Gesellschaftsschicht. Es wächst in Not und Elend auf und hat keine Chance auf ein erfülltes Leben. Es stirbt jung an Schwindsucht. Robert in *Marie und Robert* ist ein Arbeiter kurz vor dem Generalstreik von 1918, der die Schweiz erschüttert hat. Er kämpft um sein altes Haus, in dem er zusammen mit seiner Mutter lebt. Er fragt sich, ob er mitstreiken oder nach Amerika auswandern soll. Er tut beides nicht, er ist nicht mehr fähig zur entschlossenen Tat. Er ist und bleibt ein Untertan.

Paul Haller hat auch hochdeutsche Texte geschrieben. Sie sind allerdings zweitrangig. Dass er zur eigenen Mundart griff, um seine eigene Wahrheit auszudrücken, grenzt an ein Wunder. Er musste doch wissen, dass er damit seinen Wirkungsbereich einschränkte. Zudem hatte er in seiner Mundart keine adäquaten Vorbilder. Und mit dem *Juramareili* auch noch ein Versepos in klassischen Blankversen, kaum zu glauben. Offenbar hat er quälend lange nach einer eigenen Sprache gesucht, nach einer Volkssprache. Als er sie in der eigenen Mundart fand, sprudelte es aus ihm heraus, bis die Quelle versiegt war. Er hat, ähnlich wie Johann Peter Hebel, nur kurze Zeit in Mundart geschrieben.

Vielleicht hängt die Schmalheit von Paul Hallers Werk aber auch mit seinem Aargauer Wesen zusammen. Wer schreibt und dies bei kühlem Verstande tut, erzittert vorerst einmal vor Angst. Denn er weiß, dass er sich damit in eine kühne Ahnenreihe stellt. Dass er den Anspruch erhebt, mit der eigenen Feder Literatur herzustellen. Dieser Anspruch lässt manchen schon vor dem ersten Wort erlahmen. Nicht viele haben die Kraft, sich dieser Hybris zu stellen. In Zürich gab es Gottfried Keller, im Emmental Jeremias Gotthelf, in Basel Jakob Burckhardt. Wen gab es im Aargau? War es im Aargau überhaupt gestattet, Literatur herzustellen? Erlaubten die Gnädigen Herren solch eine Anmaßung?

Der vier Jahre ältere Robert Walser hat, so nehme ich an, die Angst vor dieser Hybris ebenfalls gekannt. Deshalb hat er sich so kleingemacht, kleiner geht nicht. Und ist gerade deshalb so groß geworden.

Der vierzehn Jahre jüngere Friedrich Glauser hat sich ebenfalls kleingemacht, indem er vor allem Kriminalromane und ähnlich unseriöses Zeug schrieb. Auch er ist dadurch groß geworden.

Vielleicht hat Paul Haller deshalb zur Mundart gegriffen, weil er sich ebenfalls kleinmachen wollte. Mundart war doch wohl noch gestattet. Mundart ging nur die Leute etwas an, die diese Mundart sprachen. Gerade diese Bescheidenheit hat Haller groß gemacht.

Wir alle, die wir aus dem Aargau kommen und schreiben, lieben und verehren Paul Haller. Wie ich aus Gesprächen weiß, galt dies auch für Herrmann Burger.

Herrmann Burger (1942–1989) kam aus Menziken im oberen Tal der Wyna und schied auf der Brunegg freiwillig aus dem Leben. Er war lebenslang hin- und hergerissen zwischen jubelndem Größenwahn und himmeltrauriger Todessehnsucht. Er hat den Aargau bloß während des Studiums verlassen. Anschließend ist er zurückgekehrt. Er hat mit Vorliebe Gebäude der oberen Stände bewohnt. Das Pfarrhaus auf Kirchberg, wo Paul Haller Pfarrer gewesen war. Ein Nebengebäude auf Schloss Brunegg, wo der Historiker von Salis residierte. Burger wollte alles zugleich sein, Autor, Privatdozent, Feuilletonchef und Rennfahrer im Ferrari. Es war eine Lust, ihm zuzuschauen, mit welch kindlicher Freude er in sein prachtvolles Gefährt stieg und davonbrauste.

1976 hat er mit *Schilten* seinen ersten Roman veröffentlicht, und der ist eine Wucht, eine Pracht, eine Schönheit sondergleichen. Er handelt vom gescheiterten Pädagogen und Volksaufklärer Armin Schildknecht, der im hintersten Krachen des Aargaus langsam und konsequent dem Wahnsinn anheimfällt. Vorbild ist das Ruedertal, wo Burger eine Zeitlang unterrichtet hat. Der Roman ist eine einzige Abrechnung, ein sprachlicher Racheakt an der Realität. An den komplizierten Verkehrsverbindungen, am Schulsystem, am Ruedertal, an der Welt schlechthin. Eine hinreißende Sprachorgie aus aberwitzigen Vorwürfen und Klagen.

Nach dem Zusammenbruch der kurzlebigen Helvetischen Republik versuchte Bern, seine ehemaligen Untertanengebiete zurückzubekommen. Der bereits erwähnte Philipp Albert Stapfer, der bevollmächtigter Minister der Schweiz in Paris geworden war, hat dies verhindert. Die Mediationsverfassung von 1803, die mit Napoleon ausgehandelt wurde, bestimmte, dass der Aargau ein eigenständiger Kanton blieb. Das gilt bis heute.

Ein seltsames Gebilde, dieser Kanton. Zusammengesetzt aus verschiedenen Teilen, jeder mit eigener Geschichte und Kultur. Kein eigentliches Zentrum, keine große Hauptstadt, die alles in ihren Bann gezogen hätte. Selbstverständlich hatten die einzelnen Teile während der Religionswirren des 16. Jahrhunderts die Konfession ihrer Herren annehmen müssen. Das Untertanengebiet der Berner wurde reformiert, die andern Teile blieben katholisch. Man kann die konfessionelle Zugehörigkeit noch heute an den Namen der Wirtshäuser ablesen. In den Ortschaften des ehemals bernischen Aargaus gibt es einen Bären, in den Gemeinen Herrschaften ein Kreuz. Im Fricktal einen Habsburger Adler.

Im neuen Kanton hatten die protestantischen Radikalen die Mehrheit vor den katholischen Konservativen. Diese Mehrheit machte sich sogleich daran, das Volk zu belehren und aufzuklären. Es wurden die Aargauische Kantonsschule und ein Lehrerseminar eingerichtet. Dann ging es gegen die Bildungshoheit des Klerus in den katholischen Gebieten. Das heißt, es ging ums Eingemachte, um die beiden Klöster Wettingen und Muri. Sie wurden 1841 aufgehoben. So lautet die Sprachregelung. Tatsächlich wurden sie enteignet, sprich: gestohlen.

Man muss schon einmal durch das Tal der Bünz südwärts gefahren sein, um zu wissen, was das Kloster Muri für eine Herrlichkeit war. Ein unglaublich mächtiger Bau erscheint dort schon von weitem am Horizont, einer Talsperre gleich, mit den spitzen Türmen der prächtigen Klosterkirche, die sich über der romanischen Krypta erhebt.

Es gab 1841 einen kurzen Aufstand im Freiamt, der schnell niedergeschlagen wurde. Ein Teil der Mönche floh nach Österreich und gründete dort ein Nachfolgekloster. Ein anderer Teil der Klosterbrüder ging nach Sarnen in Obwalden und errichtete dort eine Internatsschule.

Der neue Bundesstaat von 1848, die Confoederatio Helvetica, ist an einem Schützenfest in Aarau mit vaterländischen Reden und Gesängen eingeläutet worden. Man kann dies im *Fähnlein der sieben Aufrechten* von Gottfried Keller nachlesen.

Selbstverständlich kann man sich fragen, was diese alten Geschichten heutzutage noch sollen, in einer Zeit, in der sich die Welt so schnell verändert, dass ein alter Mann, wie ich einer bin, schlicht nicht mehr mitkommt mit Verstehen und Begreifen. Aber wir werden eben nicht nur von der Gegenwart bestimmt, sondern auch von der Vergangenheit. Selbst wenn uns dies nicht bewusst wird.

Mein Freund und Kollege Pirmin Meier stammt wie ich aus Würenlingen. Im Gegensatz zu mir ist er in diesem katholischen Dorf auch aufgewachsen. Er hat nicht, wie ich, die Kantonsschule in Aarau besucht, sondern die Internatsschule in Sarnen. Er hat nicht, wie ich, eine Dissertation über den literarischen Expressionismus geschrieben, sondern über den katholischen, doch eher konservativen Sonettdichter Reinhold Schneider. Diese unterschiedliche Thematik wurde uns beiden nicht durch die Genetik in die Wiege gelegt, sondern durch die aargauische Geschichte.

Manchmal spielt die Genetik eine überraschend eindeutige Rolle. Es gibt ein Foto von 1893 von meinen mütterlichen Vorfahren. Darauf ist mein Großvater Friedrich Riniker im Alter von etwa zehn Jahren abgebildet. Als meine Tochter dieses Foto gesehen hat, ist sie erschrocken. »Ein Doppelgänger«, hat sie gesagt, »der schaut aus wie du auf deinen Jugendfotos.«

Aber je länger ich mein Leben überdenke, umso mehr scheint es mir, ich sei von den äußeren Umständen bestimmt worden. Das hängt vielleicht auch damit zusammen, dass man das eigene genetische Herkommen gar nicht richtig überdenken kann, da es von Anfang an zu einem gehört wie die Luft, die man mit dem ersten Atemzug einatmet. Die äußeren Einflüsse aber kann man überdenken. Und wenn ich es tue, komme ich zum Schluss, dass ich ein Produkt der Aargauer Geschichte bin.

Da ich den Familiennamen meines Vaters trage und nicht den meiner Mutter, beginne ich mit der väterlichen Familiengeschichte. Ich weiß darüber nicht viel, außer dass die Schneiders in Würenlingen heimatberechtigt sind und immer waren. Und dass sie, wie mein Vater einmal erzählt hat, früher Wirte im Würenlinger Rössli waren und das Vorspannrecht für die Pferdewagen über den Berg hinüber nach Zurzach besaßen, wo jedes Jahr am Namenstag der heiligen Verena, am 1. September, die Zurzacher Messe eröffnet wurde.

Die Wirtschaft zum Rössli gibt es immer noch. Idiotischerweise ist sie vor einiger Zeit in Bären umbenannt worden, obschon Würenlingen nie zum Untertanengebiet von Bern gehört hat. Es hat stets zur katholischen Grafschaft Baden gehört.

Die Schneiders waren wohl nie Bauern. Mein Vater hat mir einmal wörtlich gesagt: Wir haben nie gebauert. Er war in solchen Dingen sehr genau. Nur hat er selten von solchen Dingen erzählt.

Nach seinem Tod hat mir meine Stiefmutter einen Briefwechsel zwischen meinem Vater und der Gemeindekanzlei Würenlingen übergeben. Darin erkundigt sich mein Vater nach einem Gerücht, das besage, es habe in der Ahnengalerie der Schneiders vor Generationen einmal ein Meier dazwischengefunkt. Der Gemeindekanzlist antwortet, das sei gut möglich, wenn nicht gar wahrscheinlich. Denn es habe damals eine Frau Schneider nach dem Ableben ihres Ehemannes sehr schnell einen Herrn Meier geheiratet. Ein Sohn sei indessen noch vor dieser Hochzeit geboren worden. Er sei auf den Namen Schneider eingetragen worden, obschon er vermutlich bereits vom späteren Ehemann Meier gezeugt worden sei. Jedenfalls sei man im Dorf einhellig dieser Meinung.

Ich bin einmal, noch bevor ich von diesem Briefwechsel wusste, dem Würenlinger Gemeindeammann vorgestellt worden. Es war anlässlich der Übergabe des Aargauer Literaturpreises an Pirmin Meier. Ich habe die Preisrede gehalten. Der Gemeindeammann hieß Schneider, er war von eher kleiner, untersetzter Gestalt. Ich selber bin ziemlich groß, ähnlich wie Pirmin Meier. Ich habe dem Ammann die Hand geschüttelt, erfreut, einen aus meiner Familie vor mir zu haben. »Dann sind wir also verwandt«, habe ich gesagt. »Nein«, erwiderte er, »das sind andere.« Ein seltsamer Satz, habe ich gedacht, was will er mir damit sagen?

Schneider oder Meier, das ist gehupft wie gesprungen. Beides ist nicht ideal für einen Schriftsteller, der sich einen Namen machen will.

Mein Vater ist in einem Haus mitten im Dorf aufgewachsen. Sein Vater hieß Marin, seine Mutter Marie, mit ledigem Familiennamen Hochstrasser. Marin Schneider war Posthalter.

Würenlingen liegt abseits der Bahnlinie am Rande einer weiten Ebene, durch welche die Aare fließt. Über dem Dorf erheben sich Rebberge, zuoberst steht die Kirche. Als mein Vater klein war, fuhr von der Bahnstation Untersiggenthal regelmäßig eine Postkutsche über Würenlingen nach Lengnau und Endingen hinüber, die man die beiden Judendörfer nannte. Die Familie der Bundesrätin Ruth Dreifuss stammt von dort, und die von Solomon Guggenheim, nach dem das New Yorker Guggenheim-Museum benannt ist. Mein Vater konnte sich noch gut an die Postkutsche erinnern, die an der Würenlinger Poststation kurz anhielt. Er hat erzählt, wie er jeweils die dunkel gekleideten Juden bestaunt hat, die darin saßen.

Er hat ordentlich zu schlucken gehabt, als mein Bruder eine Frau mit jüdischem Familiennamen geheiratet hat. Er wollte sich zwar nichts anmerken lassen. Denn er hat stets versucht, nach seiner Vernunft zu leben. Aber ich als sein Sohn habe es doch gemerkt. Und habe gestaunt.

Die Posthalterfamilie Schneider-Hochstrasser hatte zwei Töchter und zwei Söhne. Mein Vater Ernst war der Jüngste, im Dorf Posthalters Ernst genannt. (Ich selber bin Posthalters Ernst der Jüngste.) Wie es damals üblich war, hielten sie ein Schwein und ein paar Hühner. Dazu noch einige Äcker, Getreide, Kartoffeln, Runkeln für das Schwein. Die eigene Jauche führten sie in einer *Benne* auf die Äcker und verteilten sie mit einem *Chüefi* als Dünger.

Eines Tages brachte jemand die ersten Tomaten ins Dorf, und alle haben sich über die herrliche Frucht gewundert. Sie haben bass gestaunt, als der Schuhmacher, der *auf die Stör* kam, um der Familie neue Schuhe anzufertigen, zum ersten Mal gepaarte Schuhe machte. Also für jeden Fuß eine Extraform. So etwas hatten sie noch nie gesehen.

Die Würenlinger waren mausarm. Es gibt ein Foto aus der Zeit vor dem Ersten Weltkrieg. Darauf stehen vor der Würenlinger Posthalterei ein paar noch nicht zehnjährige Jungs, kahlgeschoren, barfuß. Ein Bild wie aus dem Mittelalter. Gut möglich, dass auch mein Vater drauf ist. Er wurde 1905 geboren.

Dann traf die Familie ein Unglücksschlag. Mein Vater war ungefähr sieben. Ich weiß es nicht genau, und ich wüsste auch niemanden, den ich fragen könnte. Denn die Vergangenheit interessiert in der Schneiderfamilie niemanden groß. Jedenfalls legte sich der Posthalter Marin Schneider eines Mittags ins Bett, klagte über Schmerzen in der Brust und stand nicht mehr auf. Er starb nach wenigen Tagen.

Der Ernährer war also weg. Und die restliche Familie hat gezittert vor Angst. Denn wovon sollte sie leben? Versicherungen gab es keine. Die Kinder waren noch schulpflichtig. Es drohte die akute Gefahr, dass die Kinder armengenössig wurden und verdingt werden mussten.

Offenbar haben der Gemeindeammann und der Pfarrer an die Postdirektion in Aarau geschrieben und eindringlich darum gebeten, der Frau Marie Schneider das Posthalteramt zu übergeben. Sie könne das, zudem würden ihr die älteren Kinder helfen.

Es war damals nicht üblich, dass eine Frau Posthalterin wurde. Aber die Postdirektion hat zugestimmt. Womit die Familie gerettet war.

Einmal hat mein Vater von einem entfernten Verwandten erzählt, der auch in Würenlingen wohnte. Dieser Mann war verheiratet und hatte fünf Kinder. Eines Tages war er verschwunden und kam nicht mehr zum Vorschein. Jahre später wurde bekannt, er sei über Le Havre nach Amerika ausgewandert.

Ernst Schneider hat im Dorf die Primarschule und in Brugg die Bezirksschule besucht. Üblicherweise fuhr er mit einem Fahrrad nach Brugg. Im Winter, wenn Schnee lag, ging er zu Fuß. Am Morgen zwei Stunden hin, am Abend zwei Stunden zurück. Erst nach Untersiggenthal, dann über die Aarebrücke bei Stilli, am Hügel von Rein vorbei, wo Paul Haller aufgewachsen war. Über Mittag bekam er in Brugg eine Suppe mit Brot.

Er war ein guter Schüler, er hätte eigentlich an die Kantonsschule in Aarau gehört und später an eine Uni. Er wäre ein erstklassiger Historiker geworden. Aber das war zu teuer. Der Pfarrer entschied, dass er ans Lehrerseminar in Wettingen gehen sollte. Dort erhielt er gratis Kost und Logis. Und Lehrer war ein geachteter Beruf.

Er arbeitete anschließend an mehreren Primarschulen als Vikar und machte eine Weiterbildung zum Gewerbeschullehrer. Er wurde an die Gewerbeschule Zofingen gewählt. Dort blieb er bis zu seiner Pensionierung.

Er starb mit 85 Jahren. Sein Sterben ging so vor sich: Er wollte in seinem Haus die Treppe zur Toilette hochsteigen, als er das Gleichgewicht verlor, nach hinten fiel und mit dem Kopf aufschlug. Meine Stiefmutter hörte seinen Schrei und rief sofort die Ambulanz an. Im Krankenhaus wollte der Arzt wissen, ob er noch bei Verstand war, und stellte ihm einige Fragen. Mein Vater gab klar und genau Antwort. Auf die Frage, wo er sich jetzt befinde, machte er noch einen Witz und sagte: In der Hölle. Kurz darauf fiel er ins

Koma und starb nach zwei Tagen. Er wurde bestattet auf dem Friedhof Bergli in Zofingen, wo schon meine Mutter begraben worden war.

Er hatte kurz vor meiner Geburt ein Haus in der Altachen gekauft, die gegen Brittnau hin liegt. Ein altes Bauerngebiet mit einer Gruppe Einfamilienhäuser mit großen Gemüsegärten.

Dass er dieses Haus kaufen konnte, verdankte er der Zurzacher Tante. Das war die Schwester meiner Großmutter Marie und folglich meine Großtante. Sie hatte einen wesentlich älteren Weinhändler aus Zurzach geheiratet. Dieser Weinhändler hatte offenbar an der Zurzacher Messe enorm viel Geld verdient. Er besaß eines dieser riesigen Messehäuser, die meist einen Tiernamen tragen. Sein Haus, so glaube ich mich zu erinnern, hieß Storchen oder Schwanen. Heute befindet sich darin ein Altersheim.

Zurzach ist einer der schönsten, seltsamsten Flecken im Schweizerland. Zwei große, alte Kirchen, eine davon das Münster, das aus der Zeit der Karolinger stammt. Das Grab der heiligen Verena. Die stolzen Messehäuser mit großem Innenhof für die Händler. Ein richtiges Bijou, aber ich kenne unter meinen Bekannten niemanden, der schon in Zurzach gewesen ist. Außer zum Baden vielleicht im benachbarten Thermalbad.

Als der Weinhändler starb, hat die Zurzacher Tante einen Teil seines Vermögens geerbt. Als sie selber starb, hat ihre Schwester, also meine Großmutter, einen Teil dieses Vermögens geerbt. Als meine Großmutter starb, haben die vier Kinder geerbt, jedes ein paar tausend Franken vielleicht. Damit hat mein Vater das Haus in der Altachen gekauft.

Als ich zehn war, hat er dieses Haus wieder verkauft und mit dem Erlös ein etwas teureres gekauft, das gleich oberhalb des alten Pulverturms der Stadtmauer stand. So musste er nicht mehr mit dem Velo in die Schule fahren, sondern konnte zu Fuß hingehen. Auch bedeutete das neue Heim in der Zofinger Gesellschaft einen sozialen Aufstieg. In der Altachen wohnten Arbeiter, an der Bottenwilerstraße, die über den bewaldeten Hügel nach Bottenwil im Uerkental hinüberführte, wohnten Leute der gehobenen Klasse. Gleich über der Straße residierte der Zahnarzt Widmer, nebenan der Fürsprech Ringier.

Mein Vater war ein typischer Aufsteiger, eifrig, verbissen, mit großem Arbeitseinsatz. Er hat es so weit gebracht, wie es ihm überhaupt möglich war. Er hat mir mehrmals den Rat gegeben, ich müsse gewandt sein. Ein seltsames Wort aus seinem Munde. Gewandt war genau das, was er in keinem Fall war. Vermutlich hat ihn das geärgert.

Ich habe in meinem Leben sehr oft über ihn nachgedacht. Ich habe immer wieder versucht, seine gebieterische Gestalt loszuwerden. Es ist mir nie ganz gelungen. Am besten gelang es in den 35 Jahren, die ich mit A. zusammen war. Wenn sie eine Wut hatte auf mich, schrie sie mich an: Du verdammter Würenlinger.

Heute ist der 5. Februar 2016. Ich bin am Morgen mit meiner Tochter und ihrem Mann über die französische Grenze nach Huningue gefahren. Erst durch die Anlagen der Basler Chemie, die beidseits der Grenze groß und finanzstark expandiert, dann über die alte Schleuse, die vom Rhein weg ins französische Kanalsystem führt. In Huningue auf dem Paradeplatz der ehemaligen Garnison der *grande nation* haben wir geparkt. Wir sind über die neue Fußgängerbrücke ins deutsche Weil hinübergegangen. Es ist eine Hängebrücke, an Stahlseilen über den Fluss gespannt. Sie schwingt ein bisschen unter dem Gewicht der Fußgänger und Radfahrer. Es ist wie ein leichtes Erdbeben unter den Füßen. Mitten auf der Brücke sind wir einige Minuten stehen geblieben und haben den Anblick genossen. Der breite, mächtige Fluss, der hier schon ein bisschen gestaut ist von den Schleusen von Kembs weiter unten. Der wunderbare Geruch nach Wasser, Möwenschreie in der Luft, drei schneeweiße Schwäne, die mit wehenden Flügeln nach Süden flogen, wo die hohen Gebäude der Chemie standen. Links die Einfahrt zum Rheinhafen.

Wir haben in Weil ein Straßencafé gesucht und keines gefunden. Deshalb sind wir zurück nach Huningue gegangen auf den weiten, viereckigen Platz, der ein bisschen vergammelt wirkte, obschon er frisch renoviert worden ist. Wie oft in Frankreich.

Auf dem Platz war ein kleiner Markt. Ich habe Orangen gekauft und hell leuchtende Karotten. Dazu beim *maître fromager* aus Ferrette, der jeden Freitag hier seinen Stand hat, einen Münsterkäse. Wir haben uns bei einem Algerier ins Straßencafé gesetzt und uns von der Sonne bescheinen lassen. Eine Wärme wie im Frühling, ein Licht wie in Südfrankreich. Eine ruhige, fast feierliche Stimmung, als wären wir an einem Mittelmeerstrand in den Ferien.

Bedenke ich den Werdegang meines Vaters, komme ich nicht umhin, ihm hohen Respekt zu zollen. Er hat konsequent seinen eigenen Weg der Aufklärung beschritten. Nur schon, dass er aus der katholischen Kirche ausgetreten ist, finde ich erstaunlich. Er hat zwar nie darüber geredet. Er hat bloß einmal gesagt, die Wunder des Heilands, zum Beispiel seine Fähigkeit, über das Wasser zu wandeln, seien nichts als billige Propaganda. Heute würden diese Wunder von der modernen Technik bei weitem übertroffen. Er ist dann der reformierten Landeskirche beigetreten, wohl dem Frieden zuliebe. Und weil es für einen Gewerbeschullehrer nicht dienlich war, keiner Konfession anzugehören.

Ich habe gute Freunde, die katholisch sind. Einige haben eine Klosterschule besucht. Das merkt man ihnen an, was mich immer wieder erstaunt. Sie kennen sich in Dingen aus, von denen ich keine Ahnung habe. Zum Beispiel bei Augustinus oder bei Thomas von Aquin. Und sie haben ein erstaunliches Durchsetzungsvermögen, wenn es um ihren persönlichen Vorteil geht. Offenbar sind sie von den Patres systematisch in der Gewissheit bestärkt worden, nicht nur den Herrgott auf ihrer Seite zu haben, sondern auch die Jungfrau Maria und alle Heiligen.

Ich behaupte, dass eine katholische Erziehung viel tiefer in die Seele eines Kindes eingreift als eine protestantische Erziehung. Deshalb kommen die Katholiken auch so schwer von ihrer Kirche los.

Die Grafschaft Baden, zu der Würenlingen gehörte, hat man den schwarzen Erdteil genannt. Der Pfarrer gebot über alles. Als mein Vater eine protestantische Frau heiraten wollte, hat seine Mutter, also meine Großmutter, nur unter der Bedingung eingewilligt, dass die zu erwartenden Kinder katholisch würden. Was dann auch geschah, meine beiden älteren Geschwister wurden katholisch getauft. Doch dann starb meine Großmutter, und wir wurden alle drei protestantisch erzogen.

Meine Würenlinger Tante, die ebenfalls Marie hieß und bei der ich oft und gern in den Ferien war, hat mir einmal kalten Arsches ins Gesicht gesagt, ich sei ein Heide.

Gewiss hat dabei die Enteignung der Klöster durch die protestantische Mehrheit eine Rolle gespielt. Den Raub ihres Reichtums und ihrer Kultur haben die Katholiken wohl niemals verwunden. Trotzdem hat mich die Präpotenz meiner katholischen Großmutter lange Zeit gestört. Meiner Meinung nach sollte man es einer Mutter überlassen, wie sie ihre Kinder erziehen will.

Ich lese in letzter Zeit sehr viel. Ich lese vor allem Biographien. Über Augustinus, Karl den Großen, über den St. Galler Mönch Notker den Stammler, den Bischof Otto von Freising. Es erscheinen laufend großartige Geschichtsbücher, was wohl vor allem dem Internet zu danken ist. Man muss nicht mehr zu den entlegenen Klosterbibliotheken reisen, um dort mühsam eine Handschrift zu entziffern. Die alten Texte sind überall und jederzeit auf dem Bildschirm abrufbar.

Ich habe mit größtem Interesse die zweitausendseitige Autobiographie des katholischen Theologen Hans Küng verschlungen, der knappe zwanzig Kilometer von Zofingen entfernt, im luzernischen Sursee, aufgewachsen ist. Ich habe eine Biographie über den Basler Humanisten Castellio gelesen, der für Toleranz gegenüber Ketzern plädiert hat. Anlass war die Hinrichtung Servets, der eine eigene Meinung zur Dreifaltigkeit Gottes vertrat. Anno 1553 wurde Servet vom Reformator Calvin in Genf über Stunden auf kleinem Feuer geröstet und verbrannt.

Der Zürcher Reformator Huldrych Zwingli, auch er ein frommer Mann, ließ ketzerische Wiedertäufer foltern, um sie zum rechten Glauben zurückzubringen. Als einem Wiedertäufer unter der Folter ein Arm ausgerissen wurde, hat Zwingli gemeint, genau das sei die Strafe Gottes.

Nicht nur die Inquisition hat also gefoltert und verbrannt, sondern auch fromme Reformatoren. Das Verbrechen beginnt in jenem Moment, in dem sich jemand im Namen Gottes für unfehlbar erklärt und danach handelt.

Ich hatte einen Freund aus Strengelbach bei Zofingen, der bei Karl Barth in Basel Theologie studierte. Er hat mich einmal mitgenommen in eine Vorlesung. Karl Barth hat die Vorlesung mit dem Satz begonnen: »Ich will beten.« Dann hat er folgendes Gebet gesprochen: »Gott, hilf meiner armen Seele. Wenn ich eine habe.«

Ich achte die katholische Kirche nicht nur wegen der alten Klöster, welche nach dem Zusammenbruch des römischen Reiches in unserer Gegend Kultur und Literatur tradiert haben. Ich verehre sie vor allem wegen der großen, volkstümlichen Gestalten wie Franz von Assisi und Klaus von Flüe. Und wegen der Madonna, der Muttergottes, die in jeder katholischen Kirche zu sehen ist. Die Muttergottes, welch eigentümliches Wort. Als ob der alte Herrgott, der die Welt in sechs Tagen geschaffen hat, um am siebten zu ruhn, auch eine Mutter gehabt hätte. Was war denn das für eine Frau, die als Mutter doch wohl vor ihrem Sohn da war?

Es gibt aus dem Gebiet des Oberrheins eine Reihe wunderbarer Madonnenbilder. Der Oberrhein war, nach dem Florenz eines Fra Angelico und dem Brüssel eines Rogier van der Weyden, ein europäisches Zentrum der Malerei, die ihren Höhepunkt in der Darstellung der heiligen Maria erreichte.

In Solothurn, der Aarestadt, hängt im Kunstmuseum die *Madonna in den Erdbeeren,* um 1425 von einem oberrheinischen Meister gemalt, dessen Name unbekannt ist. Ein unglaubliches Bild, das wohl europaweit bekannt wäre, hinge es nicht in Solothurn.

In Colmar ist die 1473 gemalte *Madonna im Rosenhag* von Martin Schongauer zu sehen, die heilige Ikone der Elsässer. Es grenzt an ein Wunder, dass sie sich noch immer in der alten Stadt Colmar befindet und nicht in Paris, München oder Berlin.

Es gibt weitere großartige Madonnenbilder von Martin Schongauer, dem Colmarer Stadtmaler. Die *Madonna im Fenster* im Getty Center in Los Angeles, die *Geburt Christi mit Anbetung der Hirten* in der Gemäldegalerie Berlin, die *Heilige Familie* in der Alten Pinakothek in München.

Eine wunderschöne junge Mutter mit kleinem Sohn als Verkünderin des Christentums, ist das überhaupt möglich? Sind Frauen nicht schon deshalb ausgeschlossen, weil sie Frauen sind?

Auf dem berühmten *Letzten Abendmahl* Leonardos in Mailand sitzt rechts von Jesus eine schöne, junge Frau. Jedes Kind erkennt auf den ersten Blick: Aha, da sitzt ein

Mädchen. Idiotischerweise wird das von der Kurie bestritten. Es sitze kein Mädchen da, wird behauptet, sondern der Lieblingsjünger Johannes.

Was soll denn das heißen? Würde es tatsächlich besser ins katholische Männerbild passen, wenn Jesus keine Liebhaberin gehabt hätte, sondern einen Liebhaber?

Unweit der Colmarer Kirche, in der die *Madonna im Rosenhag* hängt, steht im Museum Unterlinden der Isenheimer Altar des Matthias Grünewald. Ein Kunstwerk von Weltgeltung. In den hölzernen Sockel, auf dem der mehrflügelige Altar gestanden hat, ist das letzte Abendmahl Christi geschnitzt. Links von Jesus sitzt eine junge, schöne Frau.

Man wirft dem Islam heutzutage immer wieder seine archaische, stupide Vorstellung der Frau als unreines Wesen vor. Mit Recht, finde ich. Nur sollte man nicht übersehen, dass die katholische Kirche genau das gleiche Frauenbild hat.

Ich bin ein großer Verehrer der vier Evangelien des Matthäus, Markus, Lukas und Johannes. Wobei mich das jüngste, dasjenige des Johannes, am wenigsten interessiert, da ist viel sprachliches Geschwurbel drin. Matthäus, Markus und Lukas sind indessen hervorragend geschriebene Reportagen, einfach und genau erzählt, so dass sie jedes Kind versteht. Ich lese sie immer wieder, entzückt über die frechen, revolutionären Sätze des Jesus von Nazareth. Ich kenne keine einzige Stelle, wo er die Frau als unreines Wesen bezeichnen würde.

Das Wort der vier Evangelien, und nichts als dieses Wort. Insofern bin ich noch heute ein Protestant, obwohl ich längst aus der Kirche ausgetreten bin. Schon die Briefe des Paulus sind mir unglaubwürdig. Paulus ist für mich ein Zelot, der die großartigen Aussagen des Nazareners im eigenen Sinne zu deuten und zu organisieren begann, was dann zur Gründung der katholischen Kirche in Rom geführt hat. Jesus war ein rebellischer, mittelloser Wanderprediger. Die erzkonservative katholische Kirche ist heute die wohl reichste nichtstaatliche Organisation der Welt. Ein Gegensatz, der meiner Meinung nach die katholische Lehre so schwer belastet, dass ich ihr nicht folgen kann. Aber noch immer, wenn ich eine katholische Kirche betrete, zünde ich vor dem Marienaltar eine Kerze an.

Wie ich von Bekannten, die zu meinem Vater in die Schule gingen, gehört habe, war er ein beliebter, guter Lehrer. Streng, aber gerecht. Er hatte Schüler nicht nur aus dem Städtchen, sondern auch aus den umliegenden Dörfern. Mädchen und Burschen, die eine Lehre machten, Mechaniker, Schlosser, Damenschneiderinnen. Er lehrte nach der Theorie von Pestalozzi, die ihm im Seminar Wettingen beigebracht worden war. Von den Schülerinnen und Schülern ausgehen, sich in sie hineinversetzen, sie ernst nehmen. Das konnte er gut, er kannte die armen, ungebildeten Leute aus seiner Jugend.

Er hat enorm viel gearbeitet, hatte über vierzig Wochenstunden. Er hat nebenher noch die Buchhaltung verschiedener kleiner Firmen besorgt.

Eine Zeitlang war er Kassierer der ehemaligen Radikalen Partei Zofingens, die jetzt Freisinnige Partei hieß. Ich vermute, dass er sich davon gesellschaftlichen Aufstieg

versprach. Er blieb aber in Zofingen zeitlebens ein Außen-
seiter.

Als der Rektor der Gewerbeschule starb, wäre eigentlich mein Vater an der Reihe gewesen. Er wurde indessen übergangen, ein Jüngerer machte das Rennen. Das ließ
mein Vater nicht auf sich sitzen. Er ging auf die Gemeindekanzlei und erkundigte sich, warum nicht er Rektor
geworden sei. Er sei zu wenig umgänglich, bekam er zur
Antwort.

Mit großem Eifer hat er bei den Freizeitwerkstätten mitgemacht. Das waren Räume mit Hobelbänken, Bohrern
und Sägen, in denen junge Leute herumwerkeln konnten.
Er hegte große Sympathie für die Guttempler, die gegen
den Alkoholkonsum ankämpften.

Er war ein überzeugter Antifaschist. Er hat in der Schule
offenbar massiv gegen Hitler und die Nazis gewettert. Als
er vernahm, dass sein Name auf der schwarzen Liste der
ortsansässigen Nazis stand, hat er sich einen Browning gekauft. Wie er mir später erzählte, hätte er versucht, damit
drei stadtbekannte Nazis zu erschießen, wenn die deutsche
Wehrmacht einmarschiert wäre.

Er war offenbar Mitglied einer Organisation, die sich
Informationen aus Nazideutschland verschafft hat. Darüber hat er fast nichts erzählt. Aber ich habe noch während
des Krieges in seiner Pultschublade eine Broschüre mit KZ-
Fotos gefunden. Ich war damals höchstens sieben Jahre alt,
es war ein Schock für mich. Ich habe nicht einmal der Mutter etwas davon gesagt.

Nach dem Krieg war diese Broschüre verschwunden.
Mein Vater muss sie weggeworfen haben. Viel später hat er

auf meine Frage geantwortet, jene Fotos seien über Schaffhausen in die Schweiz geschmuggelt worden.

Alles in allem ein Mann also, auf den sein Sohn stolz sein kann.

Ich hatte während meiner Studienzeit in Basel eine deutsche Kommilitonin, die meist ein grünes Béret auf dem Kopf trug und eine Dissertation über Karl Kraus schrieb. Sie hat mir erzählt, dass sie ihren Vater ein einziges Mal gesehen habe. Das war gegen Ende des Krieges, als ein ihr fremder Mann zu ihr nach Hause kam. Die Mutter habe behauptet, das sei ihr Vater. Der Mann habe sie aufgehoben und geküsst. Er habe eine schwarze Uniform getragen.

Eine schwarze Uniform, das hieß ss.

Innerhalb unserer Familie war mein Vater ein grässlicher Diktator. Ich habe mich immer wieder gefragt, warum er dazu geworden ist. Ich kann es mir nur so erklären, dass er mit sieben seinen eigenen Vater verloren hat und vaterlos aufwuchs. Deshalb hat er sich wohl vorgenommen, seinen drei Kindern ein guter Vater zu sein. Herausgekommen sind bei diesem Unterfangen Schreie, Schläge, Terror. Er hat uns nicht erzogen, er hat uns zu dressieren versucht. An meine Schwester ist er nicht richtig herangekommen, denn vor weiblichen Wesen hatte er einen Höllenrespekt. Und wenn es drauf ankam, hat sie ihn eiskalt angelogen. Er hat es nie gemerkt.

Wir beide aber, mein älterer Bruder und ich, waren lange Jahre seine Opfer. Wobei ich mich nicht erinnern kann, dass er meinen Bruder je verprügelt hätte. Vermutlich war das gar nicht nötig. Denn mein Bruder hat als Erstgeborener die ganze Breitseite des Terrors unseres Erziehers hinnehmen müssen. Er wurde richtiggehend zusammengestaucht und zerdrückt. Das Einzige, was er in seiner Freizeit unternehmen durfte, war Werken und Basteln. Er hat nach den Anweisungen im *Helveticus,* was ein jährlich erscheinendes Jungenbuch war, ein wunderschönes Segelflugzeug mit einer Spannweite von anderthalb Metern gebaut. Ich war dabei, als er es zum ersten Mal hat fliegen lassen. Es ist von einem Hügel hinab die ganze Länge des Zofinger Schießstandes, das sind dreihundert Meter, ruhig und sicher hinuntergesegelt.

Er hat, ebenfalls nach Anleitung im *Helveticus,* ein Paddelboot gebaut. Der Kiel bestand aus einem jungen Eschenstamm, den mein Bruder mit siedend heißem Wasser so biegsam gemacht hatte, dass er ihn in die richtige Form bringen konnte. Er hat die Spanten mit starkem Segeltuch überzogen, das er mehrmals mit roter Ölfarbe bemalt hat. Aus einem alten Kinderwagen hat er ein zweirädriges Gefährt hergestellt, auf das er das Boot aufbocken und an sein Velo hängen konnte. So sind wir zur Aare hinunter oder nach Süden an den Sempachersee gefahren, um im selbstgebauten Boot meines Bruders herumzupaddeln. Ich, der ich zwei linke Hände habe, habe gestaunt.

Mein Bruder ist erst nach seiner Maschinenzeichnerlehre richtig zu sich gekommen. Er ist mit seiner Freundin, die er in der Jungen Kirche kennengelernt hatte, nach Lausanne im Welschland gezogen, wo sie ursprünglich herkam. Dort hat er einen Fernkurs gemacht und sich so gut auf das Technikum in Biel vorbereitet, dass er die beste Prüfung seines

Jahrgangs gemacht hat. Er ist ein hervorragender Ingenieur geworden und hat sich im Bündnerland niedergelassen, zusammen mit seiner ehemaligen Freundin und heutigen Ehefrau. Er hat ein Segelboot auf dem Walensee und ist bis vor kurzem noch Regatten gesegelt.

Meine Schwester ist ein Jahr älter als ich. Sie hat das Lehrerinnenseminar in Aarau besucht. Sie war 1956, als unsere Mutter den Freitod gewählt hat, die Stütze unserer Familie. Sie hat zu mir geschaut und mich verwöhnt. Sie hat mir ihren Plattenspieler ausgeliehen, auf dem ich in meiner Mansarde stets vor dem Einschlafen Jazz hörte. Sie hat dann eine Weiterbildung zur Turnlehrerin absolviert, ist in die USA gereist und war in der Nähe der kanadischen Grenze Skilehrerin. Als sie zurückkam in die Schweiz, habe ich gestaunt. Sie war sichtlich bis über beide Ohren verliebt. Und zwar in einen Indianer, der im Winter den Skifahrern den Liftbügel hinhielt. Vom Frühjahr bis in den Herbst, hat meine Schwester erzählt, sei er mit dem Kanu unterwegs in den Wäldern. Er habe schwarzviolettes Haar. Ich habe ihr geraten, sogleich zurückzufliegen in die USA, um mit dem Indianer zusammenzuleben. Aber sie hat gesagt, das gehe nicht.

Weiß der Kuckuck, welcher Teufel meinen Vater ritt, dass er mich so malträtiert hat. Ich kann es mir nur so erklären, dass er es als seine Pflicht ansah, den Teufel aus mir auszutreiben. Oftmals hatte ich, ohne Vorwarnung und ohne dass mir ein Grund erkenntlich gewesen wäre, urplötzlich seine Hand mitten im Gesicht. Nie die Faust. Immer seine offene Hand. Als ob das weniger schlimm gewesen wäre.

Dennoch habe ich diese Schläge einigermaßen leicht weg-gesteckt. Denn sie entstammten seiner Wut. Und Wut ist menschlich.

Was ich meinem Vater aber nie verziehen habe, waren seine Züchtigungen. Eine Züchtigung geschieht nicht aus Wut, sondern aus strafender Vernunft, als Sühne für die Übertretung bestimmter Verbote.

Es ging meist um Pünktlichkeit. Zum Beispiel schloss die Badeanstalt um 18 Uhr. Alle blieben bis 18 Uhr im Wasser, dann ging man heim. Aber bei Schneiders stand Punkt 18 Uhr die Suppe auf dem Tisch. Folglich kam ich eine Viertelstunde zu spät zum Abendessen. Mein Vater hat mich jedes Mal verprügelt, meist mit dem Lineal. Als es einmal entzweiging, mit der Hand.

Später, als wir ins Haus an der Bottenwilerstraße um-gezogen waren, war ich Mitglied eines pubertären Dreier-bundes. Anführer war Walo, der am Rebberg oben wohnte. Es war Freundespflicht von Dieter und von mir, unserem Anführer treu zu dienen. Ich habe ihn jeden Mittag nach der Schule bis zum Rebberg heimbegleitet. Dann bin ich heimgerannt und kam jedes Mal eine Viertelstunde zu spät. Und jedes Mal hat mich Vater verprügelt.

Er hat nicht aufgegeben. Und ich auch nicht.

Einmal, und das weiß ich noch wie gestern, hat mich mein Vater, der auf dem Diwan lag, zu sich herbefohlen. Er hat mich mit seinen mir ekelhaften Armen umarmt und gesagt: »Gell, das ist schlimm, dass ich dich heute über Mit-tag wieder verprügeln musste.« Und ich musste antworten: »Ja.«

Ich war ein großer, kräftiger Junge. Trotzdem ließ ich es

noch als Siebzehnjähriger zu, dass er mich mitten ins Gesicht schlug. Ich hätte ja auch zurückschlagen können, ich hätte ihn sogleich niedergestreckt. Aber meine Wut bekam keine Luft, sie glomm auf sehr kleiner, kaum mehr wahrnehmbarer Glut.

Die Schläge waren mir egal, die nahm ich hin. Viel schlimmer war, dass ich meinen Vater verachtet habe. Eigentlich möchte ein Sohn seinen Vater lieben. Das konnte ich nicht.

Erst nach dem Tod seiner Frau, die meine Mutter war, hat er mich nicht mehr angerührt. Ich ging damals in die Kantonsschule Aarau. Als ich aus der Stunde geklopft wurde, wusste ich, dass meine Mutter tot war. Ich bin sogleich nach Zofingen zurückgefahren. Als ich das Haus meines Vaters betrat, wollte er mich umarmen. Ich ließ es nicht zu, ich habe ihn zurückgestoßen.

Wir haben dann nur noch das Nötigste miteinander geredet. Ein richtiges Gespräch hat nie mehr stattgefunden. Obschon ich im Hause meines Vaters wohnhaft geblieben bin. Ich war so zusammengestaucht, dass ich zu keiner Tat mehr fähig war.

Als ich bereits fertigstudiert hatte, habe ich mir einen Schnauz wachsen lassen. Als mein Vater diesen Schnauz zu Gesicht bekam, hat er kein Wort gesagt. Tage später habe ich einen Brief von ihm erhalten. Sein Inhalt war sehr kurz, ich weiß ihn noch heute auswendig. »Lieber Hansjörg, ich finde, Du hast jetzt lange genug getrotzt. Schneide den Schnauz ab und komme heim. Dein Vater.«

Ich habe diesen Brief nicht beantwortet. Ich bin einfach nicht mehr nach Zofingen gefahren.

Als 1972 am Schauspielhaus Zürich mein erstes Stück uraufgeführt wurde, habe ich nicht im Traum daran gedacht, meinen Vater zur Premiere einzuladen. Wie ich erfahren habe, hat er eine spätere Aufführung besucht. Was mich gefreut hat.

Als er sterbend im Zofinger Krankenhaus lag, habe ich ihn besucht. Ich hatte eine Wolldecke bei mir, um über die Nacht bei ihm zu wachen. Das war nicht nötig, meine Schwester wollte bei ihm bleiben.

Ich habe lange diesen alten Menschen betrachtet, der da vor mir im Koma lag, direkt an der Pforte zum Tod. Ich habe mich gefragt, ob ich ihm vergeben könne. Vielleicht kann ich das einmal, habe ich gedacht, wenn ich selber im Sterben liege.

Es waren nicht bloß die Schläge. Meine ganze Art hat meinem Vater offenbar missfallen. Die Art, wie ich ging, zum Beispiel. Ich schlenkerte wohl eher vornübergebeugt durch die Gegend, als dass ich strammen Schrittes marschierte. Ich war ein langes Elend mit Hühnerbrust. Was mich nicht daran gehindert hat, beim Handball die Tore zu schießen. Mein Vater hielt dieses Schlenkern für falsch. Er hat mich über das richtige Gehen aufgeklärt. Ich musste es auf stundenlangen Spaziergängen, die ich in seinem Schritt zu absolvieren hatte, üben. Er hat mir die Natur verleidet.

Ich habe heute noch Probleme, durch eine Stadt zu gehen. Ich verkrampfe mich dabei, ich habe Angst, umzufallen und liegen zu bleiben. Nur im Wald verliere ich diese Angst. Ich fühle mich zwischen Bäumen unter meinesgleichen.

Ich fing an zu stottern, so dass ich kaum eine vernünftige

Antwort herausbrachte. Mein Vater gedachte, dieses Übel zu beheben, indem er mich auf seine Knie setzte. Dort musste ich Zischlaute von mir geben, s-sch, s-sch, s-sch. Täglich eine Viertelstunde lang. Weiß der Kuckuck, was er sich dabei gedacht hat.

Das Stottern hat sich nach der Pubertät irgendwann verloren. Nur auf Theaterproben setzt es wieder ein, wenn ich einem Schauspieler etwas erklären will.

Er hat mir jede eigene Entscheidung untersagt. Er hat alles bestimmt, meinen Haarschnitt, meine Kleidung, meine Schuhe, die Musik, die ich auf dem Klavier zu klimpern hatte. Als ich mit fünfzehn konfirmiert werden sollte, ist er mit mir ins Kleidergeschäft Wächter in der Oberstadt gegangen und hat mir einen sündhaft teuren, dunklen Anzug anmessen lassen. Den habe ich zweimal getragen. Bei der letzten Anprobe und bei der Konfirmation. Als ich mit 22 Jahren für ein halbes Jahr nach Paris ging, bin ich in einer knallorangen, eng geschnittenen Jacke über die Boulevards geschlenkert.

Die Frage, was ich wollte und was mir eventuell gefallen würde, ist nie gestellt worden. Dieses Verbot habe ich verinnerlicht. Ich habe größte Mühe, mich für etwas zu entscheiden.

Es gab allerdings eine Ausnahme. Seltsamerweise hat mir mein Vater schon früh selbständiges Reisen erlaubt. Mit sechzehn bin ich auf einem Lastschiff den Rhein hinuntergefahren bis ans Meer. Mit siebzehn habe ich Autostopp nach Paris gemacht. Als ich ihn deswegen zur Rede stellte, hat er geantwortet, wenn ich weg sei aus seinem Blickfeld, gehe es ihn nichts mehr an.

Es gab noch eine Ausnahme, und die wurde für mich existentiell zentral. Das war das Schreiben. Schreiben bedeutet nichts anderes, als sich laufend für bestimmte Wörter zu entscheiden, deren Auswahl fast unendlich groß ist. Ich behaupte, dass ich mich auf diesem Gebiet sehr wohl entscheiden kann. Hier ist es mir sogar eine Lust, mich zu entscheiden.

Ich wollte es schon immer tun, ich habe mich früh dafür entschieden. Als ich noch keine Zeile in einem richtigen Verlag veröffentlicht hatte, habe ich in meinen neuen Pass als Beruf Schriftsteller eintragen lassen. Ich lebe noch heute so, dass das Schreiben das Wichtigste ist. Ich kann nichts anderes. Alles Übrige, denke ich, und ich bin gewiss, dass es wahr ist, ergibt sich von selbst.

Meine Mutter hieß ledig Hilda Riniker, wurde 1907 geboren und wuchs in Aarau auf.

Die Riniker sind in Schinznach Dorf heimatberechtigt, ein alteingesessenes Bauerngeschlecht. Offenbar ist vor Jahrhunderten ein Vorfahre aus dem nahen Riniken hierhergewandert, daher der Familienname.

Schinznach Dorf liegt am Eingang zum Schenkenbergertal knapp über der Aareebene, in der das wesentlich jüngere Schinznach Bad gebaut wurde. Das Schenkenbergertal steigt über Oberflachs und Thalheim zur Staffelegg hinauf. Auf halber Strecke steht auf einem Hügel die Ruine Schenkenberg, etwas unterhalb davon das Schloss Kasteln, das von den Bernern erbaut wurde. Das ganze Tal gehörte zum Untertanengebiet Berns und ist konfessionell reformiert.

Alle drei Dörfer leben teilweise vom Weinbau. Die Rebberge ziehen sich hinauf bis Thalheim, alte Trockenmauern aus Kalkstein, die den Sonnenhang terrassieren. Noch in meiner Jugend nannte man die Tage des Wimmets die Freinächte, da es während der Weinernte keine Polizeistunde gab. Kürzlich habe ich auf einer Liste der 25 besten Schweizer Weine gelesen, dass ein Pinot noir aus Thalheim auf Platz 14 steht.

Mein Großvater Friedrich Riniker ist in jungen Jahren

nach Aarau ausgewandert, wo er auf dem Güterbahnhof eine Lebensstelle fand. Meine Mutter ist in Aarau geboren worden und aufgewachsen. Trotzdem betrachte ich das Dorf Schinznach als ihre Heimat. Noch immer, wenn ich in meinem kleinen Fiat aus dem Raum Aargau zurückfahre, biege ich ab von der Autobahn und kurve über die schmale Bergstraße durch die drei Dörfer auf die Staffelegg hinauf, wo ich einen Kaffee trinke. Die alten, kleinen Bauernhäuser entlang der Straße, in deren Ställen kaum mehr als neun Haupt Vieh Platz fanden, fünf Milchkühe, zwei Rinder, zwei Kälber. Gegen Süden hin die dunkel bewaldete Flanke der Gislifluh, im Norden die Weinberge im Spätsommerlicht, eine landschaftliche Schönheit ohnegleichen. Und dies gleich am Rande der Großagglomeration Zürich.

Auch über meine mütterliche Familie weiß ich nicht viel. Offenbar hat die Riniker Sippe genauso wenig Wert auf Familiengeschichte gelegt. Den Vornamen meiner Großmutter mütterlicherseits musste ich bei meiner Schwester erfragen. Sie hieß Anna Zulauf. Auch Zulauf ist ein alteingesessener Schinznacher Name.

Ich fühle mich als Riniker. Ich würde gern diesen Namen tragen.

Vor rund zwanzig Jahren hat mich der bekannte Filmer Paul Riniker angerufen. Er komme mich besuchen in Basel, er wolle von mir etwas über die Basler Universität wissen.

Als er vor mir stand, habe ich gestaunt und gesagt: »Riniker Schinznach.« »Woher weißt du das?«, hat er gefragt. »Ich sehe das an deiner Riniker-Nase«, habe ich geantwortet. Wir haben dann herausgefunden, dass wir Coucousins sind.

Mein Großvater Friedrich hat sich in Aarau an der Zelgli-straße ein Haus bauen lassen. Ich habe keine Ahnung, wo-mit er es bezahlt hat. In der Familie Riniker ist nie über Geld geredet worden. Es war, als würde Geld gar nicht existieren.

Meine Großmutter Anna hat wohl den großen Gemüse-garten angelegt. Sie starb, als meine Mutter ungefähr acht-zehn war. Ich weiß nicht, woran. Meine Mutter hat es auch nicht gewusst. Sie hat erzählt, ihre Mutter sei eines Tages krank geworden und sei im Bett liegen geblieben. Man habe ihr Stöhnen gehört. Der Arzt sei gekommen, aber der habe auch nicht helfen können.

Dieser Ehe sind drei Töchter entsprossen und ein Sohn mit Namen Fritz. Dieser Fritz hatte ein trauriges Schicksal. Er war ein normaler, gescheiter Junge. Bis es mit ungefähr dreizehn Jahren zu hapern begann. Er hat zwar alle Ge-birgspässe der Schweiz auswendig gewusst und dauernd aufgesagt, von wo bis wohin sie führten. Aber er kam im Unterricht plötzlich nicht mehr mit, man musste ihn aus der Schule nehmen. Die Begründung war, dass es nicht mehr gegangen sei. Er kam in ein Heim im Zürichbiet, wo es ihm aber nicht gefallen hat. Jedenfalls machte er sich zu Fuß auf den Heimweg und kam tatsächlich in der Zelgli-straße an. Eine Zeitlang war er in der Irrenanstalt Königs-felden, bis ihn der Großvater nach Hause nahm. Dort blieb er bis zu seinem frühen Tod. Ich habe von ihm 2000 Fran-ken geerbt. Ich war damals 22 Jahre alt und bin mit dem Geld nach Paris gefahren.

Von den drei Töchtern haben zwei das Lehrerinnense-minar Aarau besucht, nämlich Hanna und meine Mutter

Hilda. Die dritte mit Namen Bertha hat die Handelsschule Aarau absolviert und ist dann Sekretärin bei Suchard in Serrières am Neuenburgersee geworden. Sie hat jeweils, wenn sie zu Besuch kam, Schokolade und Sugus mitgebracht. Hanna und Bertha sind ledig geblieben.

Nach dem Tod meiner Großmutter Anna ist mein Großvater nach Schinznach gefahren und hat eine neue Frau geholt. Sie hieß Ida Hirt und hat zum Garten und zu den vier Kindern der Anna geschaut. Sie hat einen Sohn namens Bernhard geboren, der Leiter einer Forschungsabteilung der Basler Chemie wurde. Er hat noch mit sechzig angefangen, mit einem Deltasegler herumzufliegen, und ist, wie er erzählt hat, von seinem Chalet im Berner Oberland aus bei gutem Aufwind oft und gern um Eiger, Mönch und Jungfrau herumgesegelt.

Als ich in Aarau die Kantonsschule besuchte, habe ich jeweils bei Großmutter Hirt zu Mittag gegessen. Damals wohnten dort Großmutter Hirt, Tante Hanna und Onkel Fritz. Tante Hanna war Lehrerin in Schinznach gewesen, bis sie frühpensioniert wurde, da es mit den großen, frechen Bauernjungen nicht mehr gegangen ist.

Eine sonderbare, unvergessliche Stimmung war in diesem Haus. Eine grüne Ofenkunst in der Stube, die von der Küche aus geheizt wurde. Ein Buffet mit Porzellan, das nie gebraucht wurde, hinter der Vitrine. Ein Kanapee. Irgendwo hing das Bild der ährenlesenden Jungfrauen. Ich glaube mich zu erinnern, dass Großmutter Hirt vor dem Essen jeweils gebetet hat, für Speis und Trank Gott sei Dank, oder ähnlich. Sie war winzig klein, wog kaum vierzig Kilo. Daneben die Tante und der Onkel, die beide fresssüchtig waren. Man musste dauernd aufpassen, dass Onkel Fritz nicht auch noch die Salatsauce austrank.

Diese Leute waren unaufdringlich fromm. Großmutter Hirt hat nie über ihren Glauben geredet. Aber man hat ihn bemerkt, an allen Ecken und Kanten. Ich würde diesen Glauben pietistisch nennen. Sie hatte ihren direkten Draht zum Herrgott, der alles wusste und alles sah.

Als meine Mutter im Zimmer, das wir Salon nannten und wo das Klavier stand, inmitten von Blumen tot aufgebahrt war, kam die winzige Großmutter Hirt von Aarau angereist, trat vor den Leichnam und sprach: »Aber auch, Hildi, was hast du gemacht.«

Tante Hanna hat dauernd geredet und erzählt, Geschichten und abwegiges Zeug aus Schinznach. Von Leuten, die plötzlich verschwanden und nicht mehr zum Vorschein kamen. Von Schwermut. Von Elise, der Schwester von Großmutter Anna, die sich im Tenn erhängt hatte. Von einer nicht näher bestimmten Verwandten, die in die Aare gegangen war. Von einem entfernten Onkel, der nur noch auf der Ofenbank saß und einen einzigen Satz wiederholte: »Wenn nur unsere Kuh nicht wäre.« Zwischendurch aber auch erfreuliche Geschichten wie jene von zwei verwandtschaftlich ebenfalls nicht näher bestimmten Burschen, die Trompete spielen konnten. Sie seien jeweils am Samstagnachmittag losmarschiert über die Jurahöhen nach Laufenburg am Rhein, um dort zum Tanz aufzuspielen. Sonntags seien sie gegen Mittag zurückgekommen. Und jeder habe einen Fünfliber im Sack gehabt.

Sie hatte in der guten Stube, die nur am 25. Dezember zu Ehren des Christkindes beheizt und benutzt wurde, ein

Büchergestell stehen. Daneben war eine Couch. Ich habe mich nach dem Mittagessen immer auf diese Couch gelegt und Tante Hannas Bücher gelesen. Ich erinnere mich an den Roman *Das einfache Leben* von Ernst Wiechert, einem ostpreußischen Autor, der 1950 am Zürichsee gestorben ist. An die frühen Romane von Hermann Hesse. Und an die gesammelten Werke von Friedrich Nietzsche. Wie diese grün gebundenen Bände hierhergekommen waren, war mir ein Rätsel. Ich habe Tante Hanna nie danach gefragt. Aber es war offensichtlich, dass sie damit ein Verbot übertreten hatte. Das Verbot, sich selbständig und frech eigene Gedanken zu machen.

Ich habe angefangen mit dem *Zarathustra,* von dem ich schon gehört hatte. Ich habe mich weiter durchgekämpft durch mehrere Bände. Ich fürchte, ich habe nicht allzu viel verstanden. Ich hatte keine Ahnung, wie Nietzsche geistesgeschichtlich einzuordnen war, ich hatte null philosophische Vorbildung. Dennoch habe ich weitergelesen, durchglüht von Nietzsches Sprachkraft. Und etwas habe ich begriffen, dass man nämlich stürzen solle, was fallen will.

Als Großmutter Hirt gestorben war, ist Tante Hanna in ein kleines Altersheim an derselben Straße umgezogen. Sie hat dort eine Mansarde bewohnt. Ich habe sie mehrmals besucht. Ich habe auf ihrem Tisch Hemingways sämtliche Werke stehen sehen. Ich habe ihr meine ersten Bücher gebracht, sie hat auch die gelesen.

Dann hat ihr die Heimleitung mitgeteilt, dass sie in ein Pflegeheim umziehen müsse. In der Nacht vor diesem Umzug ist sie im Schlaf gestorben.

Sie hat meinem Bruder den Fernkurs bezahlt, mit dem er sich auf die Aufnahmeprüfung ans Technikum Biel vorbereitet hat. Als A. und ich geheiratet haben und wenig Geld hatten, hat sie uns die Hälfte ihrer AHV überwiesen. Und zwar nicht etwa an mich, sondern direkt an A.

Sie hat mich stets Jöggu genannt.

In jenen Jahren, als Tante Hanna Lehrerin in Schinznach war, bin ich oft bei ihr in den Ferien gewesen. Das muss zum Teil noch während des Krieges gewesen sein. Sie wohnte gleich gegenüber der Kirche. Sie besaß eine Standuhr, die wie Big Ben die Stunden schlug. Es gab zum Frühstück Grahambrot und Ovomaltine. Wenn man nicht tat, was sie wollte, verteilte sie ekelhafte Kopfnüsse. Meist aber hat sie mich verwöhnt.

Es gab eine Menge Verwandte in diesem Dorf, die ich alle Tante und Vetter nannte. Sie mochten kleine Buben, wie ich einer war. Niemand war böse, keiner hat geschrien oder geflucht.

Auch diese Leute waren arm. Aber es kann sein, dass es den Berner Untertanen ein bisschen besser ergangen war als den Untertanen in den Gemeinen Herrschaften. Denn Bern hatte ein Interesse daran, sein Untertanengebiet einigermaßen in Ordnung zu halten und wirtschaftlich zu entwickeln, um so eine gute Rendite herauszuholen. Die Vögte in den Gemeinen Herrschaften blieben indessen nur zwei Jahre. Dann war wieder ein anderer Ort an der Reihe. Diese Vögte hatten keinerlei Interesse, zu investieren und irgendetwas zu entwickeln. Sie saßen ihre zwei Jahre ab, meist in der luxuriösen Bäderstadt Baden, holten aus dem ihnen unterstellten Gebiet heraus, was sie konnten, und machten sich dann wieder vom ausgeplünderten Acker.

In Würenlingen wurde geflucht, geschimpft und geprügelt. Nicht bei meiner Tante Marie, aber bei den Nachbarn. In Schinznach war so etwas undenkbar. Man schien hier zu wissen, dass jedes Kind ein Geschenk Gottes ist. Hier wurde gelobt und gelacht, man freute sich des eigenen Lebens.

Unweit des Hauses, wo Tante Hanna wohnte, war das alte Bauernhaus der Großmutter Anna Zulauf. Eine niedrige Stube, in der es nach Äpfeln und Speck roch, eine Ofenkunst, wie in allen Nachbarhäusern auch. Ein Pferdestall mit Flori und Fanni, Flori hatte blondes Haar, Fanni schwarzes. Dann die Scheune, der Duft von Gras und Heu. Endlich der Kuhstall. Allmorgendlich trotteten die Tiere nach dem Melken die Dorfstraße hinaus auf die Weide. Am Abend trotteten sie zurück, gemütlich, friedlich, nirgends war ein Grund zur Eile.

Der Bauer, ich nannte ihn Vetter Hans, war ein Cousin meiner Mutter. Seine Frau, Tante Klärli, war eine kleine, schwarzhaarige Frau. Die beiden waren das liebste Paar, das mir auf Gottes Erdboden je begegnet ist. Ich bin bei jeder Gelegenheit zu ihnen gegangen, Tante Hanna war wohl froh, mich für einige Zeit los zu sein. Nirgends sonst ist es mir in meiner Kindheit so wohl gewesen.

Das Rinikerhaus stand fünfzig Meter dorfabwärts, gleich gegenüber dem Gasthof Hirzen. Es steht noch heute dort, ein mehrere hundert Jahre altes, imposantes Gebäude, aus Kalkstein gebaut. In einem Anbau war die alte Trotte.

Der Bruder meines Großvaters hatte hier gebauert und

war nebenher noch Gemeindeammann. Ich habe ihn nicht mehr gekannt. Es wohnten vor allem Frauen hier. Die älteste hieß auch wieder Tante Marie, sie war im Dorf Lehrerin gewesen. Sie wollte immer beten, wenn ich zu ihr kam. Ich musste dabei die Hände falten und ihr zuhören, wie sie mit ihrem Gott Zwiesprache hielt. Es waren Dankgebete, die sie sprach. Sie dankte dafür, dass Gott ihr einen so lieben Bub vorbeigeschickt hatte. Sie hat behauptet, das Bim-bam Bim-bam der Kirchenglocken würde Hei-land-komm-bald bedeuten.

Es wohnte auch ein junger Mann in diesem Haus. Er hieß Ernst und war ein Cousin meiner Mutter. Er spielte Geige und hat mir vorgefiedelt wie der schwarze Geiger in Kellers *Romeo und Julia auf dem Dorfe*. Obschon er eine Musikschule in Zürich besucht hat, hat es ihm für eine professionelle Karriere nicht gereicht. Immerhin ist er bis ins hohe Alter Dorforganist von Schinznach gewesen. Er ist über neunzig geworden und im Rinikerhaus gestorben.

Sehr gern war ich auch bei Tante Emma und Vetter Sepp, die in einem neu erbauten, großen Einfamilienhaus wohnten. Es gab immer ein Brikett, wenn ich bei ihnen aufkreuzte. Ein Brikett war ein Bonbon aus Bärendreck.

Tante Emma war eine Schwester der Großmutter Hirt. Das habe ich erst später erfahren, ich habe als Kind keinen Unterschied zwischen blutsverwandt und angeheiratet gemacht. Tante war Tante, und Vetter war Vetter, lieb waren sie alle.

Vetter Sepp hieß eigentlich Giuseppe Realini und war als *muratore* in die Gegend gekommen, um beim Bau des Eisenbahntunnels Bözberg mitzuarbeiten und Geld zu verdienen. Er hat sich in Emma verliebt und ist in Schinznach geblieben. Die beiden haben geheiratet, Giuseppe hat ein Baugeschäft aufgemacht. Was offensichtlich gut funktioniert hat. Neben ihrem Haus stand ein mächtiger Nussbaum, der in guten Nussjahren reichlich Früchte getragen hat.

Jahrzehnte später, als ich mit A. im Hirzen zum Abendessen war, saß hinten in der Ecke ein alter Mann, der uns zugewinkt hat. Beim Hinausgehen stellte er sich kurz vor, es war Vetter Sepp. Eine halbe Stunde später erschien er wieder, mit einem Sack voller Nüsse. Die hat er uns geschenkt.

Aus der engeren Riniker-Familie hat, soviel ich weiß, niemand eine Universität besucht, außer meinem Halbonkel, dem Chemiker Bernhard Riniker. Es gab einen Vetter Jakob (Vetter Jakob aus der Westallee, wie ihn Tante Hanna nannte), der offenbar Postdirektor war. Wo und wann, weiß ich nicht. Das hieß, dass immerhin einer Karriere gemacht hatte.

›Karriere‹ war kein Begriff aus dem Riniker-Wortschatz. Man lebte dort, wo einen der Herrgott hingestellt hatte. Es ging, so lange es ging. Wenn es nicht mehr ging, ging es halt nicht mehr. Es lag eine Art Schwermut über der Familie, die aber häufig von herzlichem Lachen aufgerissen wurde.

Die Schneider-Familie war hingegen stets auf den eigenen Vorteil erpicht. Auf Karriere, auf Geld. Zwei meiner Schneider-Cousins, gute, tüchtige Leute, haben im Freiamt zwei große Autogaragen aufgebaut. Es sind reiche Leute.

Ich sitze oft mit meinem Freund, dem Komponisten Jost Meier, zusammen. Wir essen jeweils in einer portugiesischen Beiz in der Gasstraße. Er komponiert im Moment an einer Oper über Paul Hallers *Marie und Robert*, zu der ich das Libretto geschrieben habe. Uraufführung ist im November 2017 in Biel.

Jost Meier hat mir erzählt, dass bei den Berliner Philharmonikern ein Cellist mit Namen Riniker mitspiele. Ich nehme an, er stammt aus der Schinznacher Familie.

Nachdem es mit der Lehrerin Hanna Riniker in Schinznach nicht mehr gegangen ist, ist sie nach Aarau an die Zelglistraße zur Großmutter Hirt gezogen. Fortan bin ich nicht mehr in Schinznach in den Ferien gewesen. Sondern in Würenlingen bei der Tante Marie, der ältesten Schwester meines Vaters.

Sie wohnte in einem Zweifamilienhaus, das sie zusammen mit ihrem Mann erbaut hatte, vermutlich auch mit dem Geld der Zurzacher Tante finanziert. Im Keller lagen zwei Fässer mit je einem Jahrgang des Weins, den Onkel Emil aus dem Rebberg gekeltert hatte, der sich hinter dem Haus den Rain hinaufzog. Er arbeitete als Schlosser in der Station Untersiggenthal draußen. Wenn er Frühschicht hatte, saß er nach der Arbeit um 16 Uhr in der Küche, aß ein Stück Brot und trank dazu zwei Gläser Rotwein, den er im Keller geholt hatte. In der Stube eine schön gekachelte Ofenkunst. In der Küche neben dem Schüttstein der Schweinekübel. Dort warf Tante Marie alle Abfälle hinein und brachte sie der Sau, die im Schopf untergebracht war. Dazu noch ein Dutzend Hühner und drei, vier Äcker. Eine

Menge Apfel- und Zwetschgenbäume am Rain oben, neben dem Rebberg.

Im zweiten Stock wohnte die Familie Schnyder und half mit, die Bankhypothek zu bezahlen.

Im Schlafzimmer hing neben der Tür das Weihwasserbecken, in das meine Cousins vor dem Schlafengehen den Zeigefinger tunkten und sich bekreuzigten. Tante Marie hat in jeden Brotteig, den sie in den Ofen schob, ein Kreuz geritzt. Einmal habe ich ihr beim Kartoffelsetzen auf einem der Äcker geholfen. Sie hat mit der Hacke ein Loch in den Boden gerissen, ich habe eine Setzkartoffel hineingelegt, und sie hat das Loch mit dem *Karst* wieder geschlossen. Als wir die Arbeit beendet hatten, hat sie sich gebückt und mit dem Finger ein Kreuz in die Erdkrume gegraben.

Einmal an einem Palmsonntag haben die drei wesentlich älteren Söhne meiner Tante, also meine Cousins, jedem von uns Kindern eine Palme gemacht. Das waren junge Tannen, ungefähr drei Meter hoch. Die Stämmchen geschält bis auf das helle, duftende Holz, umwunden mit farbigen Papierbändern. Oben unter den Wipfeln hingen Ringe mit Äpfeln dran. Eine Pracht. Wir haben diese Palmen den Hügel hochgetragen in die Kirche zur Palmsonntagsmesse. Es war das erste Mal, dass ich bei einer katholischen Feierstunde dabei war. Ich war überwältigt von der Orgelmusik, dem frommen Gesang, dem Prunk des Neubarocks.

Nach Neujahr, wenn draußen Schnee lag und im Ofen stets eine Glut war, aus der Rauch in den Kamin hochstieg, war Schlachttag. Denn man gedachte, die Speckseiten in ebendiesen Rauch zu hängen, der die lästigen Fliegen fernhielt.

Frühmorgens wurde die Sau aus dem Stall geholt und auf den Hof hinter dem Haus geführt. Alle waren da, die Söhne der Tante, die Nachbarsfrauen, und schauten zu, wie der Störmetzger dem Tier mit einem Schlag des schweren Holzhammers einen Stahlstift in die Schläfe trieb. Es sackte zusammen, wie vom Blitz getroffen. Sogleich begann die Arbeit, die bis in den Abend hinein dauerte. Das Blut in ein Becken ausfließen lassen, unter ständigem Rühren, damit es nicht gerinnt. Die Haut abbrühen mit siedend heißem Wasser, um die Borsten zu entfernen. Die Därme auswaschen und füllen mit Blut und Leber. Alle haben mitgeholfen. Ich weiß noch, wie fröhlich diese Arbeit vor sich ging. Am Abend war die ganze Sau verarbeitet, bis auf die Knochen. Dann begann das große Fressen. Der Stubentisch ausgezogen und bedeckt mit weißem Linnen. Ein Dutzend Personen oder mehr, dicht aneinandergedrängt. Es wurde gelacht und geflirtet. Zuerst wurde Fleischsuppe geschöpft, dann wurden die Würste serviert, Bratwurst, Blut- und Leberwurst. Dann die Koteletts. Stets in dieser Reihenfolge. Und immer mit viel Wein. Zuletzt kam die Schnapsflasche auf den Tisch.

Am andern Tag wurden die leicht verderblichen Wurstwaren in die umliegenden Häuser verteilt. Einiges wurde auf die Post gebracht und an Verwandte verschickt.

Einmal zur Sommerzeit nahm mich Tante Marie mit auf eine Busfahrt. Es war kurz nach dem Krieg. Im Bus saßen Mitglieder der Würenlinger Landwirtschaftlichen Genossenschaft, vor allem Frauen. Die Reise ging in den Schwarzwald. Ins Kloster St. Blasien, wo jemand behauptete, die

Kuppel hier sei die drittgrößte nördlich der Alpen. Weiter an den lieblichen Titisee. Zuletzt nach Freiburg im Breisgau. Das weiß ich noch genau, wie das aussah. Ich hatte die letzten Kriegsjahre einigermaßen bewusst erlebt. Aber ich hatte noch nie ein zerbombtes Haus gesehen. Nun stand ich mit Tante Marie auf dem Freiburger Münsterplatz. Das Münster war noch da. Darum herum lagen zehn Meter hohe Trümmerhaufen. Niemand aus der eben noch fröhlichen Würenlinger Reisegesellschaft sagte ein Wort.

Es fällt mir auf, dass ich meine Mutter nur schwer beschreiben kann. Sie war von hohem, schlankem Wuchs. Sie war von langsamen, genauen Bewegungen. Sie war wie eine Pflanze. Sonntags trug sie Hüte mit allerlei Schmuck drauf, rote Kirschen und so, wie es damals Mode war. Ihre Kleider, wir nannten sie Röcke, fielen wie nebenher an ihr herunter.

Hin und wieder kam sie mit, wenn wir baden gingen. Dann trug sie ein Badkleid mit golden glänzenden Ringen. Bestimmt konnte sie schwimmen. Aber ich kann mich nicht erinnern, sie je im Wasser gesehen zu haben. Das passte irgendwie nicht zu ihr.

Sie war nie böse, kein einziges Mal. Einmal wollte sie mich mit dem Teppichklopfer verprügeln. Wir mussten beide darüber lachen, und sie ließ es bleiben.

Sie hat mich erzogen, ohne mich eigentlich erziehen zu wollen. Einfach durch die Art, wie sie mit mir umging. Da sie neugierig und lieb war zu mir, bin ich auch lieb zu ihr gewesen. Da sie mir nie etwas vormachte, habe auch ich ihr nie etwas vorgemacht. Ich habe sie kein einziges Mal angelogen. Ich habe überhaupt nie gelogen, ich war lauter wie Wasser. Ich lüge noch heute nie. Obschon es manchmal besser wäre zu lügen. Da ich nie lüge, verletze ich immer wieder andere Menschen. Aber ich kann und will es nicht ändern.

Sie hat viel gelesen. Ich habe sie sitzen sehen mit einem Buch in der Hand, voller Hingabe und Konzentration. Dann wusste ich, dass ich sie nicht stören durfte.

Sie hat eine Menge Sprüchlein gewusst, in Schweizerdeutsch meist, lustige und absurde. Wir haben uns beide gefreut über die Verrücktheit der Leute und der Sprache. Ich kann diese Sprüchlein noch heute auswendig.

Nie hätte sie einen Witz erzählt, das war ihr zu blöde. Nur wahre Begebenheiten waren für uns lustig genug, um herzlich zu lachen.

Fromm war sie nicht, das hatte sie nicht nötig. Sie hatte das Gebot der Nächstenliebe so sehr verinnerlicht, dass sie auch die tierische Kreatur einbezog. Sie hätte keiner Ameise etwas zuleide getan. Einmal, als Vater eine Blindschleiche, die im Buchsbaum im Gartenhag wohnte, totschlug, hatte sie tagelang verweinte Augen. Ein anderes Mal hat ihr Mann, der Würenlinger, eine Meise, welche die Butter auf dem Küchentisch angepickt hatte, mit einer Mausefalle getötet. Da hat sie sich wohl gefragt, mit was für einem Mann sie eigentlich zusammenlebe.

Ich bin ein Verehrer von Friedrich Glauser, der von 1896 bis 1938 gelebt hat und bekannt geworden ist mit seinen Kriminalromanen um Wachtmeister Studer. Er hat kurz vor seinem Tod in Nervi bei Genua einen längeren, autobiographischen Text über seine Kindheit verfasst, der *Damals in Wien* heißt. Das war atypisch für ihn. Er hat zwar seine Autobiographie benutzt wie ein Steinmetz seinen Steinbruch. Er hat das autobiographische Material indessen stets verändert und gestaltet. Reine Autobiographie wäre ihm, wie er schreibt, »zu selbstsüchtig, um nicht zu sagen exhibitionistisch« vorgekommen.

In *Damals in Wien* hat er eine Ausnahme gemacht. Es ist der ergreifendste Text, den ich von diesem Autor kenne. Er beschreibt darin seine Mutter, die starb, als er vier Jahre alt war. Man ahnt, wie entscheidend diese Frau für ihn war, weil sie das Licht der Liebe in seinem Herzen entfacht hat. Eine Geschichte, als hätte sie Glauser extra für mich geschrieben.

Wenn Tante Bertha zu Besuch kam, saß sie mit Mutter in der Stube. Die beiden tranken chinesischen Rauchtee aus den Porzellantässchen, die sonst das ganze Jahr über in der Vitrine des Buffets standen. Ich durfte dabeisitzen und zuhören. Ich habe gestaunt über die französischen Brocken, die Tante Bertha immer wieder einstreute, *quelle horreur, à la bonne heure*. Meine Mutter schien diese Brocken zu verstehen. Sie war ein Jahr als Au-pair-Mädchen bei einer Familie in Paris gewesen.

Während dieser Besuche, die selten vorkamen, stand Vater im Gemüsegarten, mit seltsam verkniffenem Gesicht. Er selber konnte nur ein bisschen Schulfranzösisch. Er ist einmal für zwei, drei Tage in Paris gewesen. Er hat behauptet, das sei eine schrecklich dreckige Stadt.

Meine Mutter hat mich zu nichts gezwungen. Mit einer

Ausnahme. Es sind mir immer wieder Fehltritte unterlaufen, die man als Unanständigkeiten betrachtete. Kleinigkeiten, Mumpitz, in keiner Weise böse gemeint. Einmal habe ich auf der Straße vor mir zwei Frauen, die ich flüchtig kannte, gehen sehen. Ich wollte eine Lustigkeit anbieten, habe den Flieger gemacht und bin, brummend wie ein Flugzeugmotor, mit ausgebreiteten Armen an ihnen vorbeigerannt. Dabei habe ich offenbar mit der einen ausgestreckten Hand den Hintern einer der beiden Frauen gestreift. Ich war nicht genau genug, ich wollte knapp an ihr vorbeisegeln.

Die betroffene Frau hat Mutter angerufen und sich beschwert. Und Mutter hat von mir verlangt, dass ich zum Haus dieser Frau gehe, klingle und mich entschuldige. Ich habe mich gesträubt, ich fühlte mich unschuldig. Folglich gab es für mich keinen Grund, mich zu entschuldigen. Aber Mutter hat insistiert, das müsse sein. Also bin ich hingegangen und habe mich entschuldigt, Mutter zuliebe.

Ein winziges Vorkommnis, das ein Autobiograph in der Regel nicht erwähnen würde. Ich tue es, weil solche Geschehnisse immer wieder vorkamen. Offenbar war ich manchmal ein verhaltensauffälliges Kind. Ähnliche Fehltritte passieren mir noch heute, Kleinigkeiten, Mumpitz. Aber die Leute sind beleidigt. Ich habe mir angewöhnt, mich zu entschuldigen.

Es gibt Fotos meiner Eltern, die sie auf der Hochzeitsreise nach Alassio in Ligurien zeigen. Auf einem sieht man meinen Vater, wie er dem Mittelmeer entsteigt, in Unterhose, da er wohl keine Badehose hatte. Mutter steht neben einem Esel, im Hintergrund ist eine Palme zu sehen.

Weiß der Teufel, wie sie zueinandergefunden haben. Ich weiß es wirklich nicht, niemand hat davon erzählt. Das war ihre Privatsache, über die weder Vater noch Mutter etwas preisgegeben hat. Eine eigentümliche Prüderie lag über unserer Familie. Erotisches wurde in keiner Weise thematisiert. Auf jeden Fall hatte Erotisches ausschließlich zwischen getrauten Ehegatten vorzukommen. Es scheint mir klar zu sein, dass Ernst Schneider der einzige Liebhaber im Leben der Hilda Schneider-Riniker war. Und dass ihre beiden Schwestern Hanna und Bertha jungfräulich ins Grab gegangen sind.

Ebenso klar war, dass Hilda ihrem Mann untertan war. Das war auch gesetzlich so festgehalten. Sie hatte nichts zu sagen, er hat über alles bestimmt. Deshalb wohl hat sie sich nicht getraut, sich mehr für ihre Kinder zu wehren. Mit einer Ausnahme, von der mir mein Bruder erzählt hat. Ich selber habe keine Erinnerung daran.

Mein Vater hatte das Geländer des Kelleraufgangs in den Garten frisch gestrichen. Da sei ich dazugekommen, hätte die frische Farbe gesehen und wieder einmal eine Lustigkeit zum Besten geben wollen. Ich hätte mich ans Geländer mit der noch feuchten Farbe gelehnt und lauthals verkündet: »Das hast du aber schön angemalt.« Worauf Vater so fuchsteufelswild geworden sei, dass er mich zu Boden geschlagen und dann getreten habe. Worauf meine Mutter, die wohl mein Geschrei gehört hatte, wie eine Furie auf ihren Mann losgefahren sei.

Meine Mutter als Furie, für mich unvorstellbar.

Einmal hatte sie wohl endgültig genug vom Würenlinger. Sie hat ihren Koffer gepackt, den Sonntagshut aufgesetzt und ist zur Haustür hinausgegangen. Ich bin ihr nachgerannt und habe so herzerweichend geweint, dass sie sich anders besonnen hat und umgekehrt ist.

Sie hat stets zu mir gehalten. Das hat mich sicher gemacht. Von ihr habe ich meinen Taufnamen Hans Georg, nach Hans Georg Nägeli, der die Melodie von *Freut euch des Lebens* komponiert hat.

Als ich ungefähr fünfzehn war, hat sie die Diagnose Multiple Sklerose erhalten. Als ich achtzehn war, ist sie an einem tristen Novembertag gestorben.

Ich wurde 1938 im Kantonsspital Aarau geboren und bin aufgewachsen in Zofingen, einem mittelalterlichen Städtchen, das an der Gotthardlinie zwischen Olten und Luzern liegt. Genauer gesagt in der Altachen, einem Gebiet südlich des Städtchens gegen Brittnau zu. Dort gab es ein Dutzend Bauernhöfe, die alle von ihren Kühen lebten. Zwischen den Höfen standen einige Einfamilienhäuser.

Durchflossen war dieses Gebiet vom Altachenbach, einem Gewässer, das sich aus den Hügeln über Reiden und weiter hinauf bis Dagmersellen speiste und die Wässermatten der breiten Ebene durchflutete. Seine Herkunft blieb unklar, niemand konnte genau sagen, woher dieses Wasser kam. Es war einfach da.

Unterhalb des Wehrs, wo der Mühlebach abzweigte, lag ein ausgespültes Becken, das mir unendlich tief vorkam. Das Spielen dort war verboten. Was nichts genützt hat, ich bin mehrmals hineingefallen.

Ein Bachlauf schloss sich an, der heute sogleich als Biotop unter Schutz gestellt würde. Er ist längst ausbetoniert. Damals wimmelte es dort von Fischen, Egeln, Wasserratten und Lilien. Und von neugierigen Kinderhänden, die nach alldem griffen. Wenn ein Gewitter hereinbrach, schwoll der Bach an bis zur Straße nebenan. Eine trübe Flut, in der

Holz und tote Ferkel trieben. Dann musste man warten, bis sich das Wasser beruhigt hatte. Nach und nach zeigten sich Schlammbänke, die angeschwemmt worden waren. Einzelne Tümpel entstanden, mit Forellen drin, abgeschnitten vom Bachlauf. Wir fingen sie, um sie totzuschlagen. Wir schlugen keine einzige tot, sie waren zu schön. Wir trugen sie zurück ins Fließende.

Dies war die Gegend, in der ich die Welt zur Kenntnis nahm. Sie hat mich geformt, sie bestimmt mich noch heute. Sie taucht auf in meinen Träumen, unerwartet und von unglaublicher Präsenz. Manchmal gefährlich, mit bösem Getier. Dann wieder wunderschön, mit rotbetupften Fischen, die durch meinen Traum schwimmen.

Hin und wieder komme ich mir uralt vor, viel älter, als ich an Jahren bin. Als ein Relikt des dritten Schöpfungstages, als Gott der Herr die trockene Erde vom Wasser trennte.

Die Wigger, der Hauptbach des Tals, muss in der Ebene, die sich von Dagmersellen zur Aare hinunterzieht, ein Riesenproblem für die Menschen gewesen sein. Die Mosaikböden der römischen Villa am Fuße des Heitern lagen auf der ersten Anhöhe, damit sie nicht überschwemmt wurden. Die älteste Kirche der Gegend, um 600 an der Stelle der heutigen Zofinger Stadtkirche erbaut, erhob sich auf festem Boden über der sumpfigen Ebene. Man kann den Goldschmuck, der dem alemannischen Stifterpaar ins Grab mitgegeben wurde, im Zofinger Stadtmuseum bewundern.

Mein Vater hat behauptet, die Berner Gnädigen Herren hätten die Wigger gezähmt. Das müsste demnach vor 1798 gewesen sein. Ob es stimmt, weiß ich nicht.

In meiner Kindheit war die Wigger jedenfalls längst domestiziert und schnurgerade kanalisiert. An beiden Ufern zog sich ein schmales Band von allerlei Gesträuch und Erlen hin. Dort gingen wir sonntags spazieren, und ich habe ins Wasser hinuntergeschaut. Seltsam bedrohlich kam es mir vor, ohne Schlammbank, ohne Lilien. Unterhalb der niedrigen Schwellen habe ich die Forellen stehen sehen. Doch es wäre mir nie in den Sinn gekommen, hinabzusteigen und nach einer zu greifen.

Als ich größer wurde, habe ich mich mit der Wigger angefreundet. Am Fußweg nach Strengelbach hinüber stand ein mächtiges Wehr, welches das Wasser metertief in ein Becken hinunterfallen ließ. Dort sprangen wir von den Kalkbrocken, die das Ufer befestigten, kopfvoran hinein. Man konnte sogar durch die hinabstürzende Woge hindurchschlüpfen und befand sich auf einmal in einem Wasserschloss, unheimlich und vom Rauschen umtost.

Merkwürdigerweise habe ich lange nicht gewusst, dass die Wigger vom Napf herunterkommt. Was jenseits der Kantonsgrenze zum Luzernbiet lag, hat uns Zofinger nicht interessiert. Man wusste zwar, dass in Reiden richtig Fasnacht gemacht und Theater gespielt wurde. Aber hingefahren bin ich nie. Unglaublich, wie stark die Kantons- und Konfessionsgrenze in meiner Jugend noch gewirkt hat. Als wäre man ins Ausland gefahren. Zum Zofinger Waren- und Viehmarkt sind zwar regelmäßig Bauern aus dem Luzernischen auf ihren Pferdewagen angereist gekommen. Morgens um halb zehn saßen sie alle in der Wirtschaft der Metzgerei Heimann vor riesigen Tellern mit Tomatenkutteln. Aber irgendwie wirkten sie fremd hier.

In Zofingen war man nach Norden Richtung Aare ausgerichtet. Nach Olten, um bei der Tuch AG neue Kleider zu kaufen. Nach Aarau, um die Kantonsschule zu besuchen. Oder abends nach Aarburg, wo stets ein paar Weidlinge auf der Aarewaage trieben.

Eine Lampe an der Decke. Ein paar Fliegen auf Zickzack-kurs, die um die Lampe herumsurren, immer geradeaus, dann ein scharfer Knick, wieder geradeaus. Sie berühren sich nie, sie setzen sich nie auf die Lampe. Ist es Tag? Ist es Nacht? Sie tanzen stetig, stundenlang, wochenlang, monatelang.

Ein Kind im Bett unter der Lampe, das den Fliegen zusieht. Was hält sie zusammen, warum berühren sie sich nie? Warum fliegen sie nicht weg?

Ein Haus inmitten eines Gartens. Küche, Stube, Büro des Vaters. Schlafzimmer für die Eltern, für das Mädchen, für die zwei Knaben. Auf dem Dachboden eine Mansarde. Daneben liegt der Torf aus dem Wauwilermoos zum Trocknen ausgebreitet, in handlichen Stücken, mit denen Vater das Haus heizt. Denn Kohle ist knapp.

Der Garten ist riesig. Ein Kiesplatz mit der Teppich-stange, wo Mutter die Teppiche ausklopft. Ein Stück Wiese mit zwei Thujabäumen, die bloß zur Zierde dastehen. Himbeeren, Brombeeren, Kartoffeln. Endiviensalat, den wir im November in ein Erdloch einschlagen und mit Laub bedecken. Kohlrabi, Blumenkohl, Karotten, an deren Kraut manchmal die unglaublich schönen Raupen der Schwalbenschwänze kleben. Bohnen, die an drei Meter hohen Stangen emporklettern. Gegen die Straße hin Flieder und Schneeball. Ein Singen und Zwitschern. Spatz, Buchfink,

Kohl-, Blau- und Sumpfmeise. Amselgesang. Im Winter Gimpel und Kernbeißer.

An Obst gibt es Zwetschgen, Pflaumen und verschiedene Apfelsorten. Klara, Sauergrauech, Glocken und Boskop. Die Bohnäpfel halten bis ins Frühjahr. Wir lagern sie im Obstkeller auf Hurden, es duftet wunderbar.

Nebenan weitere Häuser, die alle ähnlich aussehen. Es ist eine von der Gemeinde geplante Überbauung aus der Vorkriegszeit. Die Straßen gekiest. Man schlägt sich die Knie auf, wenn man dem Ball nachrennt und hinfällt.

In den Nachbarhäusern jede Menge Kinder, die Mädchen mit Zöpfen, die Buben in von den Müttern gestrickten Wollstrümpfen. Im Sommer rennen sie barfuß herum. An Sonntagen sind alle hübsch angezogen und spazieren mit ihren Eltern durch die Gegend, die Kinder schön in einer Reihe vier Schritte voraus.

Am Bach vorn dürfen wir eigentlich nicht spielen. Trotzdem tun wir es. Ein Urwald, in dem wir als Eingeborene herumschleichen.

Die Männer sind oft weg. Mutter erklärt, dass sie an der Grenze die Schweiz beschützen. Mein Vater ist bloß beim Hilfsdienst.

Ich schaue ihm einmal zu, wie er vorne auf der Luzernerstraße zusammen mit anderen Hilfsdienst-Männern gewaltige Betonblöcke auf die Fahrbahn schiebt. Sie sind als Sperren gegen die deutschen Panzer gedacht. Die Männer lachen und scherzen. Offenbar glauben sie selber nicht daran.

Auf der Brittnauerstraße marschieren lange Trupps Soldaten vorbei. Es sind junge Bauern, man sieht es ihren Gesichtern an. Sie führen Pferde, die Kanonen hinter sich herziehen.

Immer vor dem Einschlafen, gegen 22 Uhr, hören wir auf der nahen Gotthardlinie einen Güterzug vorbeirollen. Man erzählt sich, dass er Waffen nach Italien fahre.

Nachts ist manchmal das tiefe Brummen von Flugzeugmotoren zu hören. Es sind die fliegenden Festungen der Amerikaner, die nordwärts fliegen, um über deutschen Städten Bomben abzuwerfen. Am nächsten Morgen schwärmen wir Kinder aus, um nach den silbern glänzenden Stanniolstreifen zu suchen, welche die Bomber manchmal abwerfen. Es sind begehrte Tauschobjekte.

Eines Tages kommt Aufregung auf im Viertel. In Olten, das zehn Kilometer entfernt liegt, ist ein angeschossener Bomber in eine Felswand gekracht, mit zwei Piloten an Bord. Die anderen sind vorher abgesprungen. Die beiden Piloten haben das Flugzeug absichtlich in die Felswand gesteuert, damit es nicht über bewohntem Gebiet abstürzt. Alle, die ein Fahrrad haben, radeln hin. Ich bin noch zu klein dazu.

Wann immer ich darf, gehe ich über die Brücke zum Niklausenhof hinüber und setze mich in die Küche zur alten Frau, die am Tisch Kartoffeln schält. Sie mag mich. Sie schenkt mir Kaffee ein, der aus Eicheln gebraut ist. Sie ist Magd hier, aber sie erzählt von den Kühen, Schweinen und Hühnern, als ob es die ihren wären.

Manchmal darf ich in den Pferdestall gehen zu Fridolin, dem Rossknecht, und ihm zuschauen, wie er seine Tiere striegelt. Es sind drei. Sie sind täglich im Einsatz zum Pflügen, Eggen, Säen, Ernten. Im Winter ziehen sie den Schneepflug. Dann tragen sie Schellen, die durch das Schneegestöber bimmeln. Fridolin hat stets eine Pfeife im Mund hängen. Er sei halt ein *Tubaki*, meint die alte Frau in der Küche, er müsse auch etwas haben.

Ich bekomme eine *Hutte* aus geflochtenen Weidezweigen, sie gefällt mir gut. Damit schickt mich Mutter zum Einkaufen in den Konsum an der Luzernerstraße. Ich lege der Verkäuferin den Einkaufszettel hin, daneben die abgezählten Rationierungsmarken und das Geld. Sie packt mir alles in die *Hutte*. Manchmal schenkt sie mir eine blutrote Zuckerhimbeere.

Kindheitserinnerungen, wie sie Leute meines Jahrgangs sogleich wiedererkennen. Wir lebten alle gleich. Der Krieg ennet der Grenze hat die Menschen in der Schweiz gleichgemacht und zusammengeschweißt.

Am 1. August, dem Nationalfeiertag, wanderten abends alle auf den Heitern hinauf. Ein Wiesengeviert, umrandet von alten, mächtigen Linden. Man sah von hier über die zu Füßen liegende Altstadt direkt in den Jura hinein bis zum Weißenstein bei Solothurn. Ein riesiger Holzstoß war aufgeschichtet. Die Stadtmusik war da, Jodelchöre, die Damenriege mit schwingenden Keulen, der Turnverein mit der Pyramide. Ein allgemein beliebter Mann hielt die Festrede. Wenn es eindunkelte, knallten die Böller, Frauenfürze, Schweizerkracher. Dann wurde der Holzstoß angezündet, und auf den umliegenden Hügeln glommen die anderen Höhenfeuer auf. Zum Schluss sangen alle *Rufst du mein Vaterland*. Die Kinder zündeten die Kerzen in ihren

Lampions an. Alle machten sich in geschlossenem Zug auf den Weg zurück ins Städtchen hinunter.

Das alles war so unglaublich schön, dass ich behaupte, ich sei in einer Idylle aufgewachsen. Und dies in einer Zeit, in der die deutschen Städte in Schutt und Asche sanken.

Wir haben nie Hunger gelitten. Vater hat ein Stück Land, eine *Bünte,* gepachtet und Mais angepflanzt. Als die Kolben gelb waren, haben wir sie in unserem Leiterwagen zum Güterbahnhof gebracht. Dort wurden sie abgewogen und verschickt. Wochen später konnten wir ein Kartonfässchen voller Zuckermelasse abholen.

Anfang Sommer sind wir mit der Eisenbahn nach Schinznach gefahren, wo wir aus der mütterlichen Verwandtschaft drei Kirschbäume zur Verfügung hatten. Wir haben den ganzen Tag Kirschen gepflückt und in zwei großen Weidenkörben nach Hause geschickt, Cargo Domizil. Mutter hat dann über mehrere Tage Konfitüre gekocht, eingemacht und auf ein Regal im Keller gestellt. Ende September haben wir von der Würenlinger Tante einen Korb voller Zwetschgen zugeschickt bekommen.

Wir haben aus dem Radio manchmal die schreckliche Stimme Hitlers gellen gehört und die Heil-Rufe der Nazis. In unseren Kreisen, Bauern, Arbeiter, kleine Angestellte, war allen klar, dass man sich gegen Hitler unter allen Umständen und mit aller Kraft wehren musste. Ich habe es nie anders erlebt. Was mich zum überzeugten Schweizer gemacht hat. Worüber ich selber immer wieder staune.

Es ist in den letzten Jahrzehnten massiv Kritik geübt worden an der schweizerischen Politik im Zweiten Weltkrieg. Vor allem an der Flüchtlingspolitik. Denn auf Geheiß von Bundesbern wurden jüdische Flüchtlinge direkt an der Grenze zurückgeschickt. Das ist und bleibt eine Schande für die Schweiz. Zum Glück haben grenznahe Kantone anders entschieden, zum Beispiel Basel-Stadt. Hier hat Regierungsrat Brechbühl seinem Polizeicorps den Befehl gegeben, jüdische Flüchtlinge entgegen der Vorschrift des Bundesrates aufzunehmen und in die Stadt zu bringen.

Es ist auch Kritik geübt worden an der Schweizer Armee. Sie habe bei der Verteidigung der Schweizer Souveränität eine vernachlässigbar kleine Rolle gespielt. Das kann schon sein. Die Schweizer Armee wäre wohl bei einem Angriff der Wehrmacht überrollt worden. Aber etwas weiß ich. Die Soldaten hätten sich bis aufs Blut gewehrt. Es hätte ein Gemetzel gegeben.

Die Geschichte der Schweiz im Zweiten Weltkrieg ist noch Jahre nach dem Krieg überhöht und verherrlicht worden. Meine Generation kann davon ein Liedchen singen, zum Beispiel das *Sempacherlied*. Wir sind in der Schule richtiggehend indoktriniert worden mit all dem vaterländischen Geschwurbel um Tell, Winkelried und Ueli Rotach.

Auf dem Thutplatz in Zofingen steht auf einem Brunnensockel eine Statue des Zofinger Bannerträgers Niklaus Thut, der 1386 bei Sempach gekämpft und sterbend das Bannertuch von der Stange gerissen und in seinem Mund versteckt hat, damit es nicht in die Hände des bösen Feindes, der Habsburger, fiel. So habe ich das gehört und geglaubt. Die Wahrheit hat mir keiner gesagt. Die habe ich selber herausgefunden. Tatsächlich hat Niklaus Thut auf Seiten der Habsburger gekämpft.

Immerhin hat die Schweiz den Zweiten Weltkrieg ohne militärischen Kampf überstanden. Dazu hat sicher auch der Rückzug der Armee ins Alpenréduit beigetragen, was eine geniale Idee General Guisans war.

Einmal hat mir Guisan die Hand geschüttelt. Es muss gegen Ende des Krieges gewesen sein, als bekannt wurde, dass der General nach Zofingen kommen und sich im Stadtsaal mit hohen Offizieren treffen werde. Wir Kinder gingen alle hin. Es fuhren die Limousinen vor, die Offiziere stiegen aus. Die Leute klatschten begeistert, die Kinder drängten sich nach vorn. Der General in Uniform gab einigen freundlich die Hand, darunter auch mir. Er trug Handschuhe aus feinem Leder. Das fiel mir auf, denn es war keineswegs so kalt, dass man Handschuhe tragen musste.

Der Kindergarten befand sich über der alten Markthalle mitten im Städtchen. Für einen kleinen Jungen bedeutete das einen Fußweg von einer halben Stunde. Erst den Altachenbach entlang, dann über den Bahnübergang. An der Färberei vorbei, auf deren Dach die Sirene stand, die manchmal aufheulte. Weiter den Stutz hinauf zum Bettlerbrünnlein, das, wie Mutter erklärte, eigens für arme Wanderer da war, damit sie sich vor dem Eintritt in die Stadt ausruhen und laben konnten. Links die Textilfabrik, rechts die klassizistischen Villen der Fabrikbesitzer.

Dann die erste, mittelalterliche Gasse. Links die Bäckerei des Max Gloor, der die besten Vierpfünder backte. Das Kolonialwarengeschäft Lüchinger, die Metzgerei Müller-Wacker, wo Mutter die Cervelats und Schüblige und, ganz selten, ein Stück Suppenfleisch kaufte. Gegenüber das

Schuhhaus Küng, links hinten im Hof das Kino, das man Revolverküche nannte.

Auf der anderen Seite der Gasse die Bodega der Madame Renard, die einen Sohn hatte, aber keinen Mann. Madame Renard spazierte am heiterhellen Tag knallrot geschminkt durch das Städtchen, mit einer Zigarette im Mund. Ihr Sohn, zwei, drei Jahre älter als ich, war stets sehr gut angezogen und rauchte flache Laurent-Zigaretten. Er war freundlich und wirkte ein bisschen hilflos. Er hat versucht, in einer Privatschule in Olten die Matura zu machen. Später hat man sich erzählt, er habe sich umgebracht.

Ich kann noch heute den Gang durch die Oberstadt bis zur Markthalle Stück für Stück, Haus für Haus in meiner Erinnerung abrufen. Ich weiß noch, wer in welchem Haus gewohnt hat, ich kenne die Geschichten. Die Altstadt war eine große Wohngemeinschaft, man lebte Tür an Tür. Die Wohnblöcke außerhalb der Ringmauer gab es noch nicht, während des Krieges war fast nichts gebaut worden. Große Ladenketten existierten keine, außer vielleicht die Geschäfte des alten Konsumvereins. Aber diese unterschieden sich von anderen Läden bloß durch die Rabattmarken, die man erhielt. Hingegen gab es mehrere Bäckereien und Metzgereien. Man sah jedem Brot auf den ersten Blick an, aus welcher Backstube es kam. Und jeder Wurst, welcher Metzger sie abgefüllt hatte.

Ich wusste schon als Kind, in welchen Kneipen die armen Schlucker saßen und in welchen Restaurants die Freisinnigen. Ich kannte die Fabriken und Betriebe ennet der Bahngeleise, die Siegfried AG und die Landolt AG, das riesige Gebäude des Ringier Verlags. Ich wusste Bescheid darüber, wo die reichen Familien wohnten. In Villen auf den ersten Anhöhen zum Heitern hinauf. Die größte Villa war die der Familie Ringier. Sie stand gleich unterhalb des Heitern, mitten in der Bauverbotszone.

Ich bin dem alten Ringier einmal auf der Straße begegnet. Er war eine imposante, beinahe angsterregende Erscheinung, so dass ich gleich begriff: Das ist der alte Ringier. Ein entschlossener, grimmiger Blick, er schaute nicht nach links noch rechts, er schaute geradeaus. Obschon man sich in Zofingen grüßte, habe ich nicht zu grüßen gewagt. Er trug Handschuhe aus feinem Leder. Er führte zwei Doggen an der Leine.

Klingt wie eine Karikatur, war aber Wirklichkeit.

Im Städtchen wohnten nicht die reichen Leute, sondern normales Volk. Die Ärmsten waren in den feuchten Wohnungen der Stadtmauer eingemietet. Es war ein mittelalterliches Gewusel von Einheimischen und Leuten aus den umliegenden Dörfern, die in Zofingen einkaufen wollten. Schuhgeschäfte, Hutgeschäfte mit Edelfilzen aus italienischer Produktion, weiße Hemden mit gestärkten Kragen. Papeterien, wo wir die Stahlfedern für unsere ersten Schreibversuche kauften. Im Winter Signor Spizzi aus dem Bedretto-Tal, der heiße Maroni anbot. Das Modehaus Wächter mit Ritex-Vestons im Schaufenster. Das Damenmodehaus Guggenheim mit bizarr gekleideten Schaufensterpuppen.

Die Schwestern Bühler hielten Textilien und Nähartikel aller Art feil. Dies war wohl der schönste Laden, den ich je zu Gesicht bekam, an der Hand meiner Mutter, die gern nähte. Ein Kunstwerk der handgreiflichen, sinnlichen Art. Ein feiner Duft nach Baumwolle und Seide. Fadenspulen, in der Art des Regenbogens farblich aneinandergereiht. Das Geräusch der großen Schere, die ein Stück Stoff abschnitt.

Beim monatlich stattfindenden Waren- und Viehmarkt wurde das ganze Städtchen zu einem einzigen Verkaufsstand. Am Morgen der Hundemarkt vor der Wirtschaft Schmiedstube, der Schweinemarkt auf dem Lindenplatz und der Viehmarkt auf dem Thutplatz. Hier standen an die zweihundert Kühe und Rinder, muhten und schissen das Pflaster voll. Nach Mittag wurde der Platz vom Bauamt wieder saubergespritzt.

Der Warenmarkt dauerte bis in den Abend hinein. Ein Duft von Magenbrot und gebrannten Mandeln hing über den Ständen, auf denen alles ausgebreitet lag, was der Bauer brauchte. Kalberseile, Sensen mit Schleifsteinen, Beile und Äxte, Nägel und Schrauben. Alles, was die Dame brauchte. Hüftgürtel, Nylonstrümpfe, Blusen aus garantiert echter Seide. Alles, was der Mann brauchte. Glacéhandschuhe, *Dächlikappen* und Stellmesser. Darüber habe ich mich stets gewundert. Ich habe in meiner ganzen Kindheit nie von einer Messerstecherei gehört.

Die Stars waren die Ausrufer. Vor ihren Ständen gab es fast kein Durchkommen, so dicht drängte sich die Menge. Beliebt war das Anpreisen von Glasschneidern, echt Diamant, versteht sich, samt Demonstration, der Verkäufer schnitt im Handumdrehen die schönsten Girlanden aus einer Glasscheibe. Lauthals gerühmt wurden auch Rasierklingen aus echtem Schwedenstahl. Und alle Arten von

Wunderbalsamen, die jede Form von Gliederzerren, Zipperlein und *Gsüchti* flugs zum Verschwinden brachten.

Sehr schön waren die Stände für Bauernkleidung. Braune Hosen, aus festem Tuch gewoben. Mammut-Hosenträger, extra reißfest. Schwarze Zipfelmützen für die Holzfäller im Winterwald. Blaugemusterte Bauernhemden, kragenlos. Der Rossknecht Fridolin trug solche Hemden, die anderen Bauern und Knechte in der Umgebung trugen sie auch. Man hat höchst selten einen Bauern in weißem Hemd samt Krawatte gesehen, außer an einer Beerdigung vielleicht oder einer Kindstaufe.

Mir haben diese Bauernhemden stets gut gefallen. Als ich ungefähr dreißig war, habe ich eines gekauft und angezogen. Vater sagte, so komme er nicht mit mir ins Städtchen.

In meiner Basler Stammbeiz Rio Bar bin ich wegen meines Bauernhemdes ein paarmal blöd angemacht worden. »Zeig mal, klebt da nicht noch Mist dran?«

Als 1972 im Schauspielhaus Zürich mein erstes Theaterstück uraufgeführt wurde, musste ich mich nach dem Applaus auf die Bühne setzen, um Fragen aus dem Publikum zu beantworten. Die erste Frage wurde vom in der ganzen Deutschschweiz bekannten Puppenspieler Loosli gestellt. Sie lautete: »Ich weiß nicht, vielleicht ist es eine blöde Frage. Aber woher haben Sie Ihr Bauernhemd?«

»Vom Zofinger Markt«, antwortete ich.

Ich trage noch heute kragenlose Bauernhemden.

Die Frau im Kindergarten hieß Tante Lisa. Eine ältere Dame, kräftig und lieb. Ich vermute, sie war eine Bauerntochter. Wir hüpften herum nach ihrem Tamburin, wir machten einfache Handarbeiten. Obschon ich nie gut war in Handarbeit, hat es nie Probleme gegeben. Sie hat mir gezeigt, dass sie mich okay fand und mochte. Ich durfte im Krippenspiel den Joseph spielen. Die Maria war das Dorli Schmid, das vorne am Altachenbach wohnte. Es hatte schwarze Haare und kohlschwarze Augen.

Am besten haben mir die biblischen Geschichten gefallen, die Tante Lisa erzählte. Jakob und sein blöder Bruder Esau, der sein Erbe für einen Teller Linsen hergab. Die Söhne Jakobs, die den Angeber Joseph in der Wüste in einen Brunnen warfen. Die Kameltreiber der Karawane, die Joseph aus dem Brunnen zogen und mitnahmen nach Ägypten. Der Traum von den sieben fetten Jahren und von den sieben mageren Jahren.

Ich habe Joseph gezeichnet, wie er vorne auf einem Getreidefuder sitzt und die Geißel schwingt. Die Pferde, die das Fuder ziehen, sind Fridolins Pferde.

Dann David und Jonathan, das Freundespaar, das nicht zusammenbleiben durfte. Der böse Saul. Davids Sieg gegen Goliath. Alle diese Geschichten blieben ein Leben lang in meinem Gedächtnis haften.

Bei schönem Wetter ist Tante Lisa mit uns in den Wald hinaufspaziert. Dort ließ sie uns von der Leine, wir durften herumrennen, wie wir wollten. Natur pur, weicher Waldboden mit Ameisen und Käfern, dicke Baumstämme, überdacht vom grünen Laub. Ein plötzliches Sirren in der Luft, Vogelrufe, das Klopfen eines Spechts, der nirgends zu sehen war. Das geheimnisvolle Waldesdunkel hat uns sogleich in seinen Bann geschlagen. Vorsichtig setzten wir Fuß vor Fuß, plötzlich andächtig geworden.

Auf solchen Waldspaziergängen sind wir manchmal den polnischen Internierten begegnet, die im alten Kornhaus in der Ringmauer einquartiert waren. Man erkannte sie sogleich an ihren braunen Uniformen. Sie trugen Schaufeln und Pickel. Sie winkten uns zu, sie riefen unverständliche Wörter und lachten. Tante Lisa hat uns erklärt, dass diese Männer uns deshalb so freudig zuwinkten, weil manch einer von ihnen zu Hause in Polen ebenfalls kleine Kinder hatte.

Sie stammten aus einer polnischen Exilarmee, die gegen die Nazis gekämpft hatte und an die Schweizer Grenze getrieben worden war. Dort wurden sie interniert. Das heißt, sie mussten die Waffen abgeben und wurden von der Schweiz bis zum Kriegsende aufgenommen. Es waren mehrere Tausend.

Einer von ihnen hieß merkwürdigerweise Faust und ist nach dem Krieg in Zofingen geblieben. Er hat für den Bäcker Buchmüller, der seine Bäckerei an der Luzernerstraße hatte, auf dem Fahrrad in einer großen *Hutte* das Brot ausgetragen. Ich weiß das deshalb noch so genau, weil er immer gelacht und über das ganze Gesicht gestrahlt hat, wenn er meiner Mutter den frischen, duftenden Brotlaib durchs Küchenfenster gereicht hat.

Damals war die schönste Zeit, die wir in unserer Familie hatten. Die Eltern stritten sich selten, Vater hatte noch nicht angefangen, dauernd herumzuschreien. Mich schlug er fast nie.

Manchmal schien es sogar, als ob meine Eltern ineinander verliebt wären. Ein schneller, freudiger Blick hier, ein überraschendes Lächeln da. Gab es das wirklich? Ja, das gab es.

Eines Morgens hörten wir Kinder verwundert zu, wie Vater am Telefon für mittags Hörnli-Teigwaren und Spiegeleier bestellte. Wir machten uns auf den Weg in den Wald hinauf zur Wirtschaft Mosersäge im Uerkental. Drei Stunden hin, drei Stunden zurück. Gewiss hatten wir eine Lunchtasche mit Eierbehältern aus Aluminium dabei, wie es damals Mode war. Aber als wir zur Mosersäge kamen, sind wir tatsächlich eingekehrt. Es gab Hörnli und für jeden ein Spiegelei, dazu Apfelsaft. Es war das erste Mal, dass wir irgendwo eingekehrt sind.

Ein andermal hat Vater in Sursee einen Mann angerufen, der offenbar ein Ruderboot besaß. Wir sind mit der Eisenbahn nach Sursee gefahren und zum See spaziert. Dort war der Mann mit dem Ruderboot, das Stehruder hatte. Der Mann ruderte uns über das Wasser, wobei Mutter fast gestorben ist vor Angst und Vater grimmig wie ein alter Seebär Ausschau hielt. Wir landeten auf einer bewaldeten Halbinsel. Der Mann verschwand mit dem Boot, nicht ohne das Versprechen, wiederzukommen und uns zurückzurudern. Wir machten ein Feuer, packten die Lunchtasche aus und spielten Familie Robinson.

An einem Sonntagmorgen fuhren wir nach Basel, um den Zoo zu besuchen. Vom Zoo weiß ich nichts mehr. Aber ich weiß noch, wie wir durch die Gassen mit den unglaublich hohen Häusern wanderten auf der Suche nach einem preiswerten Gasthof. Wir landeten in der Walliser Kanne. Ein Mocken Käse, ein Krug Apfelmost, so hatte sich der Würenlinger das vorgestellt. Nur war die Walliser Kanne eines der feinsten, teuersten Restaurants Basels. Meine Mutter hat das selbstverständlich schon bei unserem Eintritt gemerkt. Ihr Gesicht war schon puterrot angelaufen, als ein Kellner in violettem Seidengilet auftauchte und sich nach unserem Begehr erkundigte. Nach langem Fragen und Feilschen einigte man sich auf ein Hors d'oeuvre, erst mal bloß ein Teller, zum Probieren. Wir haben in der Walliser Kanne zu fünft einen Teller Hors d'oeuvre verzehrt und danach das Weite gesucht. Immerhin habe ich damals zum ersten Mal ein Scheibchen Trockenfleisch zwischen die Zähne gekriegt.

Vater war eben nicht gewandt in solchen Dingen. Ich selber bin es auch nicht. Als ich A. frisch kennengelernt hatte, wollte sie einmal unbedingt in die wunderschöne Edelbeiz Donati gehen, um einen Teller Spaghetti zu essen. Ich fand das eine verrückte Idee, bin aber mitgegangen. Ich habe zugeschaut, wie der Teller mit den Spaghetti serviert wurde und A. genüsslich zu essen begann. Sie hat mir eine Gabel voll davon gegeben. Der Kellner hat das offenbar gesehen. Er hat mir ein zweites Besteck gebracht, damit ich ein bisschen mithalten konnte. Die pure Noblesse.

Heute ist der 8. Mai 2016. Muttertag. Ich habe es daran gemerkt, dass die Tische im nahen Altersheim, wo ich an Feiertagen jeweils meinen Morgenkaffee trinke, festlich gedeckt wurden. Das Lokal hat immer offen, ist öffentlich zugänglich und heißt Oldsmobile. Vielleicht deshalb, weil einige der Insassen mit dem Rollstuhl herumfahren.

Ich habe eine Sonntagszeitung aus Zürich gelesen. Schwerpunkt war das Thema »Richtig heiraten«, mit einer

Liste der romantischsten Orte der Schweiz für Heirats-
anträge. Auf Platz zwei figuriert die Linde von Linn auf
dem Bözberg oben. Sie sei mit einem Stammumfang von elf
Metern einer der bedeutendsten Bäume Europas.

Das hat mich verstimmt. Und ich habe mich gefragt, warum es mich verstimmt. Ich bin zum Schluss gekommen:
Weil das Auftauchen der Linde von Linn in einer Sonntagszeitung aus Zürich die Heimlichkeit des Aargaus aufreißt
und profaniert.

Es gab drei Prunkmöbel in unserem Haus, die von klein-
bürgerlichem Wohlstand zeugten. Das Klavier im Salon,
das Buffet und die Nähmaschine der Marke Singer in der
Stube. Alle waren sie mit edlen Hölzern verschalt, schön
gebeizt oder bemalt. Alle drei boten sie Anlass für wildes
Geschrei unseres Vaters, wenn wieder einmal eines von uns
Kindern eine blitzsauber polierte Oberfläche geritzt hatte.

Das Buffet war bloß zur Zierde da. Es war viel zu edel,
um alltäglich genutzt zu werden. Was wir brauchten, war
in den Wandkästen verstaut. Was im Buffet lag oder stand,
war für die ganz hohen Feiertage bestimmt, die nie kamen.

Die Nähmaschine hingegen war ein Gebrauchsgegen-
stand, der von Mutter regelmäßig benutzt wurde. Ein
Wunderwerk der Technik, mit gusseiserner Tretwiege, die
über einen Keilriemen das Räderwerk in Schwung brachte,
welches die Nähnadel samt Faden mit fast erschreckender
Geschwindigkeit in die entstehende Naht fahren ließ. Ein
Triumph hoher Ingenieurskunst, zur Befreiung der Haus-
frau von der täglichen Fron des Flickens und Wiefelns
entwickelt und deshalb zu Recht mit edelstem Holz ge-

schmückt. Als Jahrzehnte später die viel handlicheren und schnelleren elektrischen Nähmaschinen aufkamen, wurden diese fußbetriebenen Wunderwerke alle fortgeschmissen. Was eine gigantische Vernichtung von Volksvermögen im Dienste des Fortschritts darstellte.

Solche Spitzenprodukte rein mechanischer Technik gab es in unterschiedlichster Art, zum Beispiel als Fahrrad und Schreibmaschine. Sie waren für den Gebrauch durch mehrere Generationen gebaut. Die Velos mit *Stängeli*-Bremsen. Das waren ausgeklügelte Hebelsysteme, die den Druck der Hand am Lenker direkt auf die Bremsklötzchen an den Felgen übertrugen. Die Schreibmaschinen waren Hebelwerke, die das Tippen eines Fingers auf die Taste zuverlässig auf den Hebelarm mit dem gewünschten Buchstaben brachte. Alles rostfrei, alles handbetrieben.

Ich benütze noch heute mechanische Schreibmaschinen, immer wieder hingerissen von ihrer technischen Schönheit.

Mein erstes Fahrrad war ein altes, schwarzes Militärvelo mit nur einem Gang und Rücktrittbremse, sauschwer und unverwüstlich. Wir hörten in der Primarschule, dass man in einem Aufsatz das Wort Velo nicht gebrauchen dürfe, da schweizerdeutsch. Es wurden uns verschiedene Synonyme angeboten, die auch in unseren Kinderbüchern vorkamen. Drahtesel zum Beispiel oder Stahlross. Das leuchtete mir ein. Denn mein Militärvelo war tatsächlich ein Stahlross.

In meiner Studienzeit in Basel hat mir einmal eine Nachbarin erzählt, sie habe im Keller noch ein altes Velo ihres verstorbenen Mannes stehen. Ob ich es haben wolle? Es war ein edles Gefährt englischer Fabrikation, ein Rudge, rostfreie Vorkriegsware, drei Gänge, *Stängeli*-Bremsen. Ich bin lange Jahre damit herumgefahren, ich hatte es abgeschlossen auf dem Trottoir geparkt. Eines Morgens war es weg. Jemand musste es davongetragen haben. Was ich gut verstand, denn es war ein Prachtvehikel. Ich vermute, es rollt noch immer auf Basels Straßen herum.

Das Gedächtnis des Menschen, seine Erinnerung, die langsam erlischt.

Mein Jugendfreund Christoph Sigrist, genannt Stips, der in Basel Professor wurde. Er ist zwei Jahre älter als ich. Er hat mich vieles gelehrt, wir haben nächtelang über Literatur diskutiert. Jetzt hat er Alzheimer und dämmert in einem Heim vor sich hin.

Das Gedächtnis der Menschheit. Die Faustkeile und Pfeilspitzen aus Feuerstein, die Höhlenmalereien. Keilschrift, Hieroglyphen, das wunderbare griechische Alphabet. Tontafeln, Pergamentrollen, die Bücher.

An Waschtagen war Mutter nicht zu sehen. Sie hielt sich dann, zusammen mit einer Waschfrau, in der Waschküche auf. Die Wäsche kochen im großen Waschofen. Durchwalken, stampfen, umrühren mit Holzkellen. Viereckige Kernseifen dienten als Waschmittel. Das einzige technische Hilfsmittel war die Schleudermaschine, die elektrisch betrieben wurde. Am Abend hing die gesamte Wäsche unseres Haushaltes an Leinen im Garten.

Als wir ins Haus an der Bottenwilerstraße umzogen, kaufte Vater eine gebrauchte, automatische Waschmaschine, die Bendix hieß. Wir staunten, wie selbständig und eigenmächtig diese Maschine arbeitete. Manchmal funktionierte sie einwandfrei, manchmal aber auch nicht. Dann stand die Küche unter Wasser.

Die Bendix war indessen bloß der Anfang des technischen Fortschritts im Haushalt. Bald kam ein Eiskasten dazu. Dann der Dampfkochtopf. Der war wirklich beeindruckend. Er besaß auf dem Deckel ein Ventil, das manchmal den Überdruck entließ und zischte und fauchte. Wobei die ganze Familie vor Schreck erstarrte.

Im Jahre 1798 beschloss die neugegründete Helvetische Republik, in allen Gemeinden obligatorische Schulen einzurichten. Ein vorerst rein theoretisches Ziel. Denn es hätte dafür Hunderte Lehrer gebraucht. Und Geld, um sie zu bezahlen. Beides war nicht vorhanden.

In Zofingen gab es schon seit Jahrhunderten eine Schule, wo man Griechisch und Latein lernen und sich so für die Hochschule in Bern vorbereiten konnte. Das Gebäude steht nach wie vor hinter der Stadtkirche. Ein prachtvoller Sandsteinbau, in dem sich heute die Stadtbibliothek befindet. Baubeginn war 1600. Über einem Fenstersturz ist in hebräischer Schrift der Zweck des Gebäudes eingemeißelt: Für die Gotterwählten. Womit laut kundigen Leuten nicht das Volk Israel gemeint ist, sondern die Auserwählten, die hier zur Schule gehen durften.

Eine jahrhundertealte hebräische Inschrift mitten in Zofingens biederen Gassen, darüber habe ich mich schon als Bezirksschüler gewundert.

In der vierten Klasse der Bezirksschule konnte man als Freifach Altgriechisch belegen. Wir waren zu fünft. Ernst Halter war dabei, der ein sehr guter, oft sträflich unterschätzter Schriftsteller wurde. Hans Werner Bruder, der in der Zürcher Zentralbibliothek Bibliothekar wurde. Ein

Junge mit Namen Härdi, der Pfarrer wurde. Und ein lustiges, blitzgescheites Mädchen, das Ruth Rohrbach hieß und das ich aus den Augen verloren habe.

Es gab eine jährliche Prüfung in Altgriechisch, die man Fronfasten nannte. Wer dabei keinen einzigen Fehler machte, bekam, wenn ich mich richtig erinnere, zehn Franken. Wer höchstens zehn Fehler machte, sechs Franken. Was für uns viel Geld war. Ich weiß noch, dass Hans Werner Bruder, wie immer, null Fehler machte. Ich machte zwei.

Wir haben uns gewundert, woher dieses Geld kam und was Fronfasten eigentlich bedeutete. Der Lehrer hat uns erklärt, dass es auf einer Zofinger Bank ein Stiftungsguthaben aus einem fernen Jahrhundert gebe, dessen Zweck es sei, gute Leistungen in Griechisch auszuzeichnen. Mehr wusste er nicht.

Ob es diese Fronfasten-Stiftung heute noch gibt, ist mir unbekannt. Schön wäre es, wenn diese pekuniäre Tradition aus der Zeit der alten Lateinschule bis in unsere Tage überlebt hätte.

Die Zofinger Stadtbibliothek war damals, als ich zur Schule ging, noch im Museum nahe der Ringmauer untergebracht. Ursprünglich war sie im Jahre 1693 von fünf geistlichen Herren gegründet und später durch verschiedene Legate bereichert worden. Zu meiner Zeit war Fritz Schoder Bibliothekar, ein pensionierter Buchhalter. Er saß jeden Morgen in der Ausleihe, auch wenn sie offiziell geschlossen war. Ich habe mich mit ihm angefreundet, ich durfte ihn, wann immer ich wollte, besuchen. Ich könne ruhig nach hinten ins Lager gehen, sagte er, ich solle mir die Bücher, die ich lesen wolle, selber holen. Es waren alle wichtigen französischen Schriftsteller des 16., 17. und 18. Jahrhunderts vertreten. Ich habe Molière und Montesquieu in ihren deutschen Erstausgaben gelesen. Das war kein Problem, ich habe jeden Band zuverlässig zurückgebracht.

So hat Zofingen in meiner Jugend noch in manchen Bereichen funktioniert. Es gab ein Vertrauensverhältnis zwischen Alt und Jung. Man wusste, wen man vor sich hatte.

Über der Eingangstür des alten Lateinschulhauses ist ein pflanzenartiges Ornament eingemeißelt. In der Mitte eine spitze Erhöhung, von der aus zu beiden Seiten waagrecht gewellte Girlanden auslaufen, als wären es Wasserpflanzen. Ich habe im Städtchen in alten Türbalken ähnliche Ornamente entdeckt. Ich habe kundige Leute gefragt, was das für Ornamente seien. Ich habe zur Antwort bekommen, das seien Verzierungen bloß schmückender Art. Was ich nicht geglaubt habe.

Viel später habe ich mir im Fischerdorf Iseltwald am Brienzersee die alten Bauernhäuser näher angeschaut. Sie haben alle über dem Erdgeschoss einen tragenden Querbalken, der über die ganze Hausfront läuft. Dieser Holzbalken ist stets mit wellenartigen Girlanden verziert. Schaut man genau hin, erkennt man, dass es keine Pflanzenornamente sind. Sondern dass es die zweischwänzige Wasserjungfrau ist, stilisiert dargestellt. Die Spitze in der Mitte ist die weibliche Vulva, aus der alles menschliche Leben entsteht.

Das bedeutet, dass diese Häuser von der alten Wassergöttin behütet werden, deren bekannteste und beliebteste die heilige Verena von Zurzach war. Genau wie die Wettinger Blechmusikanten, die sie auf ihrer Fahne vor sich hertragen. Und dass das alte Lateinschulhaus in Zofingen mit der hebräischen Inschrift ebenfalls von einer Wassergöttin beschirmt wird.

In alten katholischen Landschaften wie zum Beispiel im Schwarzwald schreiben frisch verheiratete Ehepaare noch immer auf den Türbalken ihres Heimes die drei Buchstaben C, M, B hin. Die Namen der drei heiligen Könige Caspar, Melchior und Balthasar, die ihren Ehestand behüten sollen. Es gibt auch die Theorie, damit seien drei Göttinnen aus vorchristlicher Zeit gemeint. Oder, wer weiß, vielleicht auch die drei Engel aus dem Weihnachtslied der Sophie Hämmerli-Marti? Im Augustinermuseum in Freiburg im Breisgau hängt ein Bild mit drei heiligen Frauen. Eine davon ist die heilige Verena aus Zurzach.

Mein verehrter Geschichtslehrer an der Aargauischen Kantonsschule Joseph Boesch, genannt Josua, schreibt über die Sagensammlung von Ernst Ludwig Rochholz, sie sei wertlos, weil der Herausgeber nach eigenem Gutdünken bearbeitet und hinzugedichtet habe. Ein strenges Urteil, finde ich. Denn den Kern der Sagen wird Rochholz kaum erfunden haben.

Eine davon ist die Sage von der Ermordung des Königs Albrecht bei Windisch im Jahre 1308. Dieser Sage zufolge wurde der deutsche König, der von Baden nach Rheinfelden unterwegs war, nach dem Übersetzen über die Reuss erschlagen. Er hauchte sein Leben im Schoß einer fahrenden Dirne aus, die zufällig des Weges kam. »So diente«, schreibt Rochholz, »der Schoß einer Metze dem Könige der Deutschen zum Todbette.« Wie bereits erwähnt, gründete seine Witwe, Königin Elisabeth, zum ewigen Andenken an die Untat das Kloster Königsfelden. Dasselbe hatte die Verpflichtung, allen fahrenden Dirnen, die an seine Pforte klopften, einen Zehrpfennig zu verabreichen. Und in Zurzach gab es zu Beginn der Messe einen interessanten Brauch, Rochholz zitiert folgende alte Verse dazu:

> Es ist jez by siben jaren bschehen
> Zuo Zurzach an dem huorendanz:
> darumb so treist du wol ein kranz.
> dann da warend mee dann hundert huoren,
> die do all am danz da umbher fuoren,
> do hast du den gulden gwunnen,
> den man der hupschisten solt gunnen,
> den der vogt von Baden gibt denn zmal
> der hupschisten in der huoren zal,
> die denn zuomal uff der Wissmatten sind.
> (Rochholz, zweiter Band, Seite 348 f.)

Es hat also zu Beginn der Zurzacher Messe jeweils einen Tanz der angereisten Dirnen, Huren, Landstörzerinnen und Metzen gegeben, wobei die Schönste einen Goldgulden erhielt. Was wohl heißt, dass man diese Damen hoch geachtet hat. Dass man allfällig gesichtete Nixen und Wasserjungfern verehrt hat. Und dass man sich eine allmächtige Wassergöttin durchaus vorstellen konnte.

In den Jahren 1874 bis 1877 wurde östlich der Ringmauer das neue Zofinger Gemeindeschulhaus gebaut. Dreistöckig, ein sehr langer Haupttrakt mit zwei quergestellten Seitenflügeln, griechische Säulen in der Fassade, festliche

Aula. Alles errichtet mit Sandstein aus dem großen Steinbruch von Staffelbach im Tal der Suhre. Vierspännig herangekarrt, vermutlich über Uerkheim oder Bottenwil im Tal der Uerke. Ein Palast der obligatorischen Schulbildung, ein Versailles der Volksaufklärung. In diesem Bauwerk bin ich neun Jahre lang zur Schule gegangen.

Mein Vater besaß einen Fotoapparat. Damit hat er bei besonderen Anlässen Fotos gemacht, zum Beispiel am ersten Schultag von uns Kindern. Ich besitze fast keine Fotos aus meiner Kindheit. Aber mein Abbild vom ersten Schultag habe ich noch.

Ich stehe in der Wiese im Garten. Hinter mir ist eine der beiden Thujas zu sehen. Ich stehe korrekt da, die Füße schön nebeneinander, Arme am Körper, ernstes Gesicht. Am Rücken der lederne Schulranzen, auf dem Kopf eine *Dächlikappe*. Eine warme, dunkle Jacke mit großen Knöpfen, ein Gürtel drum. Hosen fast knielang, warme, von Mutter gestrickte Wollstrümpfe. Hohe, genagelte Schuhe.

Was man auf dem Foto nicht sieht, ist das *Gschtältli*, das um meine Brust geknöpft war. Eine Art Leibgurt, woran an Elastikbändern die Strümpfe hingen, damit sie nicht hinunterrutschten und die Knie freigaben. *Strumpflotteri*, ein Wort, das alle aus meiner Generation kennen. Wir trugen alle ein *Gschtältli*.

An diesem Foto fällt mir mein Gesichtsausdruck auf, der eher griesgrämig ist. Was mich erstaunt. Denn selbstverständlich habe ich mich auf die Schule gefreut.

In den ersten zwei Klassen war ich bei Fräulein Kunz. Eine liebe, gescheite Frau, die ich sehr gemocht habe. Bei ihr habe ich Lesen und Schreiben gelernt. Erst auf einer

Schiefertafel, dann mit Tinte auf Papier. Die Federn dazu mussten wir in der Papeterie kaufen. Da sie eingefettet waren, um nicht zu rosten, musste man sie erst eine Viertelstunde ablutschen, um das Fett zu entfernen.

Das Tintenfass war rechts in die Schulbank eingelassen. Dort musste man die Feder eintauchen, aber nicht zu tief, sonst fiel ein *Tolggen* ins Heft. Das war das Schlimmste, was es gab, diese grässlich schwarzen Kleckse auf dem weißen Papier. Mir fiel fast nie einer herunter. Mit dem Schreiben hingegen hatte ich einige Mühe. Man musste ja nicht so schreiben, dass man es lesen konnte. Sondern man musste schön schreiben. Das hieß so, wie es Fräulein Kunz an der Tafel vormachte. Das konnte ich nur bedingt. Meine Hand hat sich, wenn ich es versuchte, stets verkrampft, so dass keine schönen, runden Buchstaben herauskamen.

Zum Glück war Fräulein Kunz in dieser Hinsicht tolerant. Sie hat mir meine Krakelei nicht übelgenommen.

Ich schreibe noch heute alles erst mal von Hand. Ich schreibe in Schulhefte, die ich in einer kleinen Papeterie kaufe. Diese Hefte sind kariert und haben 72 Seiten. Für einen *Hunkeler*-Roman brauche ich drei bis vier Hefte. Sie sind alle gefüllt mit meiner Handschrift, was mich stolz macht. Mir gefällt das, so ein Heft voll mit meinen Buchstaben. Ich fülle diese Hefte gern. Niemand schaut mir dabei korrigierend über die Schulter. Ich denke, der direkteste Weg vom Kopf aufs Papier führt über die Hand. Es ist der privateste, persönlichste Weg. Es drückt sich dabei die eigene Persönlichkeit aus.

Nur wenn ich etwas Offizielles schreiben muss, zum Beispiel auf einem Formular, verkrampft sich meine Hand.

Dann kommt eine Krakelei heraus, die auch ich selber nur mit Mühe lesen kann. Tut mir leid, ich kann es nicht ändern. Selbstverständlich entschuldige ich mich dafür.

Oberstes Ziel der damaligen Erziehung war die Anpassung der Kinder an vorgegebene Regeln. Man wollte so den jungen Leuten die Eingliederung in die Gesellschaft erleichtern. Wenn sich alle an dieselben Regeln halten, wenn also zum Beispiel alle die gleichen Buchstaben hinschreiben, funktionieren die Abläufe in einer Gesellschaft leichter. Das läuft dann wie eine gutgeölte Maschine. Karl der Große hat mit der karolingischen Minuskel, die alle, die in seinem Reich schrieben, benutzen mussten, erst die Grundlage geschaffen, dieses Reich zusammenzuhalten. Heute funktioniert das Internet nur deshalb über die ganze Welt, weil alle dasselbe englische Vokabular benutzen.

A., meine langjährige Freundin und Ehefrau, hatte mit diesem gleichmachenden, anpassenden System größte Schwierigkeiten. Denn sie war eigentlich Linkshänderin. Das wollte ihr die Lehrerin austreiben, indem sie A. immer wieder die Knöchel der linken Hand an der Pultkante blutig schlug. Worauf A. aufgab und mit der rechten Hand zu schreiben begann. Aber innerlich blieb sie zeitlebens Linkshänderin.

Mein schrecklichstes Erlebnis mit dieser staatlich oktroyierten Schönschreiberei war in der dritten Primarschulklasse, beim Lehrer Bolliger. Der hatte einen Haselstock in der Ecke stehen. Wir hatten einen Mitschüler, der in der Ringmauer wohnte und dicke Brillengläser trug, die seine Augen wie Fischaugen aufleuchten ließen. (Ich habe ihn schon einmal in einem Roman beschrieben, aber es muss hier noch einmal sein.) Dieser Mitschüler ließ, auch wenn er sich die allergrößte Mühe gab, immer wieder einen *Tolggen* ins Heft fallen. Weiß der Teufel warum, es ging einfach nicht anders. Wir Kinder wussten das, der Lehrer Bolliger wusste es auch. Trotzdem beschloss er, dieser Kleckserei ein für alle Mal ein Ende zu setzen. Er sagte zu unserem Mitschüler, er werde sich jetzt mit dem Haselstock hinter ihn stellen und ihm bei jedem *Tolggen* eins über den Schädel ziehen. Nach dem zehnten *Tolggen* werde er ihn nach vorne nehmen und ihm zehn Hiebe auf den Hintern verabreichen.

So geschah es. Die *Tolggen* fielen, die Schläge auch. Nach dem zehnten Tropfen zerrte Lehrer Bolliger unseren Mitschüler nach vorn und versuchte, ihn sich über das Knie zurechtzulegen. Die ganze Klasse weinte, sogar dem Lehrer Bolliger kam das Augenwasser. Aber was sein musste, musste sein.

Da passierte etwas völlig Unerwartetes. Es gelang unserem Mitschüler, sich aus dem Griff des Lehrers zu befreien. Wir hofften alle, dass er sich durch die Tür davonmachen und in den umliegenden Wäldern verschwinden würde. Aber er tat etwas ganz anderes. Er kniete nieder, faltete die Hände und flehte: Bitte nicht, bitte nicht. Doch Lehrer Bolliger blieb prinzipientreu, packte den Jungen, legte ihn übers Knie und versohlte ihm zehn Mal den Hintern. Worauf der Junge an seinen Platz zurückschlich, für alle Zeiten erledigt.

Ich hatte keine Mühe in den ersten beiden Primarschulklassen. Offenbar war ich von meiner Mutter und von Tante Lisa im Kindergarten gut vorbereitet worden. Ich war brav, neugierig und voller Konzentration auf das, was kam. Umso seltsamer waren zwei Erlebnisse, die mich ziemlich verstört haben.

Als Fräulein Kunz einmal vom schrecklichen Leiden Christi am Kreuz erzählte, habe ich sogleich die Hand aufgestreckt. Denn ich hatte gehört, dass Jesus von Nazareth nicht bloß ein normaler Mensch gewesen sei, sondern darüber hinaus auch noch Gottes Sohn und folglich selber ein Gott, der ohne weiteres ein Wunder bewirken konnte. Ein Superman sozusagen, der gewiss auch am Kreuz hängen konnte, ohne dass es ihm weh tat. »Aber es hat ihm doch gar nicht weh getan«, habe ich voller Überzeugung gesagt. Worauf Fräulein Kunz leichenblass wurde und sehr scharf erwiderte: »Das darfst du nie mehr sagen.«

Ich habe dann geschwiegen, aber begriffen habe ich es nicht. Vor allem hat mich die plötzliche Blässe von Fräulein Kunz erschreckt.

So war meine Erfahrung von Kindheit an. Anstelle von sachlicher Berichtigung und Erklärung gab es Denkverbote.

Übrigens hat mich diese Frage auch später immer wieder beschäftigt. Warum hat der allmächtige Herrgott seinen eingeborenen Sohn dem menschlichen Leiden hingegeben? Was hat er damit bezweckt? Christi Leiden war schließlich nichts anderes als eine für einen Gottessohn überflüssige Plage. Die Henker hätten es ja auch kurz machen und ihn zum Beispiel köpfen können. Dann wäre das Henkersbeil zum christlichen Symbol geworden. Was der Wirklichkeit wohl eher entsprechen würde. In keines anderen Gottes Namen sind so viele Menschen ermordet worden wie in Christi Namen. Man lese bloß einmal nach, wie viele Menschen in Nord-, Mittel- und Südamerika und in Afrika von christlichen Eroberern getötet wurden.

Ein andermal mussten wir bei Fräulein Kunz einen Aufsatz schreiben über die Altstadt von Zofingen. Das habe ich sehr gern getan, denn ich kannte und liebte das Städtchen. Als ich den Aufsatz zurückbekam, sah ich zu meiner Freude, dass keine rote Korrektur drin war. Außer einem einzigen, tintenroten f. Ich hatte nämlich beim Namen eines Modegeschäfts mit zwei f eines vergessen. Was Fräulein Kunz korrigiert hatte. Was mich geärgert hat. Denn eigentlich war das ja kein richtiger Fehler. Ich malte also mit dem Bleistift so lange über das hässliche rote f, bis es kaum mehr zu sehen war.

In der nächsten Aufsatzstunde sah ich sogleich, dass etwas nicht stimmte. Das Gesicht von Fräulein Kunz war puterrot angelaufen, als sie ins Klassenzimmer kam. Sie blieb eine Weile schweigend neben ihrem Pult stehen. Dann kam sie zu mir und hieb mir ihre Hand derart auf die Nase, dass ich vom Stuhl gefegt wurde. Die ganze Klasse hat gestaunt. Denn es war das einzige Mal, dass sie jemanden schlug.

Typischerweise hat mir Fräulein Kunz vor oder nach ihrem Schlag keine Erklärung abgegeben. Meine Todsünde lag so offen zutage, dass sich jedes Wort erübrigt hat. Es war die Todsünde der Auflehnung, ja der Rebellion.

An das Ende des Zweiten Weltkriegs habe ich keine Erinnerung. Viel später habe ich gelesen, dass an jenem Tag alle Glocken des Landes geläutet haben.

Die Schweiz war in jenen Tagen nach wie vor ein autonomes, geordnetes Land. Es waren keine Friedensverhandlungen nötig, es hatte keine Grenzverschiebungen gegeben. Die letzten Wehrmänner sind heimgekehrt, die internierten Polen sind ausgereist, die Rationierungen blieben noch einige Zeit in Kraft.

Eines Tages kam ein Mädchen mit knallgelben Speckgummisohlen in die Schule. Wir haben alle gestaunt und wollten Wettrennen mit ihr machen, die sie alle gewann. Denn ihre Sohlen hafteten viel besser am Boden als unsere genagelten Schuhe.

Fräulein Kunz hat uns, wie es ihre Pflicht war, gewarnt vor den Gefahren der neuen Zeit. Zum Beispiel vor den Gefahren des Kaugummis, der von den amerikanischen Soldaten eingeschleppt worden sei. Der mache die Zähne kaputt. Ich habe tatsächlich eines Tages ein längliches Plättchen auf dem Straßenpflaster liegen sehen, das in einer fremden Sprache angeschrieben war. Obschon ich noch nie einen Kaugummi gesehen hatte, wusste ich gleich, dass dies einer war. Ich habe ihn aufgehoben, in die Tasche gesteckt und Fräulein Kunz gebracht. Sie hat mich dafür gelobt.

Wann immer es ging zur Winterzeit, hat uns Mutter zum Schlittschuhlaufen begleitet. Dies fand auf dem Tennisplatz statt, der bei Minusgraden mit Wasser besprizt wurde, so dass eine Eisfläche entstand. Wir trugen hohe, feste Schuhe, an deren Sohlen man die eisernen Kufen anschraubte. Es war großartig, wie man damit herumflitzen konnte. Besonders an den Abenden, an denen der Platz beleuchtet war und ein Walzer oder ein Seemannslied aus dem Lautsprecher dröhnte, kam eine unerwartet festliche Stimmung auf. Mutter saß auf einer Bank und sah uns mit sichtlicher Freude zu, wie wir herumkurvten.

Mit dem Skifahren klappte es damals noch nicht richtig. Ich trug drei Lagen dicke Wollsocken und steckte in Vaters alten Skischuhen auf Vaters Skiern. Weiter als ein paar Meter konnte ich so nicht gleiten, dann haute es mich um. Aber es blieb ja das Rodeln.

Ich erinnere mich an eine tief verschneite Altachen. An Schneehütten, die wochenlang stehen blieben. An die große Dreschmaschine im Tenn bei Niklausens, wo wir die Tennabfahrt hinabschlittelten. An die Staubmasken der Männer, welche die Dreschmaschine bedienten. An den Geruch von gedroschenem Weizen, Stall und Schnee. Wenn Fridolin mit seinen drei Pferden den Schneepflug durch unser Viertel zog, durften wir uns zu ihm auf den Pflug setzen. Das sei gut, sagte Fridolin, wegen des Gewichts. Wir schauten gebannt zu, wie die Pferde in den Riemen hingen und mit aller Kraft den schlingernden Pflug durch den Schnee rissen.

Einmal hatten wir für ein paar Wintermonate einen Gastschüler aus Deutschland bei uns. Fräulein Kunz sagte, wir sollten recht lieb sein zu ihm, er komme aus dem Krieg. Er wohnte bei der Familie Zwald, die keine eigenen Kinder hatte, an der Luzernerstraße. Dieser Gastschüler trug beim Eislaufen hohe Stiefel mit festgeschraubten Kufen an den

Füßen, so dass er uns spielend leicht davonlaufen konnte. Zudem hatte er ein ungemein schnelles, scharfes Mundwerk.

Ich weiß nicht mehr, wie wir auf die Idee kamen. Jedenfalls beschlossen wir, ihn an einem bestimmten Mittag gleich nach der Schule zu verdreschen. Dies teilten wir ihm mit. Worauf er es Fräulein Kunz erzählte. Die wusste nicht recht, was sie dazu sagen sollte. Vermutlich hat sie es nicht geglaubt. Mit Recht übrigens. Es geschah nichts, niemand wurde verdroschen. Wir wussten gar nicht, wie wir es hätten anstellen sollen.

In jener Zeit habe ich den Schweizer Spielfilm *Marie-Louise* gesehen, die Geschichte eines französischen Mädchens, das für ein paar Wochen aus dem kriegsversehrten Frankreich zur Erholung in die Schweiz kommt. In diesem Film gibt es die Szene, in der das Mädchen auf der Dachterrasse oben vom Sirenenalarm überrascht wird und nicht mehr ins Treppenhaus zurückfindet. Obschon es nur ein Probealarm ist, erleidet es Todesangst. Und wir Kinder litten alle mit. Es war entsetzlich, ich weiß es noch genau.

Dieser Film wurde von der Evangelischen Gemeinschaft in ihrer großen Kapelle gezeigt. Und zwar am Fasnachtsmontag, als die Kinder schulfrei hatten und das Zofinger Fasnachtskomitee einen Fasnachtsumzug organisierte. Die frommen evangelischen Christen wollten so wohl die Schuljugend von der sündigen Fasnacht auf den Straßen fernhalten. Was ihnen durchschlagend gelang. Der Saal der evangelischen Gemeinde war jeden Fasnachtsmontag brechend voll, während ein paar vereinzelte Fasnächtler durchs Städtchen zogen.

Ich habe in jenem evangelischen Gemeindesaal auch zum ersten Mal den großartigen Heidi-Film mit Heinrich Gretler gesehen. Sonst haben wir kaum je Filme vorgeführt bekommen. Höchstens einmal auf dem Bahnhof am Filmautomaten, wo man ein Zwanzigrappenstück einwerfen musste und dafür einen verzitterten Chaplin-Kurzfilm anschauen konnte.

Damals hatte man dauernd irgendeine Blessur. Fuß verstaucht, Knie aufgeschürft, Schrammen und Striemen an Hand und Fuß. Etwas später waren die Zähne voller Karies, die ausgebohrt werden musste. Und zwar mit dem langsamen, genauen Bohrer. Herr Kunz an der Luzernerstraße hat stundenlang in meinen Zähnen herumgebohrt, während mir die Tränen über die Wangen liefen. Ich tat keinen Wank, ich wusste, es musste sein. Nach der Tortur erhielt ich von der Zahnarztgehilfin, die meinen Kopf wie im Schraubstock festgehalten hatte, das Lob, ich sei ein tapferer Junge. Dann hinein mit Amalgam in die Löcher. Das hat erstaunlich lange gehalten. Erst als ich vierzig wurde, fing es an zu bröckeln. Heute ist mein Gebiss eine Ruinenlandschaft.

Dann die Krankheiten, gegen die man nichts machen konnte. Die Masern hatten wir alle, den Mumps hatten viele, Diphterie einige wenige. Diphterie war gefährlich. Wer Diphterie hatte, durfte von den Mitschülern nicht besucht werden.

Die Tuberkulose war am Abklingen. Der Bruder meines Vaters, Onkel Adolf, der in Würenlingen Posthalter und Gemeindeammann war, ist daran gestorben, als ich klein war. Inzwischen tauchte alljährlich ein Kastenwagen auf, in dem sich ein Durchleuchtungsapparat befand, der unsere Lungen untersuchte. Wir wurden alle geimpft.

Schlimm war die Kinderlähmung. Nicht alle, die sie traf, starben daran. Viele überlebten, allerdings mit bleibenden Lähmungen. Sie trugen dann Hilfsprothesen, damit sie laufen konnten.

Die Niklausenfamilie ennet dem Bach hatte zwei starke, kerngesunde Söhne von noch nicht ganz zwanzig Jahren. Sie hat die Kinderlähmung binnen weniger Tage geholt. Der Hof war danach wochenlang abgesperrt. Die Eltern haben ihn verkauft und sind weggezogen.

Die erste Leiche habe ich mit ungefähr zehn Jahren gesehen. Es war unser Mitschüler Kurt Schenk, der in Mühletal hinten bäuchlings einen Weg hinuntergerodelt ist, direkt auf die Mühlethalstraße, wo ein Auto vorbeifuhr. Schädelbruch, sofortiger Tod. Die ganze Klasse nahm an der Abdankung teil. Wir wurden ins Leichenschauhaus geführt, wo Kurt aufgebahrt lag. Niemand hatte uns vorgewarnt, dass wir jetzt gleich dem Tod begegnen würden. Plötzlich hatten wir Kurts Leichnam vor uns. Ein Schock. Ich finde, das war richtig so. Ein Leichnam ist immer ein Schock. Der Tod ist immer ein Schock.

Selbstverständlich wurde nach diesem Unglück mit noch mehr Nachdruck verboten, bäuchlings, also kopfvoran, irgendwo hinabzurodeln. Aber niemand hat sich daran gehalten. Wir passten höchstens ein bisschen besser auf.

Meine gesundheitliche Schwachstelle waren die Ohren. Ich habe mindestens ein Dutzend Mittelohrentzündungen gehabt. Das war ein stechender Schmerz im Mittelohr, begleitet von hohem Fieber. Dann, eines Nachts, während ich schlief, bahnte sich der Eiter ein Loch durch das Trommelfell, floss aus und lag am Morgen als hässlicher Fleck auf dem Kissen. Von da an ging es mir schnell besser.

Die Tage des Krankseins waren schlimm. Mein Vater entschied, wer krank sei, habe im Bett zu liegen und auch die Hände unter der Decke zu halten. Kein Spielzeug, kein Kinderbuch, kein Radio. So lag ich stundenlang und schaute den Fliegen zu, wie sie um die Lampe kurvten. Krankheit als Strafe, so habe ich es empfunden. Vater selber lag, wenn er ausnahmsweise krank war, tagelang wie eine Mumie im Bett, mit äußerster Konzentration der Krankheit hingegeben.

Ich sitze auf der Ufermauer, in den Händen ein Haselstecken, an dessen Ende ein Nylonfaden gebunden ist. Ein Stück Blei hängt daran, ein Angelhaken mit einem halben Regenwurm. Der Wurm stammt aus der Wiese hinter unserer Ferienwohnung. Mein Bruder und ich haben so lange gegraben, bis wir ein Dutzend Würmer zusammenhatten, die wir in ein leeres Konfitürenglas sperrten. Wir halbieren jeden einzelnen, bevor wir ihn aufspießen. So halten sie länger.

Mein Bruder, zwei Jahre älter als ich, hat eine richtige Fischrute, mit einer Rolle für den Nylonfaden und einem Schwimmer, der draußen im leichten Wellengang hin und her schaukelt. Mein Köder hängt gleich neben der Ufermauer. Aber das spielt keine Rolle. Wir lauern wie die Bären in Alaska.

Der See ist so klar wie Glas. Man sieht den Boden, bis er zwanzig Meter weiter draußen in der Tiefe verschwindet. Sand, Steine, ein paar Wasserpflanzen. Wenige kleine Weißfische schwimmen vorbei. Unsere Würmer scheinen sie nicht zu interessieren.

Dann plötzlich taucht ein großer Barsch auf, ein Egli. Wir halten den Atem an. Aber er zieht unbeirrt seines Weges, majestätisch. Wir sehen seine dunklen Querstreifen, die aufgestellte Rückenflosse. Ein mächtiges Tier. Wir schauen ihm nach, bis es in der Tiefe verschwindet.

Beim Hotel weiter vorn haben wir in einem großen Aquarium Forellen schwimmen sehen, die Mäuler nahe an der Düse, aus der Luftblasen aufstiegen. Dicht über dem Boden stand reglos ein Hecht, lang wie mein Arm. Die gefährliche, lange Schnauze, der leicht gekrümmte Leib, die kräftige Schwanzflosse. Ein Räuber, ein Blitz, der durchs Wasser fährt, der Tod in Fischgestalt. Er war von anderer Art als die Zuchtforellen. Ein wildes Geschöpf, dessen Heimat der See war. Solange solche Tiere im See herumschwammen, würden wir unsere Köder auswerfen und lauern.

Das war in Weggis am Vierwaldstättersee. Vater hatte eine Ferienwohnung gemietet. Ich war fünf Jahre alt.

Wir hatten zu Hause einen dicken Katalog mit Ferienwohnungen, alle in der Schweiz selbstverständlich. Als wir in Weggis waren, herrschte noch Krieg in Europa. Wir haben diesen Katalog ausgiebig studiert. In Graubünden und im Wallis waren wir nie, die Reise wäre zu lang und zu umständlich gewesen. Wir waren in Weggis, in Ennetmoos, in Lungern am Lungernsee und in Iseltwald am Brienzersee. Und das letzte Mal in Gerra am Lago Maggiore.

Diesen Ferienwochen ging jedes Mal eine generalstabsmäßige Vorbereitung voraus. Zwei riesige Koffer aus geflochtenem Bast wurden gepackt, mit Wäsche und Lebensmitteln wie Suppenwürfel und Teigwaren. Wir brachten sie mit dem Leiterwagen zum Bahnhof und spedierten sie franko Domizil Ferienwohnung. Am ersten Ferientag bestiegen wir schwer beladen mit Rucksäcken und Koffern ein Zugabteil dritter Klasse mit Familienbillett. Auf der Fahrt nach Weggis mussten wir in Luzern auf eines der alten Dampfschiffe umsteigen. Es gab Gepäckträger dort, die mit Schubkarren darauf warteten, unser Gepäck vom Zug auf das Schiff zu transportieren. Ich weiß noch genau, wie Vater mit hochrotem Gesicht diese Männer abzuwehren versuchte. Mit Erfolg, wir schleppten alles selber. Auf dem Schiff dann die große Fahrt über den Vierwaldstättersee, die schweren, blitzblank geölten Stahlhebel der Dampfmaschine im Schiffsbauch, die Rettungsboote, das Nebelhorn. Der Bezug der Wohnung, das erstmalige Übernachten im fremden Bett.

Bevor wir nach Iseltwald fuhren, hatte mein Bruder ein Jahr lang gespart und über den Jelmoli-Katalog eine mehrfach verleimte Tonking-Rute gekauft, samt Wurfrolle und Löffel. Es war ein Egli-Löffel mit rotem Federbusch. In Iseltwald wollte mein Bruder die Rute ausprobieren, obschon es eigentlich verboten war. Denn zum Löffeln hätte es ein Patent gebraucht.

Er stellte sich auf die Ufermauer des Hafens und warf den Löffel aus. Wir staunten, wie weit er flog. Dann holte er ihn langsam ein. Nichts geschah, wir hatten es nicht anders erwartet. Mein Bruder warf ein zweites Mal aus, der Löffel flog noch weiter. Dann drehte mein Bruder langsam die Kurbel. Plötzlich schlug der Löffel an, die Rute krümmte sich zum Halbkreis. Ein Stück Treibholz, dachten wir. Aber dann sahen wir, wie sich der Nylonfaden zitternd durch das Wasser bewegte. Es musste ein Fisch sein, der angebissen hatte. Wir dachten an ein großes Egli, ein starkes Tier, das sich mit aller Kraft gegen das Einholen wehrte. Aber es kam nicht los. Als es mein Bruder endlich am Ufer hatte, sahen wir, dass es eine ausgewachsene, mächtige Seeforelle war. Wir hatten noch nie einen so schönen Fisch gesehen, seine Pracht war unglaublich.

Als mein Bruder den Fisch aus dem Wasser hob, schnellte er mit dem Schwanz ein paarmal hin und her, löste sich so von der Angel und verschwand in der grünen Tiefe. Was uns irgendwie ganz recht war. Wie hätten wir ein solches Prachttier totschlagen können.

Es war ebenfalls in Iseltwald, als eines Morgens Vater mit uns Kindern den Berghang hinaufstieg. Wir hatten nichts Besonderes vor, wir hatten nicht einmal eine Wasserflasche dabei. Wir stiegen immer weiter. Der See verschwand unter uns, nur ab und zu leuchtete sein mattes Grün noch zwischen den Bäumen hindurch. Es war ein strahlender Morgen. Die ersten Alpenrosen tauchten auf, das erste Blau des Enzians. Als wir über der Baumgrenze waren, kamen wir zu einer Sennhütte. Es war das erste Mal, dass ich eine bestoßene Alp sah. Das Herdengeläut am Hang drüben. Der tiefgrüne Huflattich neben der Hütte. Der bärtige Senn, der uns hereinbat. Es gab *Suiffi* zu trinken, entrahmte, säuer--liche Milch. Wir tranken aus einer Schüssel, mit geschnitzten Holzkellen. Dazu erhielt jeder ein großes Stück Brot. Bevor wir weitergingen, gab Vater dem Senn einen Fünf- liber. Ein Fünffrankenstück, das heute noch in Gebrauch ist. Ein Senn mit Kuttenkapuze ist darauf abgebildet.

Schon allein dieses Fünflibers wegen wird die Schweiz in absehbarer Zeit nicht dem Euro beitreten. Für den Fünf- liber würde wohl manch wackerer Eidgenosse noch heute zur Hellebarde greifen, um ihn zu verteidigen.

Jahrzehnte später bin ich in einem Greyhound im Süden Kaliforniens zur mexikanischen Grenze gefahren. Endsta- tion, es war ein kleiner Grenzübergang, der auf die Baja California führte. Ich nahm meine Tasche und ging hin- über. Es waren einige Indiofrauen dabei, ich war der ein- zige Fremde. Drüben bat mich ein Mexicano ins Zollhäus- chen, ein dicker, rotgesichtiger Mann mit einer Pistole an der Hüfte. Es war wie in einem drittklassigen Western. Der Mann begann, über die Yankees zu schimpfen, die über die Grenze strömten. In mir kam eine Angst auf. Was, wenn mich der Mexicano ausraubte, in die Wüste schleppte und erschoss? Dann würden die Kojoten mein Gerippe ab- nagen.

Endlich merkte ich, dass der Mann ein Münzensammler war. Er hatte an meinem Pass gesehen, dass ich ein *suizo* war. Eine Schweizer Münze fehlte ihm wohl noch in seiner Sammlung. Ich nahm meinen Geldbeutel hervor und sah, dass ein Fünfliber drin war. Den gab ich ihm, mit einigem Stolz seltsamerweise. Er nahm die Münze, mit sichtlicher Freude, dankte herzlich und ließ mich weiterziehen.

Von jener Alphütte über Iseltwald aus stiegen wir hö- her bis auf das Faulhorn hinauf. Das liegt 2681 Meter über

Meer, ich habe auf der Karte nachgeschaut. Der Brienzersee liegt keine 600 Meter hoch. Oben in der Hütte gab es Erbsensuppe und Hörnli. Dann stiegen wir wieder hinunter zum See, mit weichen Knien, stolz darauf, Bergsteiger zu sein. Unten in Iseltwald hat Mutter, die sich geängstigt hatte, den Vater richtiggehend ausgeschimpft. Was sonst nie vorkam.

Vater war in diesen Ferienwochen fröhlich und entspannt. Er war so, wie ich ihn mir immer gewünscht hätte. Ein viele Jahre älterer, vertrauter Kamerad und Ratgeber.

In den zwei Wochen in Gerra am Lago Maggiore ist Mutter richtiggehend aufgeblüht. Sie ist weich geworden, warm und herzlich. Vielleicht war es die samtene Luft des Tessins, die Schönheit des Sees, aus dem die Berge wie uralte Tiere aufstiegen. Das Gebimmel der Kirchenglocken, das aus den Uferdörfern über das Wasser zu uns herüberklang. Es hat uns alle verzaubert.

Unsere Ferienwohnung lag mitten im Dorf, gleich gegenüber der Kirche. Im Vorgarten standen ein paar zerfranste Palmen. Eine Gasse führte direkt zum Kiesstrand am See.

Am Sonntag, als wir dort waren, hat Gerra seine Madonna gefeiert. Das Gebimmel auf dem Campanile begann schon am frühen Morgen. Die Dorfjugend hockte oben und hämmerte auf das tönende Erz. Dann begann die Messe. Die ganze Gemeinde saß in der Kirche und sang. Vor allem die Frauenstimmen waren so wunderbar, dass ich die fromme Hingabe an die Heilige Jungfrau erahnte. Dann die Prozession. Die Dorfmusik, die hölzerne Madonna auf

den Schultern von vier Männern. Der Priester samt Minis-
tranten in bunten Gewändern, die singenden Frauen mit
Kopftüchern, die Männer mit ernsten Gesichtern. Über allem das andauernde Glockengebimmel. Ich bin der Prozession über die ganze Strecke gefolgt, in gehörigem Abstand
allerdings. Ich gehörte ja nicht dazu.

Seit jenen zwei Wochen trug ich lange Zeit die bekannte
Deutschschweizer Sehnsucht nach Palmen, Lago und Glockengebimmel in mir herum. Eine Sehnsucht, die in der
Zeit nach dem Zweiten Weltkrieg das Tessin zu zerstören
drohte.

Bücher hatten wir zu Hause im Elternhaus nur wenige. Die
gesammelten Werke von Gottfried Keller und C. F. Meyer
standen im Buffet hinter Glas. *Don Quijote, Pelle, der Eroberer* und ein alter Schinken mit dem Titel *Heimatlos.*
Von Hesse *Narziss und Goldmund,* von Mutter mit einem
schwarzen Samtumschlag versehen und meinem Vater gewidmet. Später kam noch *Das Glasperlenspiel* vom selben
Autor dazu. Mutter hat zwar häufig gelesen. Ich weiß nicht,
woher sie die Bücher hatte. Wahrscheinlich aus der Bibliothek. Vater hatte keine Zeit zum Lesen. Er hat erst nach der
Pensionierung damit angefangen. Historische Bücher über
die großen Eroberer wie Alexander, Dschingis Khan und
Timur Lenk. Über die alten Babylonier, die alten Ägypter,
die alten Hethiter. Er hat diese Bücher genau studiert und
mit Randbemerkungen versehen. Er hat Namen und Daten
auswendig gelernt. Noch zur Zeit der Sowjetunion ist er auf
der Fährte der Seidenstraße nach Samarkand gedüst, worüber ich bass gestaunt habe. Er war auch auf dem Chaiber-

Pass oben. Wer den Chaiber-Pass hält, hat er mich gelehrt, der hat das Einfallstor nach Indien in der Hand.

Für Kinder war in unserem Haus fast nichts vorgesehen. Wir haben mit hölzernen Bauklötzchen gespielt. Wir hatten eine ganze Kiste davon, was uns sehr gefallen hat. Literatur für Kinder gab es nur in Form der *Globi*-Bücher. Globi, der Kinderfreund. Ein Junge mit Vogelkopf und kurzem Vogelschwänzchen, das aus der karierten Hose herausschaute. Samt Globi-Eltern und Globi-Schwester. Die linke Seite mit gereimten Vierzeilern, die ich zum Teil noch heute auswendig kann. Auf der rechten Seite sechs Illustrationen des genialen Zeichners Robert Lips. *Globi wird Soldat, Globi in Torlikon, Mit Globi und Käpten Pum um die Welt, Globi in Paris.* Diese Bücher wurden nicht für jedes Kind neu gekauft. Sie gingen von Hand zu Hand. Ich habe die Zeichnungen schon studiert, bevor ich lesen konnte. So habe ich Paris kennengelernt, den Eiffelturm, den Arc de Triomphe, die Clochards. Mutter hat mir alles erklärt.

Den Zeichner Lips habe ich später in meiner Zeit am Zürcher Schauspielhaus kennengelernt. Er saß jeden Abend an der Bar der Pfauen-Wirtschaft, gezeichnet vom Alkohol, der Gestalter der populärsten Figur der Deutschschweiz nach Wilhelm Tell. Man erzählte sich, er habe einen miesen Vertrag unterschrieben und sei vom Globi-Verlag über den Tisch gezogen worden.

Damals frequentierte noch ein Held meiner Kindheit den Pfauen. Es war der alte Heinrich Gretler, der jeden Nachmittag Punkt 17 Uhr hereinkam, sich an den für ihn reservierten Tisch setzte, einen Espresso trank und die

Neue Zürcher Zeitung las. Ich habe nie erlebt, dass sich jemand zu ihm gesetzt hätte, er wollte offenbar seine Ruhe haben. Der größte, populärste Schauspieler meiner Jugend. Im *Heidi*-Film der Alpöhi, im *Stauffacher*-Film der Landammann Stauffacher.

Wir hatten zwei Bilderbücher zu Hause. Einen schweren, dicken Wälzer mit Fotos vom Mittelmeer. Und ein Buch mit Engelsfiguren. Das Mittelmeerbuch hatte Seidenpapier zwischen den Fotos. Es waren Aufnahmen von Küstenlandschaften wie die französische Riviera oder Dalmatien. Palmen, Agaven, übers Wasser gebeugt. Klassizistische Paläste, Marmortreppen, die direkt ins Meer führten. Die ganze Schönheit der Belle Époque voll schwülstiger Morbidität. Ich habe jedes einzelne Bild genau studiert. Keine Ahnung, wie dieses Buch in unseren Haushalt kam.

Auch das Buch mit den Engeln habe ich geliebt und stundenlang betrachtet. Es waren vor allem Bilder von flämischen Malern. Auch die musizierenden Engel vom Isenheimer Altar waren da. Ich habe sie, als ich zum ersten Mal im Museum Unterlinden in Colmar war, sofort wiedererkannt.

Am gestrigen Morgen habe ich mich, wie üblich, ins Café an der Ecke vorn gesetzt und eine Tageszeitung gelesen. Da hat mir Marc, der Wirt, das eben erschienene Wochenblatt *Die Zeit* hingelegt. Auf der Frontseite rechts oben war ein kleines Foto von mir, im Blatt drin war eine Seite der Neuedition meines Romans *Lieber Leo* gewidmet, verfasst von Christine Richard. Ich habe diesen Artikel kurz überflogen und bin erschrocken. Eine Eloge, und erst noch eine gescheite. Ein Aufsatz, wie ihn sich ein alter Autor sehnlichst wünscht.

Erschrocken bin ich, weil mein Name in der *Zeit* noch nie vorgekommen ist. Mit einer Ausnahme. Als vor Jahren der expressionistische Lyriker Jakob van Hoddis neu ediert wurde, hat offenbar jemand vom *Zeit*-Feuilleton meine Dissertation über diesen Autor zur Hand genommen und gelesen, was ich über das berühmte Gedicht *Weltende* geschrieben hatte. Dabei habe ich einen Fehler gemacht. Mein Doktorvater war der Basler Germanist Walter Muschg. Er hatte die Dichtung insgesamt in drei Grundgattungen eingeteilt, in die magische Gattung, die mythische und die mystische. Van Hoddis zählte er zur mystischen Gattung. Ich wollte meinem Doktorvater kurz meine Reverenz erweisen und habe geschrieben, *Weltende* sei reine Mystik. Ohne jede weitere Erläuterung. So nackt war der Begriff Mystik in meinem Text natürlich unverständlich, der pure Unsinn. Und da der Rezensent nur diesen kurzen Abschnitt über *Weltende* gelesen hatte, hat er meine ganze Doktorarbeit rabiat in die Pfanne gehauen. Was mich sehr geärgert hat. Obschon ich natürlich wusste, dass ich selber schuld war.

Deshalb bin ich am gestrigen Morgen im Café so erschrocken, als ich in der *Zeit* eine ganze Seite über mich abgedruckt sah. Endlich geschafft, habe ich gedacht, endlich werde ich vom Intelligenzblatt wahrgenommen. Bis ich gemerkt habe, dass der Aufsatz bloß in der Schweizer Ausgabe der *Zeit* enthalten war. Zu früh gefreut, nichts geschehen, alles wie bisher. Ich werde es überleben. Und der Artikel von Christine Richard hat mich enorm gefreut.

Brüderchen und Schwesterchen allein im finsteren Walde, von der bösen Stiefmutter ausgesetzt, vom Vater verlassen. Sie schlagen sich durchs Unterholz und kommen zum Lebkuchenhäuschen, worin eine Hexe wohnt. Diese Hexe ist nichts als böse. Sie will Hänsel mästen und auffressen. Gretel muss ihr dabei helfen. Am Schluss verbrennt die Hexe selber im Backofen.

Rotkäppchen im finsteren Walde, unterwegs mit Kuchen und Wein zur Großmutter. Da kommt der Wolf, der nichts als böse ist. Er geht ins Häuschen der Großmutter, frisst sie auf, zieht sich ihre Nachthaube an und lauert auf Rotkäppchen. Als dieses eintrifft, staunt es über Kopf und Schnauze des Wolfs. Es folgt der grandiose Dialog: »Großmutter, warum hast du so große Zähne?« – »Damit ich dich besser fressen kann«, antwortet der Wolf und frisst auch Rotkäppchen auf. Dann kommt der Jäger, schneidet dem bösen Tier den Bauch auf, und alle drei freuen sich bei Kuchen und Wein.

Die sieben Geißlein, allein zu Hause. Da kommt der böse Wolf und begehrt Einlass. Aber die sieben Geißlein öffnen nicht. Der Wolf geht zum Bäcker und lässt sich die sündenschwarze Pfote mit weißem Teig bedecken. Er geht zum Krämer und frisst Kreide, damit seine Stimme hell wird. So überlistet er die sieben Geißlein und frisst alle auf. Dann spricht er die grandiosen Sätze: »Was rumpelt und pumpelt in meinem Bauch? Es ist mir, als hätte ich Wackersteine gefressen.« Auch ihm wird der Bauch aufgeschnitten. Die sieben Geißlein springen quicklebendig heraus und feiern mit ihrer Mutter.

Wie großartig böse waren diese Märchen der Brüder

Grimm für uns Kinder. Und wie erlösend am Schluss die Überwindung des Bösen. Das Böse musste sein, das ahnten wir. Denn sonst hätte es auch kein Happy End gegeben.

Ich wollte diese Märchen von Mutter immer wieder vorgelesen bekommen, auch als ich sie längst auswendig konnte. Und zwar genau so, wie sie aufgeschrieben waren. Als Mutter einmal meinte, sie könne mir doch Frau Holle oder Schneewittchen auch aus dem Gedächtnis auf Schweizerdeutsch erzählen, habe ich protestiert. Grimms Märchen wollte ich aus dem Buch hören, aus dem alten Märchenbuch mit den geheimnisvollen, farbigen Illustrationen.

Ich weiß nicht, wie es für heutige Kinder ist. Für uns waren diese Märchen eine unglaubliche, befreiende Öffnung der Phantasie ins Land der Literatur, der Mythen.

Als ich selber lesen konnte, habe ich mit Begeisterung die Bücher von Ernst Balzli gelesen. Später Elisabeth Müller. Sie war eine Pfarrerstochter aus Langnau im Emmental, die von 1885 bis 1977 gelebt hat. 1916 hat sie *Vreneli* veröffentlicht, ein Kinderbuch, in dessen Zentrum ein Mädchen steht. Der Roman hat sich über hunderttausend Mal verkauft, diese Autorin hatte also einen enormen Einfluss auf die Deutschschweiz.

Ich benutze noch immer das dtv-Brockhaus-Lexikon aus dem Jahre 1986. Darin finde ich meist, was ich suche. Über Globi, Robert Lips, Heinrich Gretler und Elisabeth Müller steht nichts darin. Obschon alle vier für die Schweiz bestimmende Figuren waren. Das bedeutet, dass die Schweiz in der Zeit meiner Kindheit und Jugend auch literarisch ein Eigenleben geführt hat. Johanna Spyri, die Autorin von *Heidi*, kommt in diesem Lexikon vor. Denn sie hat es über die Schweiz hinaus in die Welt geschafft.

Gewiss wäre es interessant, einmal der literarischen Linie von *Heidi* über *Vreneli* bis hin zur *Roten Zora* nachzugehen. Der Geschichte also der Frauenemanzipation mittels Kinder- und Jugendliteratur.

Mein Lieblingsbuch von Elisabeth Müller war indessen *Die sechs Kummerbuben,* erschienen 1942, also mitten im Zweiten Weltkrieg. Ich habe es bestimmt zehn Mal gelesen, ich konnte ganze Passagen auswendig. Darin wird eine Welt beschrieben, wie ich sie kennengelernt habe. Eine Vorkriegsschweiz der kleinbäuerlichen Art, in der alles seine feste Ordnung hat, auch wenn Not und Elend drücken. Eine Welt, wie sie Paul Haller im *Juramareili* schildert. Eine Schweiz, die sich vor meinen langsam erwachenden Augen zu verändern und in ihre einzelnen Bestandteile aufzulösen begann.

Ich halte Elisabeth Müller für eine große Autorin der Schweiz, obschon sie heute fast vergessen ist.

Freund Globi lebt noch immer. Kürzlich hat sich mein Enkel Rocco den Band *Globi in Paris* zum Geburtstag gewünscht.

Filme haben wir, wie gesagt, selten zu sehen bekommen. Das Cinema Scala gleich außerhalb der Ringmauer war noch nicht gebaut. Es gab nur die kleine Revolverküche im Städtchen drin, und die hatte keinen guten Ruf. Neben den Filmvorführungen der Evangelischen Gemeinschaft an den Fasnachtsmontagen hat uns der Fip-Fop-Club alljährlich im Stadtsaal einen Film gezeigt. Dieser Club war eine Werbeorganisation der Schokoladehersteller Nestlé, Peter, Cailler, Koller. Alle waren wir gratis in den Stadtsaal eingeladen. Man erhielt das Fip-Fop-Abzeichen. Vorn vor der Leinwand stand der Fip-Fop-Onkel und brachte die Zofinger Kinder dazu, im Chor mehrmals hintereinander »Hopp Fip-Fop« zu schreien. Dann wurde der Saal verdunkelt, und der Film begann. Es waren Chaplin- und Dick-und-Doof-Filme. Ich erinnere mich bestens an einen Klaviertransport, den Stan und Laurel zu bewerkstelligen hatten. Das Klavier musste in ein Haus am Berghang oben gehievt werden, was sich für die beiden Dummköpfe als äußerst schwierig erwies. Am Schluss ging alles zu Bruch, und wir Kinder schrien vor Vergnügen.

Theater für Kinder gab es in Zofingen nicht. Außer dem Kasperli-Theater und, etwas später, Looslis Marionettentheater, die beide die ganze Deutschschweiz bereisten. Das waren kleine Truppen, die aus zwei Personen bestanden. Das Kasperlitheater kam, glaube ich, pro Jahr zweimal nach Zofingen. Wer das war und woher die Leute kamen, weiß ich nicht. Die Handpuppen stellten stets die gleichen Figuren dar. Kasper, der Held, Gretchen, seine Freundin. Die Mutter, der Räuber, der Polizist, der Teufel. Ab und zu ein Krokodil, das alles auffraß, was sich ihm in den Weg stellte. Eine Art Commedia dell'arte im Kleinen mit handfesten Abenteuern und Prügeleien, bei denen sich Kasper wie einst Arlequino in höchste Gefahr begab und von Gretchen gerettet wurde. Wir waren so begeistert davon, dass wir zu Hause selber anfingen, Kasperlitheater zu spielen. Wir haben aus Papiermaché unter Mutters Mithilfe Kasperli-

Figuren geformt, was meinem Bruder und meiner Schwester ganz passabel gelang. Meine Kasperli-Köpfe waren unbrauchbar, ich hatte schon damals zwei linke Hände. Auch spielen konnte ich nicht so gut wie meine Geschwister. Ich war besser im Zuschauen.

Man sollte dieses Kasperli-Theater nicht unterschätzen. Theater bleibt Theater, auch wenn es mit Handpuppen gespielt wird. Das Prinzip bleibt sich gleich. Jemand spielt etwas vor, andere schauen zu.

Später, als ich bereits in Basel war, hat in Zofingen der Primarschullehrer Ueli Balmer hervorragendes Kasperli-Theater gespielt, zusammen mit seinem jüngeren Bruder Sämi. Beide waren Söhne des Zofinger Stadtmalers Balmer. Sämi hat so sehr gestottert, dass er keinen ganzen Satz herausbrachte. Nur beim Kasperli-Spiel hat er die verschiedenen Stimmen ohne jedes Zögern gesprochen.

Im Radioprogramm des Landessenders Beromünster gab es keine Kindersendungen. Jedenfalls erinnere ich mich an keine. Was möglicherweise damit zusammenhing, dass in der Familie Schneider der Radioapparat unter der alleinigen Verfügungsgewalt des Vaters stand. Nur er hatte das Recht, diesen Apparat ein- und auszuschalten. Generell war es aber so, dass man damals für Kinder kein Programm machte. Kinder galten als kleine, unbedarfte Erwachsene. Als notwendige Übel, die man Mores lehren musste.

Eine Ausnahme gab es. Immer am Samstagabend lief im Radio Beromünster der Bunte Abend. Eine Sendung für die ganze Familie. Die haben wir jeweils zu fünft gehört, mit größtem Vergnügen. Die Schauspieler, die dabei mitmachten, kannte man in der ganzen Deutschschweiz. Es gab eine lebendige Kabarett- und Volkstheaterszene, die wohl auch im Rahmen der Geistigen Landesverteidigung, mit der man sich gegen Nazi-Deutschland zu wehren gedachte, staatlich gefördert wurde. Es gab eine Deutschschweizer Filmproduktion. So hatten diese Schauspielerinnen und Schauspieler, die vor allem in Zürich beheimatet waren, Arbeit und Brot. Neben Heinrich Gretler waren es Ruedi Walter und Margrit Rainer, Inigo Gallo, Voli Geiler und Walter Morath, Roland Rasser und Schaggi Streuli, der junge Jörg Schneider und Ines Torelli, der Bündner Zarli Carigiet, Max Haufler, Fred Tanner, Emil Hegetschweiler, Cés Keiser, Paul Bühlmann, Stephanie Glaser, Armin Schweizer, Elsie Attenhofer. Dies sind die Namen, die mir auf Anhieb einfallen. Die Liste ließe sich ohne weiteres fortsetzen. Hannes Schmidhauser zum Beispiel, Walter Roderer natürlich. Man kannte diese Leute in der deutschen Schweiz, man erkannte sie schon an ihrer Stimme. Und da es Bedarf an guten Schreibern gab, die für diese Leute schrieben, entwickelten sich auch gute Schreiber. Und gute Regisseure wie Kurt Früh. Ich schluchze noch heute wie ein Kind, wenn ich mir seine *Bäckerei Zürrer* anschaue.

Der größte Straßenfeger war damals *Polizischt Wäckerli* von Schaggi Streuli. Wenn eine Folge dieser Hörspielserie gesendet wurde, saßen alle vor dem Radio. Obschon sie in der Familie Schneider nicht gehört werden durfte, war ich trotzdem stets auf dem Laufenden. Ich musste am andern Morgen in den Pausen bloß meinen Klassenkameraden zuhören, sie haben mich bestens informiert.

Nach den ersten beiden Primarschulklassen wurde ich aus der Obhut der Frauen entlassen. Es begann das Männerregiment. Herr Bolliger, unser neuer Lehrer, regierte mit dem Haselstock. Sein Erziehungsinstrument war die Tatze. Es gab eine genaue Skala der Strafen. Drei Tatzen für kleine Vergehen, zehn Tatzen für schwere. Schläge auf den Hintern waren für Extremfälle vorgesehen.

Eine Tatze war ein Schlag mit dem Haselstock auf die Innenfläche der ausgestreckten rechten Hand. Wobei man die Hand auf keinen Fall zurückziehen durfte.

Ich selber war brav und hatte gute Noten. Trotzdem musste ich ein paarmal die Hand hinhalten. Ich weiß nicht mehr, warum. Offenbar ging es nicht ohne Schläge. Die Lehrer waren wohl der Meinung, ein Junge sei an sich schon böse und frech und müsse mit Schlägen in den Senkel gestellt werden. Wir Kinder haben es hingenommen als notwendiges Übel. Einigen wenigen haben diese Schläge allerdings sehr geschadet. Vor allem jenen, die Hilfe gebraucht hätten und auf Liebe und Verständnis angewiesen gewesen wären.

Bei den Frauen war es anders gewesen. Sie haben mir stets gezeigt, dass sie mich ganz in Ordnung fanden, dass sie sogar Gefallen an mir hatten.

Manchmal habe ich fast den Eindruck, dass die erziehenden Männer uns Buben als ihre geborenen Feinde betrachteten, die ihre Allmacht bedrohten. Was genealogisch im Grunde auch stimmte. Wir Jungen waren die Generation, die in zwanzig Jahren die Machtpositionen unserer Erzieher übernehmen würde. Eine atavistische Überlegung, aber sie entspricht wohl der Wirklichkeit.

Die Frauen schienen in keiner Weise solche Befürchtungen zu haben. Sie hatten keine Macht, die sie hätten verlieren können. Sie hatten nur die heimliche Macht der frühen Erziehung, der Weitergabe von Vernunft und Liebe. Ich selber habe alles, was ich bis zum fünfzehnten Altersjahr gelernt habe, von Frauen gelernt. Alles, was ich von Männern aufoktroyiert bekam, hat sich im Laufe der Jahre als destruktiv, als selbstzerstörerisch erwiesen. Ich musste in mühseliger Arbeit die Selbstdestruktion überwinden, die mir von Männern eingeimpft worden war. Es ist mir gelungen, mit größter Mühe.

Es ist mir oft geholfen worden in meinem Leben, ich hatte mächtige Schutzengel. Die Hilfe kam fast immer von Frauen.

Selbstverständlich war es nicht so, dass wir ausschließlich Schlägertypen als Lehrer gehabt hätten. Zum Glück gab es auch ein paar Sonderlinge, die man als Originale bezeichnete und als solche ohne weiteres akzeptierte.

Der Lehrer in der fünften Primarschulklasse hieß Dätwiler, genannt Dätsch. Wir hatten Respekt vor ihm, aber er erwies sich als harmlos. In manchen Stunden ließ er uns irgendwas in unsere Hefte abschreiben, während er vorn am Pult saß und Militärlieder sang. Er war Platzkommandant von Zofingen.

Der Größte war Fritz Vogt, genannt Fritz. Er unterrichtete in der Bezirksschule Mathematik und Algebra. Er hatte es nicht nötig dreinzuschlagen. Psychischer Terror hat ihm genügt. In der ersten Stunde hat er wortlos eine algebraische Formel an die Wandtafel geschrieben und kurz gebellt:

Abschreiben! Wir, die wir noch nie solcherlei Zeichen und Buchstaben gesehen hatten, haben abgeschrieben, was da eigenartig fremd auf der Tafel stand. Worauf Fritz zu einem Jungen in der ersten Reihe trat – es war Armin Huber aus Oftringen –, dessen Heft nahm, hineinschaute und dreckig lachte. So hat er uns in die Geheimnisse der Algebra eingeweiht, indem er uns zeigte, dass wir alle Vollidioten waren.

Fritz hatte in jahrzehntelanger Berufserfahrung ein System der eigenen Arbeitsentlastung entwickelt. Es beruhte darauf, dass er uns nie etwas erklärte, da dies ja wegen unserer angeborenen Dummheit ohnehin zu nichts geführt hätte.

Trotzdem mochten wir ihn. Denn er bot, wie man heute sagen würde, eine überzeugende Performance. Er behandelte alle gleich. Oft ließ er uns Gleichungen lösen. Hatten wir eine gelöst, mussten wir das Resultat nach vorn zu Fritz bringen, der an seinem Pult saß und sich schwer zu langweilen schien. Wenn die Lösung richtig war, setzte er mit roter Tinte einen Haken dahinter. War die Lösung falsch, lachte er dreckig.

Er war ratzekahl. Trotzdem hatte er die Hoffnung nicht ganz aufgegeben, dass eines Tages doch noch ein Haar aus seinem Schädel sprießen könnte. Manchmal holte er aus seiner Pultschublade einen runden Spiegel mit Stiel und betrachtete ausgiebig und genau seinen Kopf von vorne und hinten. Offenbar erspähte er einige Male tatsächlich ein Haar. Dann nahm er aus der Schublade eine Schere und schnippelte das Haar weg. Worauf er Spiegel und Schere wieder versorgte.

Der Zeichenlehrer hieß Saxer, genannt Fletsch. Er hat

sich größte Mühe gegeben, uns Zeichnen und Malen beizubringen. Keine Chance, er war den frechen Buben unserer Klasse rettungslos ausgeliefert. Worauf er uns von hinten gegen die Rippen boxte. Was allgemeines Gelächter auslöste.

Jahre später habe ich zur Kenntnis genommen, dass Fletsch ein guter, naiver Maler war. Meine Schwester besitzt ein Ölbild von ihm, das den Viehmarkt auf dem Thutplatz zeigt.

Während des Studiums habe ich an aargauischen Bezirksschulen oft Stellvertretungen übernommen, um das nötige Geld zu verdienen. Ein paarmal war ich in Reitnau, einem wunderschönen Dorf im Suhrental. Dort habe ich einen alten Lehrer vertreten, der erst mit siebzig in Rente ging. Er hat unter anderem Französisch und Italienisch unterrichtet. Um die französischen Nasallaute einzuüben, hat er den Schülern jeweils die Nase zugehalten. Worauf diese, wie sie erzählten, sich stets in die Lehrerhand schneuzten. Worauf der Lehrer fuchsteufelswild wurde. Er hat jeweils morgens Punkt zehn mitten in der Lektion in einem Tauchsieder Würste heiß gemacht und vor der staunenden Schülerschar mit großem Appetit verzehrt.

Ähnliche Schrulligkeiten wissen wohl alle meiner Generation von ihren Lehrern zu berichten. Wobei man diesen Pädagogen im Grunde nichts übelnahm. Sie waren halt so, wie sie waren, man konnte sie sich nicht aussuchen. Mir ist nie zu Ohren gekommen, dass je ein Lehrer entlassen worden wäre.

Heute hat sich dies grundlegend geändert. Wie ich höre, sind Lehrerinnen und Lehrer einem lückenlosen Überwachungssystem ausgeliefert, das ihnen kaum mehr eigene Gestaltungsmöglichkeiten lässt. Es ist wie überall. Ausgebildete Spezialisten, die selber nicht unterrichten, schreiben den Leuten, die tatsächlich unterrichten, vor, wie sie zu unterrichten haben. Über jede pädagogische Tätigkeit wird ein Netz von Vorschriften und Kontrollen gelegt, das die Pädagogen einschüchtert und lähmt. Immer wieder hat es diese Versuche gegeben, mit Reformen und aberwitzigen Vorschlägen die Pädagogik zu revolutionieren, im Namen der Chancengleichheit für alle. Und zwar in aller Regel gegen die Erfahrung der tatsächlichen Pädagogen.

Ich finde das alte System, in dem man Lehrerinnen und Lehrern größtmögliche Freiheiten ließ, besser. Aus einem schlechten Lehrer wird auch durch größte Überwachung kein guter Lehrer. Und eine gute Lehrerin bleibt trotz Bevormundung eine gute Lehrerin, auch wenn sie mit fünfzig wegen eines Burn-outs aufhören muss. Vor allem sollte man die Schülerinnen und Schüler nicht unterschätzen. Sie wählen selber aus, wen sie für gut halten. Und sie merken schnell, dass sie es auch außerhalb der Schule nicht nur mit bestens funktionierenden Fachkräften zu tun bekommen.

Zofingen war zu meiner Schulzeit fest in freisinniger Hand. Dazu ein paar historische Hintergründe.

Die beiden Freischarenzüge, mit denen 1844 und 1845 das katholisch-konservative Luzern in die Knie gezwungen werden sollte, sind insbesondere auch von Zofingen ausgegangen, das ja dicht an der Luzerner Grenze liegt. Beide Züge sind schmählich gescheitert. Erst durch den Sonderbundskrieg von 1847, in dem die großen Stadtkantone

Zürich und Bern ihre Macht aufboten, wurde der Innerschweizer Sonderbund aufgelöst.

Zofingen hat bei den Freischarenzügen vor allem als Ausgangsort mitgemacht. Aber die Zofinger sind auch wacker mitgezogen. Unter den 765 im zweiten Freischarenzug von den Luzernern gefangenen Aargauern befanden sich 43 Bürger und Einwohner aus Zofingen. Auch ein Arzt und der Stadtschreiber gehörten dazu. Immerhin haben die Zofinger ihre beiden Kanonen, mit denen sie Luzern sturmreif schießen wollten, wieder nach Hause gebracht. Beide Geschütze spielen beim alljährlichen Zofinger Kinderfest noch heute eine tragende Rolle.

Der neue Bundesstaat von 1848, aus dem die heutige Schweiz hervorgegangen ist, wurde zu wesentlichen Teilen von Aargauern mitgestaltet. 1830 und 1848 wurde in vielen Ländern Europas eine liberale Revolution versucht. Fast immer wurden diese Versuche von den alten Oligarchien niedergedrückt. Das einzige Land, in dem die liberale Revolution wirklich gelang, war die Schweiz. Das ist das bleibende Verdienst der damaligen Radikalen, die sich heute freisinnig nennen.

Die Freisinnigen fühlten sich noch in meiner Jugend als Sieger. Sie führten sich auch als Sieger auf. Sie bestimmten alles und jedes. Die Sozialdemokratische Partei, die damals tatsächlich noch die Arbeiterschaft vertrat, hatte hartes Brot zu essen. Am 1. Mai zogen die Sozis im Sonntagsgewand und mit rotem Bändel durch das Städtchen, aber in Zofingen hat man sie nicht sehr ernst genommen.

Mehrheiten brachten sie nur in einigen umliegenden Gemeinden zustande. In Oftringen und in Rothrist. Und im Eisenbahnerstädtchen Olten, das in Zofingen als rotes Nest galt. Aber Olten gehörte nicht zum Aargau, sondern zu Solothurn.

Vielleicht ist dies der Grund, warum aus Olten so viele gute Autoren kommen. Erstaunlich ist diese Tatsache schon. Aus dem kleinen Olten kommen Autoren wie Otto F. Walter, Silja Walter, Peter Bichsel, Franz Hohler, Alex Capus. Vor einiger Zeit ist auch Pedro Lenz nach Olten gezogen. Einige dieser Schriftsteller haben gemeinsam eine Beiz gekauft, gleich hinter dem Bahnhof.

Olten war in meiner Jugend zudem so etwas wie die Hauptstadt des Jazz. Der Trompeter Umberto Arlati und der Posaunist Willy Kuhn haben dort gewohnt, sie haben Cool Jazz gespielt.

Das freisinnige Zofingen ruhte sich auf seinen Meriten aus der Zeit der liberalen Staatsgründung aus. Es wollte das, was war, bewahren. Was hervorragend gelungen ist. Zofingen ist eines der schönsten alten Städtchen der Schweiz.

Olten hingegen hat für ein besseres Los der Arbeiterschaft gekämpft. Es wollte die Zukunft gestalten. Vielleicht ist dies eine Voraussetzung für gute Literatur.

In Zofingen wurde 1919 die Studentenverbindung Zofingia gegründet, damals eine radikal-fortschrittliche Vereinigung. Sie hat dafür gesorgt, dass der schöne mittelalterliche Gerechtigkeitsbrunnen auf dem Thutplatz ersetzt wurde durch den Niklaus-Thut-Brunnen, was ein Schildbürgerstreich ersten Ranges war. Sie hat alljährlich auf dem Heitern oben ihr Zentralfest gefeiert und ist am Abend mit Fackeln ins Städtchen auf den Thutplatz gezogen, um *Gaudeamus igitur* zu singen und die Fackeln in hohem Bogen in die Mitte des Platzes zu werfen. Die Einwohnerschaft hat bewundernd zugeschaut. Anschließend sind die Studenten in den Stadtsaal tanzen gegangen. Und zwar mit den hübschen Zofinger Mädchen, die Wochen zuvor eingeladen worden waren. Was uns Zofinger Burschen ziemlich sauer aufgestoßen ist.

Beim abendlichen Fackelumzug war jeweils ein Trupp Alter Herren dabei. General Guisan ist mitgelaufen. Und Bundesrat Etter.

Auch die Schweizer Armee war in freisinniger Hand. Sie war Garantin für Ruhe und Ordnung. Sie hat im November 1918 den Schweizerischen Generalstreik niedergeschlagen. Dabei sind vier Männer umgekommen. Das erste Opfer war ein Soldat in Zürich, der mit einem Browning getötet wurde. Wobei der Schütze nicht ausfindig gemacht werden konnte. Tage später haben Soldaten in Grenchen drei Arbeiter erschossen.

Vergleicht man den Landesstreik mit den revolutionären Unruhen um die Räterepubliken in Deutschland, fällt auf, wie human die Kontrahenten in der Schweiz trotz allem miteinander umgegangen sind. Immerhin hat eine runde Viertelmillion gestreikt, und 110 000 Soldaten wurden aufgeboten.

Liest man nach, wie an den entscheidenden Tagen in Bern der Bundesrat mit dem Oltener Komitee verhandelte, staunt man darüber, wie die beiden Parteien bis zum Schluss stets miteinander geredet, verhandelt und nach einer Lösung gesucht haben. Und man ist stolz auf die schweizerische Konzilianz. Jedenfalls geht es mir so. Robert Grimm, der Anführer des Streiks, ist dann zu sechs Monaten Gefängnis verurteilt worden. Er hat sie abgesessen auf Schloss Blankenburg im Simmental, wo er sein epochales Werk *Geschichte der Schweiz in ihren Klassenkämpfen* verfasst hat.

In meiner Schulzeit war Dr. Leber Rektor der Zofinger Bezirksschule. Daneben war er Oberst der Schweizer Armee und wurde später freisinniger Nationalrat und Stadtammann. Mein Klassenlehrer hieß Schaffner, er war Major und Handballer in der Schweizer Nationalmannschaft. Gute Männer, aufrechte Demokraten, getreue Eidgenossen. Sie hatten im Zweiten Weltkrieg bei der Grenzbesetzung mitgemacht. Sie haben uns zum Antifaschismus erzogen, im Sinne der Geistigen Landesverteidigung. Die Geistige Landesverteidigung war die Käseglocke, die sie über die Schweiz gestülpt hatten. Nichts kam herein, nichts ging hinaus. Vielleicht musste das so sein, anders wäre die Souveränität der Schweiz möglicherweise nicht zu verteidigen gewesen. Aber die geistige Schweiz hat unter dieser Abschottung erbärmlich gelitten. 1945 befand sie sich auf dem Niveau von 1910.

Vor allem hat meine Generation darunter gelitten. Wir waren abgeschnitten von der geistigen Entwicklung der Zeit.

Ein Blick in die damaligen Schullesebücher zeigt das in aller Deutlichkeit. Gedichte der Klassiker natürlich, Gottfried Keller und C. F. Meyer. Daneben Huggenberger, Meinrad Lienert und weitere Dorfpoeten im Übermaß. Die zeitgenössische deutsche Lyrik kam nicht vor.

Im Schweizerischen Landessender Beromünster war Jazz

verboten. Dafür konnten wir alle Strophen der damaligen martialischen Landeshymne auswendig. Das *Rütlilied*, »Von ferne sei herzlich gegrüßet, / du stilles Gelände am See«. Das *Sempacherlied*, »Lasst hören aus alter Zeit / von kühner Ahnen Heldenstreit«. Ich habe diese Lieder immer noch im Kopf. Sonst gab es nur Klassik, Märsche, Seemannslieder und Jodel.

Ein solches Abschottungssystem konnte nur überleben als Reaktion auf einen bösen äußeren Feind. Das waren die Nazis gewesen. Die gab es jetzt nicht mehr. Also musste dringend ein Ersatzfeind her. Das waren die Kommunisten, die gefährliche, böse Sowjetunion. So wurden wir denn im Geiste eines martialischen Antikommunismus erzogen.

Wir Jungen haben selbstverständlich gemerkt, dass irgendetwas nicht stimmte. Jedenfalls die Aufgeweckteren von uns. Aber da uns Vergleichsmöglichkeiten fehlten, wussten wir nicht, was genau nicht stimmte.

Ich selber habe immer tadellos funktioniert. Ich hatte gute Noten und war gut im Sport. Fußball haben wir nur in unserer Freizeit gespielt, Fußball war offiziell verpönt. Ein richtiger Zofinger Kadettenbub spielte nicht Fußball, sondern Handball. Denn die Hand, nicht der Fuß oder der Kopf, war dazu bestimmt, den Ball zu werfen wie weiland den Speer.

An den meisten Aargauer Bezirksschulen war der Kadettenunterricht obligatorisch. In Zofingen war das erste Kadettenkorps schon 1805 gegründet worden. Ziel und Zweck waren körperliche Ertüchtigung und vormilitärische Ausbildung der männlichen Jugend.

Wir hatten jeden Freitagnachmittag Kadettenunterricht.

Manchmal mussten wir ein bisschen exerzieren. Einmal im letzten Bezirksschuljahr haben wir im Schießstand mit alten Karabinern scharf geschossen. Was uns gefallen hat. Oft machten wir Orientierungsläufe in den umliegenden Wäldern. Auch das hat mir gefallen.

Meist spielten wir Handball. Es gab jedes Jahr ein Turnier in Aarau, an dem die Mannschaften der aargauischen Bezirksschulen teilnahmen. Stets gewann die Mannschaft von Aarau. Als mein Jahrgang dran war, habe ich auf halbrechter Position gespielt. Auf einem Fußballplatz, versteht sich. Wir rannten nach vorn, um ein Tor zu schießen. Dann zurück, um zu verteidigen. Über die ganze Länge des Platzes. Ich weiß noch, wie ich das eins zu null erzielte. Wir haben dennoch zwei zu drei verloren. Denn die Aarauer hatten einen Stürmer, den wir nicht halten konnten. Er hieß Nünlist und ist später als Mittelstürmer der Nationalmannschaft bekannt geworden.

Seltsam, wie genau ich das noch weiß. Ich erinnere mich noch genau an jedes wichtige Tor, das ich schoss. Ich werde mich daran erinnern, solange ich mich überhaupt an etwas erinnern kann.

Dank des Kadettenunterrichts war der Aargau eine Zeitlang der führende Handballkanton. Der BTV Aarau war Serienmeister, der Aarauer Torhüter Charly Burger war ein Volksheld. Als in Zofingen die Mehrzweckhalle gebaut wurde, hat man in der Halle Handball gespielt. Der TV Zofingen wurde eine Spitzenmannschaft, er ist einmal Schweizer Meister geworden.

Die Kadettenkorps sind, soviel ich weiß, längst abgeschafft, da zu martialisch, zu militaristisch. Weil aber der eigentliche Sinn und Zweck des Zofinger Kadettenkorps das Zofinger Kinderfest war, wollte man in meinem Heimatstädtchen doch nicht ganz darauf verzichten. Ein Kinderfest ohne Kadetten, unvorstellbar. Also hat man sie beibehalten, allerdings nicht mehr obligatorisch, sondern fakultativ. Es laufen jetzt auch Mädchen mit.

Das Kinderfest fand am zweiten Dienstag im Monat Juli statt. Bei schlechtem Wetter wurde es auf Mittwoch verschoben. Ob es stattfand, hörte man am Dienstagmorgen Punkt sechs Uhr. Dann wurde auf dem Heitern oben mit einer der beiden Freischarenkanonen geschossen. War kein Schuss zu hören, wurde das Fest verschoben.

Es war tatsächlich ein Fest für die Kinder. Als kleiner Knirps schon wurde man herausgeputzt und von der Mutter ins Städtchen mitgenommen, wo der Umzug stattfand. Am frühen Nachmittag stieg man auf den Heitern hinauf, um dem Gefecht zwischen Kadetten und Freischaren zuzuschauen.

Schon als Kindergärtner lief man im Umzug mit. Erst durch die festlich geschmückte Oberstadt, dann in die Stadtkirche, wo jemand die Kinderfestrede hielt. Dann durch die Unterstadt, angeführt von der Kadettenmusik. Als Kadett stand man Spalier, alle dreißig Meter stand links und rechts ein Kadett, mit geschultertem Gewehr, zu Ehren der Kinder und älteren Mädchen, die in weißen Kinderfestkleidern hindurchschritten, mit roten Gladiolen im Arm. Kurz nach Mittag besammelte sich das Kadettenkorps vor dem Rathaus. Dann ging's mit klingendem Spiel aus dem Städtchen hinaus Richtung Brunngraben, zum eingeübten

Gefecht. Die Einwohnerschaft, Mütter mit Kindern, Kindergärten, Schulklassen, stieg langsam zum Heitern hinauf. Über ihnen am Hang sah man die roten und gelben Hemden der Freischaren, teils waren sie zu Pferde und galoppierten gegen die anrückenden Kadetten. Die beiden Kanonen, gezogen von Jeeps, schossen weiße Ringe in die Luft. Es knatterten die blinden Patronen, es wieherten die Pferde, es böllerten die Kanonen. Endlich, als das Publikum auf der dem Wald zugewandten Seite des Heitern stand, brannte auf dem weiten Feld die Reisighütte der Freischaren. Ein paar ältere Kadetten stürzten sich auf den Fähnrich der Freischaren und entrissen ihm die zitronengelbe Fahne.

Später fand der Reigen der Mädchen statt, einstudiert von Turnlehrer Wolf, tanzende Schönheit und Anmut. Dann gab es gratis Tee und Kuchen.

Gegen Abend spielte die Stadtmusik zum Tanze auf, Marsch und Walzer auf knarrender Bretterbühne. Wir Kadetten stellten uns vor eines der Mädchen hin, die auf den Holzbänken warteten. Wir salutierten, indem wir die rechte Hand zum Béret hochrissen, das mit einer Granatapfelblüte geschmückt war. Das hieß: Ich möchte gern mit dir tanzen. Das Mädchen erhob sich, machte einen Knicks, und man schritt zum Tanze.

Wenn es eindunkelte, machte sich die ganze Festgesellschaft, angeführt von der Stadtmusik, wieder auf den Weg hinunter ins Städtchen.

Das sind für mich die schönsten Erinnerungen an Zofingen. Das gespannte Warten kurz vor sechs in der Früh, ob auf dem Heitern geschossen wird oder nicht. Der Umzug durchs geschmückte Städtchen, die Mutter, die mir strahlend zuwinkt. Die Stadtkirche mit dem hohen Gewölbe, die dröhnenden Kirchenglocken. Später das Strammstehen am Straßenrand mit geschultertem Gewehr, bis der Arm schmerzt. Das Geknatter im Brunngraben hinten, wobei einem der Schweiß in die Augen läuft. Der Gang auf den Tanzboden, ein Mädchen im Arm, das genau so aufgeregt ist wie ich selber. Über allem der Duft der Linden, der eindunkelnde Jura im Westen, die aufkommende Sommernacht. Nach dem Ende der Bezirksschule habe ich mit Kameraden noch zweimal bei den Freischaren mitgemacht. Das gehörte dazu.

Ich habe meine Schwester gefragt, in welchem Jahr in unserer Familie zum ersten Mal der Begriff Multiple Sklerose aufgetaucht sei. Sie, die sonst alles über unsere Familie weiß, was man wissen kann, hat es auch nicht gewusst. Wir haben es beide vergessen. Oder verdrängt.

Es muss um 1953 herum gewesen sein, als Mutter die Diagnose erhielt. Wir hatten den Begriff noch nie gehört, ich konnte mir darunter nichts vorstellen. Wir haben nie darüber geredet, Vater nicht, Mutter nicht. Ich wusste bloß, dass es eine Krankheit war, bei der man langsam, in Schüben, lahm wird und zuletzt stirbt.

Es begann die Zeit der Sprachlosigkeit in unserer Familie, die schon vorher nicht viel geredet hat miteinander. Man schwieg in der Meinung, die Probleme würden sich durch Schweigen von selber lösen. Vater war ohnehin ein Schweiger. Er blieb es bis zu Mutters Tod. Danach wurde seine Sprachlosigkeit total. Es gab nichts mehr zu sagen. Ich blieb verhaftet im Unausgesprochenen. Mir fehlten die Worte, um Abschied zu nehmen, um mich zu lösen und mich auf meinen eigenen Weg zu machen. Erst als ich, mit 24 Jahren, A. traf und sie lieben lernte, konnte ich über meine Trauer reden. Ich habe sie jeweils am Freitagabend am Zofinger Bahnhof abgeholt. Wir setzten uns in die Wirtschaft zur Traube, tranken Rotwein, und ich habe erzählt.

Mutters Erkrankung, ihre Trauer darüber, die sie immer wieder zu bekämpfen versuchte, ihr langsames Erlahmen, war wie ein undurchdringlicher Schleier, der sich auf das Leben legte. Er zerteilte die Welt in zwei Teile. In die Wirklichkeit, in der ich tatsächlich lebte und immer noch einigermaßen zufriedenstellend funktionierte, obschon ich diese Wirklichkeit immer mehr als unwirklich wahrnahm. Und in die eigentliche Wirklichkeit, die sich in der Erkrankung der Mutter abspielte, an deren Ende der unausweichliche Tod stand, über den kein Wort verloren wurde. Die eigentliche Wirklichkeit war also die Sprachlosigkeit, die unformulierbar war. Die Wörter verloren ihren Wert, ihren Sinn. Ich wurde zu einem Menschen ohne Wörter, ich wurde stumm.

Das hat sich in aller Deutlichkeit schmerzlich in meiner ersten Liebe ausgedrückt. Ich ging damals bereits ins Gymnasium, ich war sechzehn. Ich fuhr jeden Morgen mit dem Zug nach Aarau, Abfahrt 6 Uhr 54. In Oftringen stieg ein schönes Mädchen zu, das in Aarau die Handelsschule besuchte. Wir haben uns ins Auge gefasst. Ich habe sie an den Maienzug eingeladen, so hieß das Aarauer Kinderfest. Wir haben den ganzen Abend getanzt, bis in den Morgen hinein. Dann sind wir an die Aare hinuntergegangen und haben uns auf eine Uferbank gesetzt, um dort zu warten, bis der erste Morgenzug fuhr. Ich weiß noch genau, wie sich unsere Köpfe ganz langsam aufeinander zubewegten, bis Wange an Wange lag. So saßen wir reglos, bis es Zeit war, zum Bahnhof zu gehen.

Der Maienzug war, wie jedes Jahr, der Anfang der Sommerferien. Ich hatte mit meinem Freund Hans ausgemacht, dass wir von Basel aus mit einem Lastkahn den Rhein hinunter nach Rotterdam fahren wollten.

Wir stellten uns an die Straße und machten Autostopp nach Basel. Dort gingen wir zum Rheinhafen und fragten uns durch, bis wir einen Schiffer fanden, der uns mitnehmen wollte. Wir durften in der Matrosenkajüte vorne im Bug auf dem Boden schlafen. Wir rollten gleich unsere Schlafsäcke aus und legten uns hin.

Als ich erwachte, hörte ich ein Rauschen. Es roch nach altem Motorenöl, nach rostigem Eisen, nach Wasser. Es war genau das, was ich riechen wollte. Ich stieg die paar Stufen hinauf auf Deck. Vor meinen Augen – von Verliebtheit verzaubert, von der Berührung eines Mädchens – glitt oben auf einem Hügel die gotische Kirche von Breisach, in der Morgensonne strahlend, vorbei. Da wusste ich, dass mir geholfen wurde.

Das Mädchen hieß Greti. Sie war allerliebst, gescheit und schön. Wir haben uns jeden Morgen in der Eisenbahn getroffen und umarmt, im Abteil neben der Toilette, wo eine einzelne Bank war.

Oft sind wir auf den Born hochgestiegen, einen Jurahügel, der sich bei Aarburg die Aare entlang nach Olten hinzieht.

Der Born ist ein unbekannter Berg. Kaum jemand kennt seinen Namen, obschon ihn alle sehen, die von Basel nach Luzern oder von Zürich nach Bern fahren. Ein langer, bewaldeter Hügel, der sich ins Mittelland hineinschiebt. Wild, fremd inmitten von Straßen und Bahngeleisen. Kein Haus steht dort oben, keine Straße führt hinauf. Nur Schründe und Wald, hartes Juragestein, vor Urzeiten von einem salzigen Meer abgelagert. Dort oben gab es Flühe, die, wie oft im Jura, oben einen Platz zum Verweilen freigaben. Dort legten wir uns hin, um uns zu umarmen.

Oder wir gingen über die Aarburger Brücke und stiegen hinunter zum Wasser. Eine Sandbank lag da, überdacht von Erlen. Draußen auf dem Fluss drehte sich das Wasser in einer großen Waage langsam im Kreis. An lauen Abenden schwammen immer ein paar Weidlinge mit, besetzt mit jungem Volk.

Eine traumhaft schöne Jugendliebe war das, die ein trauriges Ende nahm. Nach dem Tod meiner Mutter bin ich auch Greti gegenüber verstummt. Ich wurde schroff, habe sie zurückgewiesen, meine Küsse erkalteten. Worauf sie annehmen musste, dass ich sie nicht mehr liebte, und mich verließ. Was für uns beide sehr schwer war.

Ich habe mich damals für unberührbar, für immun gehalten.

Nach Jahrzehnten sind wir uns wieder begegnet. Sie war zum zweiten Mal verheiratet. Ich habe ihren Mann kennengelernt, wir sind zu dritt über die Jurahöhen gewandert. Sie ist dann unheilbar erkrankt. Ich habe sie in einer Klinik am Bodensee besucht. Wir wussten beide, welch großes Glück wir in unserer Jugend füreinander gewesen waren.

Es gab damals im Kanton Aargau eine einzige Kantonsschule, an der man die Matur machen konnte. Eine technische Abteilung und das Gymnasium. Am Gymnasium gab es zwei Klassen pro Jahrgang. Eine für die Maturität A mit Altgriechisch, eine für die Maturität B. Ich war in der Klasse B. Jede der beiden Klassen hatte 27 Schüler, sieben Mädchen, zwanzig Knaben.

Um in dieses Gymnasium zu kommen, musste man eine Aufnahmeprüfung machen. Deutsch, Latein, Französisch und Mathematik. Wer bestand, konnte damit rechnen, nach vier Jahren die Matur zu bekommen. Wer bei der Prüfung durchfiel, machte etwas anderes. Oder er wartete ein Jahr und versuchte es noch einmal.

Die Kantonsschule befand sich fünf Minuten vom Aarauer Bahnhof in einem alten Park mit einem Weiher, hohen Laubbäumen und Kieswegen zum Lustwandeln. Das Gebäude selber war ein Prunkbau aus dem 19. Jahrhundert, auch dies ein Versailles der Volksaufklärung. Nur wurde hier nicht das gemeine Volk gebildet, sondern die zukünftige Elite des Kantons. Dies jedenfalls bekamen wir schon am ersten Tag zu hören.

Sechs aus unserer Klasse sind Ärzte geworden. Drei Kantonsschullehrer. Einer Atomphysiker in Beznau. Andere wurden Wirtschaftsanwalt, Manager, Konzertpianist, Geologe, Rektor einer Bezirksschule, Chefredaktor des *Aargauer Tagblatts,* Architekt. Das sind die, an die ich mich erinnere. Was aus den Mädchen wurde, weiß ich nicht.

Es waren einige Kinder aus begüterten Aargauer Familien in unserer Klasse. Das ist niemandem aufgefallen, das war normal. Mit einem habe ich mich angefreundet, mit Dieter. Er kam aus einer reichen Industriellenfamilie, die am Waldrand oben in einer Villa mit Swimmingpool wohnte. Er hat mich ein paarmal mit heimgenommen. Im Wohnraum hing der schönste Utrillo, den ich je gesehen habe. Im Untergeschoss waren ein paar Gästezimmer, wo ich jeweils nach Schulfesten übernachten durfte. In einem dieser Gästezimmer hing ein echter Druck von Toulouse-Lautrec. Das hat mir die Villa unheimlich gemacht.

Dieter ist Architekt geworden. Und selbstverständlich Offizier. Er hat mir einmal gesagt, ich sei sein bester Freund. Worüber ich gestaunt habe. Denn er war nicht mein bester Freund.

Ein andermal hat er mir von einem älteren Mann erzählt, der ihm den Rat erteilt habe, man müsse um sich herum die Gestalt aufbauen, die man zu werden gedenke, und dann langsam in diese Gestalt hineinwachsen. Da bin ich erschrocken.

Es war eine Tragödie. Dieter war ein erstklassiger Kerl. Er hätte ein gutes, erfolgreiches Leben führen können, wenn nur nicht diese unerfüllbaren Anforderungen, die er an sich stellte, gewesen wären. Er war noch keine dreißig, als er sich mit seiner Offizierspistole erschoss.

Ähnliche Suizide habe ich damals einige miterlebt. Der junge Siegfried aus der Zofinger Industriellenfamilie, der in einer Villa mit Pferdestallungen aufwuchs, hat sich mit zwanzig umgebracht. Und mein Freund Ronny, der ebenfalls im Zofinger Villenviertel wohnte, fuhr nach Baden-Baden, um in einem Hotel eine Überdosis Schlaftabletten zu schlucken. Ich notiere dies deshalb, weil mir diese Suizide schon damals zu denken gaben. Sie waren für mich das

Zeichen dafür, dass der alte Aargauer Unternehmer- und Geldadel nicht mehr funktionierte. Es gelang den Nachkommen nicht mehr, in die vorgegebene Gestalt des Herrenmenschen hineinzuwachsen. Sie haben sich verweigert.

Bald darauf ist die Zeit der dubiosen Emporkömmlinge und Spekulanten à la Werner K. Rey angebrochen, der das altehrwürdige Weltunternehmen Bally mit geliehenem Geld aufkaufte und mit Riesengewinn in Einzelteilen verhökerte. Geblieben ist nur noch der wunderschöne Bally-Park, der zur Erholung der Arbeiterschaft angelegt worden war.

Ich selber habe mich an Freunde aus dem niederen Stand gehalten. Selbstverständlich habe ich das nicht bewusst getan. Es ist mir erst nachträglich aufgefallen, als ich mir Gedanken über die Herkunft der Leute zu machen begann.

Meine besten Freunde aus der Kantonsschulzeit waren Anton, Peter und Ueli. Anton war der Sohn eines Fabrikarbeiters, Peter der Sohn eines Stadtpolizisten, Ueli der Sohn eines Primarlehrers.

Es gab einige unglaublich schöne Mädchen an der Kantonsschule, die aus reichen Familien kamen. Eine habe ich einmal gefragt, ob sie mit mir ins Dancing Lion d'Or tanzen komme. Sie hat gesagt, sie müsse zu Hause fragen. Dann hat sie mir Bescheid gegeben, ins Dancing dürfe sie nicht kommen. Ich dürfe sie aber zu Hause besuchen. Worauf ich abgewinkt habe.

Greti war die Tochter eines kleinen Angestellten, genau wie A.

Es wird mir noch heute unheimlich zumute, wenn ich in eine Villa komme, wo große Kunst an den Wänden hängt.

Wohl deshalb, weil ich darüber staune, dass sich da jemand das Recht herausnimmt, für sich große Kunst zu privatisieren. In ganz Aarau war damals zum Beispiel nirgends ein echter Utrillo zu sehen. Außer bei Dieter zu Hause.

Das Verrückteste in dieser Beziehung habe ich in der Villa des ehemaligen Direktors des Basler Kunstmuseums Franz Meyer erlebt, der vor einigen Jahren gestorben ist. Die Villa steht in einem riesigen Park über dem Zürichsee. Man hält es nicht für möglich, dass es einen solchen Privatpark heute noch gibt. Man betritt die Villa, und man glaubt, in ein Kunstmuseum ersten Ranges zu kommen. Bei Franz Meyer hatte ich kein Problem damit. Er war nichts anderes als ein Kunst-Aficionado. Genau wie ich. Wir haben uns glänzend verstanden.

Der größte Privatsammler, den ich kennengelernt habe, war der Basler Ernst Beyeler. Das Geld, mit dem er seine ersten Meisterwerke gekauft hat, wurde weder mit Kanonen verdient noch geerbt. Er hat sich sein erstes Geld von einer Bank geliehen. Vielleicht ist es nur in Basel möglich, dass eine Bank einem jungen Kerl für noch unbekannte Kunst Geld ausleiht. Beyeler hat es jedenfalls geschafft, mit Kunsthandel eine einmalige Sammlung zusammenzustellen. Er hat eine Stiftung gegründet, die Fondation Beyeler in Riehen, die zu den besten und bekanntesten Kunsthallen der Welt gehört.

Ernst Beyeler ist bis ins hohe Alter ein lebhafter, neugieriger Zeitgenosse geblieben. Er saß oft im Restaurant Kunsthalle zum Abendessen, eine schöne, gepflegte Erscheinung.

Vor einigen Jahren, als es meinem Schriftstellerfreund

Jürg Federspiel gesundheitlich schon ziemlich schlechtging, habe ich ein paar Kollegen zusammengetrommelt. Ich habe sie angerufen und gesagt, sie sollten nicht warten, bis Federspiel tot sei, um ihm die letzte Ehre zu erweisen. Sie sollten jetzt, noch zu Federspiels Lebzeiten, nach Basel kommen.

Wir saßen alle an einem Tisch im weißgedeckten Teil der Kunsthalle, Peter Bichsel, Franz Hohler, Ruth Schweikert, Urs Widmer. Bichsel hat zwar ein bisschen gemotzt, er hätte lieber bei den Jungen im dunklen Teil der Kunsthalle gesessen. Aber das war mir egal. Unweit von uns hat Ernst Beyeler zu Abend gegessen. Bevor er das Lokal verließ, ist er an unseren Tisch gekommen und hat allen die Hand gegeben. »Genau so muss man es machen«, hat er gesagt.

Die Lehrer an der Kantonsschule haben wir mit Herr Professor angesprochen. Es gab schlechte und gute darunter. Es gab auch ein paar sehr gute. (Entschuldigung, die Damen, dass ich nicht auch von Lehrerinnen schreibe. Es waren keine da.)

Gemeinsam war ihnen allen, dass sie niemanden plagten. Ziel war es nicht, in hartem Leistungswettbewerb einen Teil der Schülerinnen und Schüler hinauszuwerfen, so wie das heutzutage in vielen Gymnasien der Fall zu sein scheint. Ich habe nie davon gehört, dass jemand sitzengeblieben oder gar hinausgeflogen ist.

Ziel war es, die Schülerinnen und Schüler zur Entfaltung zu bringen. So hörten wir es jedenfalls. Wir hörten auch immer wieder, dass diese unsere holde Jugendzeit die schönste Zeit in unserem ganzen Leben sei.

Als ich nach Mutters Tod überhaupt nichts mehr tat und

ungenügende Noten hatte, haben ein paar Lehrer meine Noten einfach aufgebessert, so dass es reichte. Dann haben sie gewartet, bis ich mich einigermaßen erholt hatte.

In Chemie und Physik habe ich kein Hehl daraus gemacht, dass mich diese Fächer nicht im Geringsten interessierten. Ich wollte, so meine Begründung, in keiner Weise hinter die Gesetze kommen, nach denen die Natur, die Schöpfung konstruiert sei. Im Gegenteil sei ich der Meinung, dass gerade die Erforschung der Naturgesetze der Grund des Unglücks der heutigen Zeit sei, da ja dieser Erforschung unweigerlich die Ausbeutung der Natur folge, die ich ablehne. Es sei ja schon erstaunlich genug, dass die Gesetze, nach denen die Schöpfung konstruiert sei, dem menschlichen Denken nicht nur zugänglich seien, sondern sogar der menschlichen Logik entsprächen. Als ob die Schöpfung von einem menschlichen Gehirn konstruiert worden sei. Was ich aber keineswegs glaube. Vielmehr sei ich der Meinung, dass die Naturgesetze, welche die Menschheit bis jetzt erforscht und für die eigenen, menschlichen Zwecke ausgebeutet habe, nur einen kleinen Teil der Kräfte ausmachen würden, welche die Welt im Innersten zusammenhielten. Weshalb mich dieser kleine Teil der Gesetze, wie sie in Chemie und Physik formuliert werden, in keiner Weise interessiere.

So ungefähr lautete meine Begründung, eher mündlich gestammelt, denn klar formuliert. Aber sie wurde stillschweigend akzeptiert. Ich habe in Chemie und Physik stets eine Vier gehabt, was genügend war.

Einmal in der Physikstunde kam der Physiklehrer, genannt Kasperli, zu mir – ich saß in der ersten Reihe –, nahm mein Heft, schaute sich an, ob ich die Hausaufgaben richtig gelöst hatte, und fragte dann: »Haben Sie diese Aufgaben selber gelöst?« Ich antwortete wahrheitsgemäß: »Nein, ich habe sie abgeschrieben.« Worauf Kasperli mein Heft wortlos wieder hinlegte, als wäre meine Antwort nicht der Rede wert.

Hervorragend war der Mathematiklehrer. Mathematik als Spiel der menschlichen Logik hat mich immer interessiert. Desgleichen Geometrie und Algebra. Die Entdeckung des Pythagoras von Samos, dass die Summe der Quadrate über den beiden kurzen Seiten des rechtwinkligen Dreiecks stets gleich groß ist wie die Summe des Quadrates über der langen Seite, fand ich hinreißend. Oder die Entdeckung des Thales von Milet, dass der obere Winkel eines Dreiecks, das man von einer Geraden aus an den Rand eines darübergezogenen Halbkreises zeichnet, stets ein rechter Winkel ist – sensationell. Schon allein die Einsicht, dass dies immer so ist. Dass es eine feste Regel ist, ein Gesetz. Dass es also in der Geometrie, in diesem Spiel zwischen logischem Denken und zweidimensionaler Vorstellung, feste Gesetze gibt. Unglaublich, aber wahr. Mit den Mitteln der Sprache schwer zu beschreiben. Im geometrischen Denken einfach, klar und schön.

Seitdem liebe ich die alten Griechen. Das einfache, klare und schöne Denken der Vorsokratiker. Ich habe Milet besucht. Von der Stadt des Thales, der Vielvölkerstadt am kleinasiatischen Ufer der Ägäis, ist nur noch das riesige, in den Berg gehauene Theater vorhanden. Sonst bloß Steine, Meer und Wind. Das Gesetz des Thales-Kreises aber gilt noch immer.

Dem scharfen, dialektischen Denker Heraklit, der im stetigen Wandel das Immergleiche entdeckte, bin ich in einem der schönsten Gedichte Brechts wiederbegegnet. Ich zitiere aus dem Gedächtnis.

> Aurora, du auf dem geliebten Fluss,
> In den man nicht, den gleichen, zweimal taucht:
> Erschauernd unter deinem erzlippigen Kuss
> Erhob die große Magd sich einst erlaucht.

Hervorragend war auch der Geschichtslehrer, den wir Josua nannten. Er trug in freier Rede vor, was er sich über eine bestimmte Epoche, zum Beispiel über die Französische Revolution, erarbeitet hatte. Er verbiss sich dabei in Details, die ein erhellendes Licht auf die Geschehnisse warfen. Er tat das scheinbar ungerührt, unbeeindruckt von der Klasse, die es zu unterrichten galt. Man konnte ihm zuhören, man konnte es auch lassen. Eine Benotung interessierte ihn nicht, wir erhielten alle ähnliche Noten. Was dazu führte, dass ihm alle interessiert zuhörten.

Der Deutschlehrer, den wir Pineiss nannten, war vorbildlich korrekt und stets gut vorbereitet. Offensichtlich spulte er ein Programm ab, welches er schon dutzendfach abgespult hatte. Es war zum Einschlafen langweilig. So haben wir ein Jahr lang Lessings *Nathan der Weise* behandelt, was dazu führte, dass bald niemand mehr wusste, worum es eigentlich ging. Kurz vor der Maturprüfung haben wir noch ein paar Gedichte von Rilke behandelt.

Etwas nehme ich Pineiss heute noch übel. Dass er sich

nicht auf die Socken gemacht und sich umgeschaut hat, was seit 1900 so alles geschrieben wurde. Wir Schüler hatten keine Chance, an Kafka, Döblin, Brecht und die Lasker-Schüler heranzukommen. Weil es keine Bücher von ihnen gab. Aber er hätte sich informieren müssen.

In der Schweiz hat es keine Bücherverbrennung gegeben. Folglich mussten diese Bücher noch irgendwo herumliegen. Oder waren sie gar nie in die Schweiz gelangt?

Professor Pineiss hätte die verdammte Pflicht und Schuldigkeit gehabt, uns darüber aufzuklären. Immerhin hatte er die Ehre, eine der beiden aargauischen Gymnasialklassen in Literatur zu unterrichten.

Es ist gotteserbärmlich, wenn man aus heutiger Sicht auf die damalige Lage der Literatur in der Schweiz zurückblickt. Wirklich, es kann einem speiübel werden. Was gute Literatur ist, wurde in Zürich bestimmt. Von Professor Staiger und von den Feuilletons der *Neuen Zürcher Zeitung* und der *Tat.* Man muss es so deutlich sagen: Dies war eine literaturkritische Diktatur. Erwin Jaeckle zum Beispiel, der Literaturverantwortliche der *Tat,* war im Militär Oberst und daneben noch ein feinsinniger Lyriker. Der erklärte Liebling dieses Zürcher Kreises war Meinrad Inglin, der diese Liebe eigentlich gar nicht verdient hat. Dafür war er zu selbständig, zu gut.

Ich habe kürzlich das Gesamtwerk von Alexander Xaver Gwerder gelesen. Es ist unerträglich, wie dieser geniale Lyriker den Zürcher Kritikern ausgeliefert war. Sie fanden ihn gut, sie waren ja nicht blöd. Erwin Jaeckle nahm ihn unter seine Fittiche, und Gwerder ließ sich dies gefallen. Bei der Lektüre des Briefwechsels Jaeckle – Gwerder packt einen das kalte Grauen. Gwerder hat unter dem obligatorischen Militärdienst grässlich gelitten. Oberst Jaeckle hat ihm immer wieder gut zugeredet. Man erlebt voller Entsetzen mit, wie sich hier ein junger Lyriker, der beste der Schweiz von damals, freizuschwimmen versucht. Wie er sich im Netz von wohlwollender Aufmunterung, präpotenter Bevormundung und patriarchaler Umarmung immer mehr verfängt und langsam abstirbt, so dass er die Befreiung im Suizid sucht.

Als ich selber anfing, Gedichte zu machen, habe ich regelmäßig die Wochenendausgabe der *Tat* gelesen, weil darin zeitgenössische Lyrik veröffentlicht wurde. Oft war es, in offensichtlicher Nachfolge von Stefan Georges *Komm in den totgesagten Park,* Natur- und Parklyrik. Das hat mich genervt, und ich habe mich entschlossen, ausnahmsweise etwas zu unternehmen. Ich habe einen Brief an Erwin Jaeckle geschrieben, des Inhalts, dass mir die in der *Tat* abgedruckte Lyrik vor allem etwas mitteile, dass nämlich die Autorinnen und Autoren in Villen mit parkähnlicher Umgebung wohnten. Dass ich diese Mitteilung ausgesprochen kärglich fände. Dass ich selber auch Gedichte mache. Und dass ich ihm hiermit eines zum Abdruck anbieten würde. Ich habe diesem Brief mein Gedicht *Ich bin ein Schweizer* beigelegt, worin es unter anderem heißt: »Mein Land, du hast mich zum Schweizer gemacht. Verflucht seist du.«

Die Antwort kam prompt. Sie hat mich irgendwie beleidigt. Ich erinnere mich nur noch an einen Satzanfang. Er lautet: »Sie und Ihresgleichen …«

Das war meine einzige kurze Begegnung mit diesem Zürcher Kreis. Sonst hat sich keiner je über mich geäußert.

Selbst Werner Weber, von dem es hieß, er schreibe über alle wichtigen Autorinnen und Autoren der Schweiz, hat kein Wort über mich veröffentlicht. Wir sind uns später ein paarmal über den Weg gelaufen. Wir haben uns freundlich die Hand gegeben und einige Worte gewechselt. Es war klar, dass er mich nicht mochte. Ich ihn auch nicht.

Natürlich ist es heute einfach, solche Sätze zu schreiben, wie ich sie hier schreibe. Ich tue es aus der Wut heraus, die immer noch in mir steckt. Die große Autorengeneration der Deutschschweiz aus der ersten Hälfte des 20. Jahrhunderts ist vernachlässigt und sogar bekämpft worden, aus Gründen, die heute lächerlich erscheinen. Man kann es auch anders formulieren, nämlich so: Der Graben zwischen zeitgenössischer Kunst und dem Publikum, das ja ein bürgerliches Publikum war, wurde so weit aufgerissen, dass eine einigermaßen kluge Kommunikation nicht mehr möglich war. Was in Deutschland in der Verfolgung der Dichter und Künstler und in der Verbrennung ihrer Werke gipfelte, fand in der Schweiz in sehr abgeschwächter Form ebenfalls statt. Helvetisch gemäßigt und irgendwie immer noch ein bisschen human halt. Ich habe kürzlich ein Buch über die linke Schweizer Zeitschrift *abc* gelesen, die Ende der dreißiger Jahre erschien. Allein schon ihr Erscheinungsbild war großartig. Viele, die heute noch Rang und Namen haben, von Max Bill bis Friedrich Glauser, haben dabei mitgemacht. Diese Zeitschrift ist nur kurz erschienen und heute nahezu vergessen.

All die großen Autoren aus der ersten Hälfte des 20. Jahrhunderts waren 1958, als ich in Basel Literatur zu studieren begann, aus den Buchhandlungen verschwunden. Robert Walser und Friedrich Glauser, die Lyrikerin Meret Oppenheim. Jakob Bührer, Ludwig Hohl und C. A. Loosli, Hans Morgenthaler. Robert Walser habe ich ein bisschen gekannt, weil Walter Muschg in der Sammlung Klosterberg einen Gedichtband von ihm herausgegeben hatte. Von Glauser wusste ich, dass er Krimis mit Wachtmeister Studer geschrieben hatte. Die anderen Namen kannte ich nicht.

Der Graben zwischen Dichtern und Publikum hat sich erst nach dem Zweiten Weltkrieg geschlossen, als Max Frisch und Friedrich Dürrenmatt auftraten. Sie waren, gestützt durch ihre Erfolge in Deutschland, unübersehbar, so dass sich sogar die offizielle Schweiz mit ihnen auseinandersetzen musste. Dürrenmatts Rüschlikoner Rede über die Schweiz als Gefängnis, das von den Insassen selbst bewacht wird, war der Höhepunkt dieser Auseinandersetzung. Die ganze Schweiz hat darüber gelacht.

Inzwischen hat sich viel geändert. Glauser und Walser haben ihre Gesamtausgaben und Biographien, genau wie Loosli. Jakob Bührer hat erstaunlicherweise noch keine Biographie. Vielleicht ist jemand daran, eine zu schreiben, ich weiß es nicht. Seine Werke sind jedenfalls nur zum Teil neu ediert.

Ich habe vor Jahren mehrere Theaterstücke für das Landschaftstheater Ballenberg geschrieben. Oft habe ich den Stoff selber vorgeschlagen und bin damit immer durchgekommen. Mit einer Ausnahme. Als ich Bührers *Sturm über Stiflis* vorschlug, einen Zeitroman, der gegen die schweizerischen Nazis gerichtet war, wurde dies schroff abgelehnt. Keine Chance, Bührer war zu rot. Ich habe dann den

Schwarzen Tanner von Inglin vorgeschlagen. Das wurde akzeptiert. Und dies im Jahre 2000.

Als ich den Schauspieler Mathias Gnädinger, der aus dem Kanton Schaffhausen kam, fragte, was er von Jakob Bührer, der ebenfalls aus Schaffhausen stammte, gelesen habe, kannte er diesen Namen nicht. Das war bereits im 21. Jahrhundert. Und ich habe gemerkt, wie rigoros sich die Vernichtung des sozialkritischen Autors Bührer noch nach Jahrzehnten auswirkte.

Ein miserabler Lehrer war unser Professor für Latein, genannt Bull. Er hat die lateinische Sprache dazu benützt, uns zu triezen. Es ging nur darum, die Wörter auswendig zu lernen und einen Text richtig zu übersetzen. Was es für ein Text war, ob eine Ode von Horaz oder eine Passage von Livius, war egal.

Ich habe insgesamt acht Jahre Lateinunterricht genossen, stets mehrere Stunden pro Woche. Ich habe Latein immer gemocht, ähnlich der Mathematik. Ich habe diese mit steinerner, knallharter Logik aufgebaute Sprache betrachtet als ein Spiel des abstrakten Denkens, wie eine algebraische Formel. Ich habe nie Probleme gehabt damit.

Trotzdem trage ich Bull einiges nach. Er hat es tatsächlich fertiggebracht, Latein als tote Sprache erscheinen zu lassen. Mit dem Ergebnis, dass ich noch heute über die alten Römer und ihre großen Autoren sehr wenig weiß. Ich hatte zum Beispiel keine Ahnung, warum wir Cicero lesen und übersetzen mussten. Er sei der Höhepunkt des klassischen Lateins, hat Bull behauptet. Wer Cicero war, was ein Redner, ein Rhetor im alten Rom für eine Bedeutung hatte, hat er uns nicht gesagt. Dass die lateinische Sprache das riesige römische Reich zusammengehalten hat, dass diese wunderbar klare Sprache anschließend Europa ein Jahrtausend lang, bis hin zum *cogito ergo sum* des Descartes, vereint und durchtränkt hat, darüber haben wir nichts erfahren. Es war wie in der alten Lateinschule, Latein als Disziplinierungsmaßnahme.

Ich habe erst viel später, als ich selber über das antike Rom und das Mittelalter Bücher zu lesen begann, gemerkt, welch großartige Welt sich in der alten Sprache auftut.

Heute verschwindet Latein immer mehr aus den Lehrplänen. Offenbar kann man es den Schülerinnen und Schülern nicht mehr zumuten. Ich halte das für falsch. Bildung bedeutet nicht nur die Kompetenz, im Internet nachzuschauen. Sondern sie beruht auf Wissen, das man sich durch Lernen aneignet. Zum Beispiel auf der Kenntnis der lateinischen Sprache und ihrer zweieinhalbtausendjährigen Geschichte, die bis in die Gegenwart hineinwirkt.

Einzelne kurze Begegnungen mit unseren Lehrern sind mir unvergesslich, weil sie ganz direkt auf mich gezielt waren. Der Professor, bei dem wir als Freifach Spanisch hatten und den wir Suff nannten, hat einmal in der langen Morgenpause zu mir gesagt, ich solle dableiben. Ich bin geblieben, gespannt, was da kam. Suff hat gesagt, es gebe einen Autor, der in meinem Alter schon sein ganzes Werk geschrieben habe. Er heiße Rimbaud, er hat mir kurz sein Leben erzählt. Natürlich habe ich mich gefragt, warum er das tat. Hat er etwas von mir erwartet? Wollte er mich auf eine Fährte schicken? Ich vergesse ihm das nie.

Spanisch haben wir im Nu gelernt. Wir waren unser vier. Die andern drei sind alle Romanisten geworden. Wir haben drei Monate intensiv gebüffelt, dann haben wir nur noch gelesen. Vor allem Gaucho-Romane aus Argentinien.

Spanisch wurde so zu meiner Lieblingssprache. Mit 21 beschloss ich, in den Sommerferien nach Barcelona zu trampen, dort einen Esel zu kaufen und mit ihm bis nach Sevilla zu wandern. Ich frage mich, wie weit ich gekommen wäre, hätte ich es versucht. Da meine Schwester auch mitkommen wollte, sind wir zu zwei losgetrampt und bloß bis nach Valencia gekommen.

Meine Spanischkenntnisse waren mir von Nutzen, als ich von der Theatergesellschaft Einsiedeln den Auftrag erhielt, das *Große Welttheater* von Calderón zu bearbeiten. Ich habe den Text genau in Mundart übersetzt, Wort für Wort, hingerissen vom Bilderreichtum des Spaniers.

Meine Übersetzung ist nicht gespielt worden, was mich bis heute wurmt. Denn ich bin noch immer stolz auf meine Arbeit. Offenbar waren die Einsiedler der Meinung, der liebe Gott verstehe kein Schweizerdeutsch.

Im letzten Jahr des Gymnasiums konnte man das Freifach Philosophie belegen, eine Stunde pro Woche. Es war ein reformierter Theologe, der vorne saß. Der totale Reinfall. Anstatt uns kurz in die Geschichte der Philosophie einzuführen und uns die wichtigsten Begriffe zu erklären, wollte er von uns hören, was wir so dachten. Ja, was dachten wir denn? Wir dachten, dass das alles keinen Sinn habe, und schwiegen.

Unser Klassenlehrer trug den Übernamen Frosch. Er war, erzählte man sich, eine Kapazität in französischer Linguistik. Wir hatten bei ihm Französisch und Italienisch. Wir lasen Racine, Corneille und Daudet, einen Roman von Ramuz und seltsamerweise einen von Malraux. Im Italienischunterricht Boccaccio und Dante.

Frosch hat mehrmals versucht, mit mir Kontakt aufzunehmen und sich einzumischen. Als sich Greti von mir trennte, hat er mich in einer Pause warten geheißen und, als wir allein waren, gesagt: So gehe das nicht, Greti sei zu schwach, um diese Trennung unbeschadet ertragen zu können. Ich habe gestaunt und geschwiegen.

Ein andermal hat er zu mir gesagt, ich sei im Grunde nichts anderes als ein lieber Kerl. Das hat mich beleidigt.

Für eines werde ich Josua und Frosch indessen immer dankbar bleiben. Für die Reisen, die sie mit uns unternommen haben.

Josua fuhr mit uns in einem Bus vier Tage nach Bayern, ins Städtchen Schussenried. Von dort aus haben wir den süddeutschen Barock abgeklopft, die riesigen Klosterkirchen bis hin zur traumhaft schönen Dorfkirche von Steinhausen. Großartig war das.

Frosch ist mit uns in die Toskana gereist, zwei Wochen Anfang Oktober. Er hat sich die Mühe gemacht, uns an freien Nachmittagen anhand von Lichtbildern darauf vorzubereiten, so dass ich, als wir Florenz betraten, die wichtigen Maler und Bildhauer des *rinascimento* bereits kannte. Ich weiß noch haargenau, wie wir am ersten Abend in Pisa vom Bahnhof zu unserem Hotel gingen. Es war

Vollmond, wir gingen über das Domgelände. Das war unglaublich, dieses weiße Schimmern der Schönheit. Dafür könnte ich Frosch heute noch umarmen.

Donatello im Bargello, Fra Angelico in San Marco, Fiesole mit dem Mond am Himmel. Ich bin inzwischen mehrmals in den Uffizien gewesen, meist haben die vielen Leute gestört. Damals waren fast keine Besucher da. Ich erinnere mich an einen runden Raum, in dem ein halbes Dutzend griechische Statuen standen. Sie haben mich durchgeschüttelt, ich kann es nicht anders sagen.

Besonders gefreut habe ich mich auf Assisi, auf die Giotto-Fresken in der Grabeskirche des heiligen Franziskus. Der Besuch dieser Kirche war als Ende unserer Reise gedacht. Er fand nicht statt. Drei Viertel unserer Reisegruppe wurde von der asiatischen Grippe ins Bett gezwungen. So lag ich denn mit meinem Freund Anton in einem engen Zimmer der Altstadt und hörte draußen die Moto Guzzi durch die Gasse knattern.

Ich habe die Kirche des heiligen Franz nie gesehen. Und dies, obschon ich ein Verehrer des *poverino* bin. Er ist für mich neben Jesus von Nazareth die größte Figur des Christentums. Er könnte uns heute noch den Weg zu einem in der irdischen Wirklichkeit gelebten Christentum zeigen.

In der Regel schreiben die Lehrer die Qualifikationen der Schüler. Hier mache ich das Gegenteil, ich benote als ehemaliger Schüler meine ehemaligen Lehrer. Ich verfluche jene, die mich mit ihrer geistigen Trägheit gelangweilt haben. Das war eine Sünde gegen den heiligen Geist der Neugier. Sie sollen in der Hölle braten. Denjenigen, die mich aufgeweckt haben oder es wenigstens versuchten, bin ich bis heute herzlich dankbar.

Heute ist der 11. September 2016, auf den Tag genau fünfzehn Jahre nach dem Angriff auf die Twin Towers in Manhattan, die wie Fackeln brannten und endlich, nach ungläubigem, quälendem Warten, in sich zusammenfielen. Ich habe in der *Welt am Sonntag* einen gescheiten Artikel darüber gelesen, wie die USA seither der Taktik der Terroristen hinterherhecheln, ohne je die Süße der Rache auskosten zu können. Sie haben zwar den Irak zerstört und einen Teil des Orients in entsetzliche Bürgerkriege gestürzt. Aber die Bilder der brennenden und zusammensackenden Türme haben sie nicht aus den Köpfen der Menschen hinausbombardieren können. Die Bildkraft des Schrecklichen, die schreckliche Schönheit: Dies ist allerdings eine schreckliche Erkenntnis. Die Ikonen der modernen Bilderwelt sind nicht mehr die Madonnenbilder aus Florenz, Colmar und Solothurn, sondern die mit unschuldigen Menschen gefüllten Düsenjets, die in die Wolkenkratzer Manhattans krachen.

Ich lebe hier oben im Schwarzwald wie ein Eremit. Am Morgen gehe ich im hoteleigenen Schwimmbad schwimmen. Oder ich wandere über die Hügel. Am Abend manchmal ein Telefongespräch mit meiner Freundin, die ein paar Monate in Berlin verbringt.

Ich lebe voller Konzentration auf den Abschnitt in meinem Leben, den ich gerade zu beschreiben versuche. Ich frage mich, wie ich das tun soll. Wie ich das damalige

Chaos, diese Ahnungslosigkeit, Unentschlossenheit, dieses passive Erleiden der Zeit so weit in Ordnung bringen kann, dass es beschreibbar wird. Meine Erinnerung daran ist zwar immer noch lebendig. Aber ihre Kraft nimmt, meinem Alter gemäß, langsam ab.

Das heißt, wenn ich es jetzt nicht tue, tue ich es nie mehr.

Ich glaube nicht an Systematik, ich will nicht daran glauben. Ich habe nicht die Absicht, dem schreibenden Erinnern eine formende Systematik aufzuzwingen, ich will das nicht. Sondern ich will der Erinnerung dorthin folgen, wo sie mich hinführt.

lles fährt Ski, alles fährt Ski, Ski fährt die ganze Nation.« Dies war der Text eines damals in der Schweiz
populären Schlagers, der von Radio Beromünster dauernd
wiederholt wurde. Skifahren als staatlich geförderte Ertüchtigung der Jugend. Und tatsächlich, alle sind Ski gefahren oder haben es wenigstens versucht. Auf den alten
Skiern von Tanten und Onkeln, auf den sogenannten Bun-
deslatten, die vom militärischen Vorunterricht zur Verfügung gestellt wurden. Auf mehrfach verleimtem Hickory-
holz, wenn man aus einer reichen Familie kam. Ich fuhr auf
Eschenbrettern.

Skifahren gehörte zum Unterricht. Von der ersten Bezirksschulklasse an ging es im Februar für eine Woche ins
Skilager. Zum Beispiel auf die Frutt im Kanton Obwalden,
über 2000 Meter hoch. Eine Woche lang nur Schneefall und
Nebel. Stemmbogen am Morgen, Stemmbogen am Nachmittag. Geschlafen haben wir in einer Militärbaracke. Am
Morgen Kakao in der tiefverschneiten Kantine, zum Mittagessen Maggisuppe, am Abend Spaghetti oder Reis. Wir
haben uns wacker geschlagen, obschon wir im Neuschnee
fast ertrunken sind.

Meine Mutter hatte dem Leiter, Turnlehrer Wolf, gesagt,
dass ich ein Nachtwandler sei. Tatsächlich erwachte ich

eines Nachts im Vorraum der Baracke in den Armen des Herrn Wolf, wobei er wohl ebenso erschrak wie ich selbst.

In der ersten Gymnasialklasse waren wir auf dem Stoos bei Schwyz. Nichts mehr von militärischem Vorunterricht, nur strahlende Sonne. Am Abend gingen wir ins Kurhaus, setzten uns an die Bar und tranken ein Glas grasgrünen Pfefferminzlikör. Was erlaubt war, obschon ich mir ungemein verworfen vorkam.

Mit 18, nachdem wir kurz vor Weihnachten meine Mutter beerdigt hatten, fuhr ich über Neujahr wieder auf den Stoos. Greti war auch dabei. Ich hatte auf dem Stoos Kameraden, die eine Skihütte gemietet hatten. Sie bestand aus Küche, Stube und Heulager. Wir hingen von morgens bis abends an den Bügeln und ließen es sausen. Anschließend setzten wir uns in die Alpenrose, wo ein Duett zum Tanz aufspielte.

Es war wie eine Flucht für mich, ein Entkommen aus unserem Trauerhaus in einen Traum hinein, von dem ich wusste, dass er ein Ende nahm, dem ich mich aber trotzdem entschlossen hingab.

Nach dem Studium, als ich in Chur an der Kantonsschule stellvertretender Lehrer war, hatte ich am Nachmittag meist frei. Ich habe mich gleich nach dem Mittag ins Postauto zur Station der Rothorn-Bahn gesetzt. Das Parpaner Rothorn ist nicht ganz 3000 Meter hoch. Ich habe die Abfahrt noch heute genau in der Erinnerung. Erst die Ostflanke hinunter, wo stets Pulverschnee lag. Dann über die Lücke in den Südwesthang hinein, wo der Schnee im Frühling sulzig wurde.

Ich habe mich oft gefragt, was eigentlich das Geheimnis des Skifahrens ist, warum das Hinabgleiten über die weißen Hänge für mich so befreiend, erlösend war. Ich denke, es war die Freiheit, die totale Autonomie, die ich dabei empfand. Und die Schönheit der Alpenwelt.

Als unsere Kinder vier waren, sind wir zu viert in die Skiferien gefahren. Ich habe gestaunt, wie schnell die Kleinen es lernten. Sie steckten von Anfang an in Schuhen, die wie Betonklötze fest auf den Brettern saßen. Nichts mehr von Stemmbogenüben im Neuschnee, von Anfang an freies Gleiten über gepfadete Pisten. Mehrmals waren wir in Bergün im Bündnerland. Dort gab es billige Ferienwohnungen mit alten Arvenstuben.

Als ich 15 war, hat mich ein Freund zum ersten Mal mit der Jugendorganisation des Schweizerischen Alpenclubs mitgenommen. Es war eine Frühlingsskitour auf den Wildgerst, nichts Besonderes, ein angenehmer Skiberg. Ich bin während der Abfahrt beinahe verschwunden in den Schneemassen. Aber ich bin immer wieder aufgestanden.

Der Leiter hieß Max Blattner. Ein Postangestellter, der gern mit den Jungen in die Berge ging. Ein richtiger Bergsteiger, der alle Gipfel der Schweizer Alpen zu kennen schien. Wir waren jeweils zu zehnt, ein verschworener Haufen, der sich samstags um 13 Uhr am Zofinger Bahnhof traf, um auf der Gotthardlinie in die Innerschweiz zu fahren. Ich kenne sie alle, die Dreitausender des Kantons Uri, die in keinem Touristenführer vorkommen, da keine Bahn hinauffährt. Enge V-Täler, die Hänge zu steil und zu schroff für Skilifte, außer im Urserental. Deshalb sind diese Gipfel auch so urtümlich geblieben. Die beiden Windgällen, Düssistock, Oberalpstock, Piz Giuv. Der Pizzo Centrale und der Pizzo Lucendro, das Blinnenhorn jenseits des Gotthardtunnels. Die Alphütten, wo sommers gekäst und morgens und abends der Alpsegen gebetet wurde, ganz ohne Zuschauer. Die Golzern-Alp, Hinterbalm im Brunnital. Es gibt Leute, die fliegen stundenlang, um irgendwo auf diesem Erdboden dem ursprünglichen Leben zu begegnen. Hier in diesen Tälern, auf diesen Alpen findet es statt.

Hier hat die Eidgenossenschaft ihren Anfang genommen. In den Alpkorporationen, welche die Alpwirtschaft regelten. Das ging gar nicht anders als mit Genossenschaften. Sie bestehen bis heute.

Wir waren unterwegs durchs Maderanertal hinauf zur Hüfihütte, wir waren zu dritt. Wir liefen in ein Gewitter hinein, wie ich es sonst nie erlebt habe. Es blitzte und krachte im Sekundentakt. Wir suchten Schutz bei einer Hütte am Wegrand. Hans, der später Ingenieur wurde, versuchte, die Tür zu öffnen. Mir schien das aussichtslos zu sein, aber Hans ließ nicht locker. Es gelang ihm tatsächlich, den Riegel zurückzuschieben. Wir gingen hinein, machten mit dem bereitliegenden Holz ein Feuer und hängten unsere nassen Kleider zum Trocknen auf.

Am andern Morgen war das Wetter wieder gut. Wir stiegen hinauf zur Hüfihütte und anderntags auf den Düssistock.

Als wir zurück in Bristen waren, dem Dorf eingangs des Maderanertals, fragten wir, wem die Hütte gehöre, in der wir Schutz gesucht hatten. Sie gehöre dem alten Joseph Tresch, bekamen wir zur Antwort.

Wir haben dann den Betrag für die Übernachtung von drei Personen samt Holz, wie wir ihn in einer SAC-Hütte bezahlt hätten, an Joseph Tresch in Bristen geschickt. Nach einer Woche erhielten wir eine Postkarte. »Mit herzlichem Dank und besten Berggrüßen, Joseph Tresch.«

Wenn man von Flüelen ins Urnerland hineinfährt, steht am Ende der Talsohle ein pyramidenförmiger, mächtiger Berg. Alle sehen ihn, die Richtung Süden reisen, niemand weiß, wie er heißt. Er heißt Bristenstock und ist 3073 Meter hoch. Wir wollten ihn einmal besteigen, unter der Führung von Max Blattner. Wir übernachteten in einer Alphütte im Heu. Am frühen Morgen ging es los, es war die pure Schinderei. Nebel, dass man keine zehn Meter weit sah. Der Grat, auf dem wir emporkletterten, voller Schnee. Es war zwar nicht schwierig, aber gefährlich. Wir mussten enorm aufpassen und kamen nur langsam voran.

Wir sind den ganzen Tag geklettert, bis gegen Abend. Bis Max Blattner gesagt hat, wenn wir den letzten Zug in Amsteg noch erreichen wollten, müssten wir jetzt umkehren. Vielleicht waren wir nur noch zwanzig Meter unter dem Gipfel, man sah noch immer keine zehn Meter weit. Wir sind umgekehrt und haben den letzten Zug noch erreicht. Wir waren fix und fertig.

Den ersten Viertausender habe ich während der Rekrutenschule bestiegen, die ich in Chur absolvierte. In der gleichen RS war mein Klassenkamerad Ruedi, ein hervorragender Bergsteiger, der später zweimal im Himalaja war. Unser Ziel war die Bernina. Ruedi hatte alles geplant.

Am Samstagnachmittag nach dem Hauptverlesen holten wir am Bahnhof Chur unsere Bergsteigersachen, die wir dort deponiert hatten, und bestiegen den Zug nach St. Moritz/Pontresina. Um 19 Uhr stiegen wir aus, dann fünf Stunden Aufstieg zur Tschierva-Hütte. Da sie überbelegt war, schliefen wir auf dem Fußboden. Um drei brachen wir auf Richtung Bianco-Grat, Ruedi wollte unbedingt der Erste auf der Tour sein. Bei Sonnenaufgang waren wir in der Lücke oben, dann der wunderschön geschwungene Grat, der schneeweiß in der Morgensonne lag. Das Erklettern des Felsturmes der Bernina, ein kurzes Verweilen oben, wir hatten wenig Zeit. Der Abstieg durch das Wirrwarr der Gletscher hinunter zur Morteratsch-Hütte. Das letzte Stück zur Bahnstation sind wir gerannt.

Einmal hat Ruedi mit meinem Freund Markus, der später mein Hausarzt wurde, den Montblanc bestiegen. Sie haben sich dazu mein Zelt ausgeliehen, um sich darin auf über 3000 Meter zu akklimatisieren. Ich wäre gern mitgegangen, aber es war bloß ein Zweierzelt.

So bin ich nie auf den Montblanc gekommen. Ich habe einmal in diese phantastische Hochgebirgswelt direkt hineingeschaut, vom Trientgletscher aus. Da war ein weißer Berg, knapp 4000 Meter hoch, der Aiguille d'Argentière heißt. Er stand direkt vor meiner Nase, ein Silberberg, der schönste Gipfel, den ich je sah.

Ich träume heute noch ab und an von strahlend weißen Bergen, die unerreichbar am Horizont stehen. Und doch, trotz ihrer Unerreichbarkeit, sind sie für mich bestimmt.

Ich hatte dann plötzlich keine Lust mehr, auf Berge zu klettern. Ich saß lieber in der Basler Rio Bar, rauchte, trank Bier und diskutierte mit Bekannten, die Maler oder Schriftsteller werden wollten.

Zwei Mal bin ich noch strahlen gegangen, so nennt man das Suchen nach Kristallen. Jeweils vier Wochen, wir nächtigten in leerstehenden Alphütten. Das erste Mal im Brunnital, einem Seitental des Maderanertals. Das zweite Mal in der bündnerischen Surselva, in der Gegend des Lukmaniers. Wir sind im Tal unten gestartet, beladen mit Rucksäcken voller Reis und Teigwaren. Wir schliefen im Heu. Wir haben von morgens bis abends nach Quarzbändern gesucht, hinter denen wir dunkel aufblitzende Rauchkristalle vermuteten. Ein paarmal haben wir Dynamit eingesetzt, was uns nichts genützt hat. Vermutlich haben wir es falsch angestellt. Wir hämmerten und meißelten Tag für Tag, wir fanden nur kleine Sachen. Aber das hat uns genügt. Nur schon die Gewissheit, dass in diesen Felsen drin Quarze von perfekt gewachsener Gestalt zu finden waren, hat uns am Berg gehalten.

Eines Abends im Brunnital oben knallte die Hüttentür auf, ein zwei Meter hoher Mann mit Strahlereisen kam herein. Er packte steinharte, unreife Pfirsiche aus und biss krachend hinein. Dann sah er die Eisenrose, die mein Freund Jürg gefunden hatte, auf dem Tisch liegen und bekam Stielaugen. Woher wir die hätten? Zufällig gefunden, antwortete Jürg. Der Mann schüttelte den Kopf, voller Verzweiflung. Jetzt strahle er schon über dreißig Jahre, er kenne bald jeden Stein im Brunnital, aber eine Eisenrose habe er noch nie gefunden. Er sei Bähnler auf dem Rangierbahnhof in Erstfeld. Was es ihm erlaube, jeweils vier, fünf Tage am Stück freizunehmen. Dann sei er sogleich weg, in den Bergen oben. Er wohne in Bristen, zusammen mit seiner Mutter. Wir sollten ruhig hingehen und anklopfen, seine Mutter zeige uns dann seine Kristallsammlung.

Als wir wieder hinunterkamen nach Bristen, haben wir an die Tür seines Hauses geklopft. Seine Mutter, eine uralte Frau von dürrer, gekrümmter Gestalt, hat uns in die niedrige Stube geführt. Sie hat an einem metergroßen, wasserlosen Aquarium einen Lichtschalter betätigt. Es leuchteten die wunderbarsten Steine auf. Amethyst, Rosenquarz, schwarzer Morion. Eine unerwartete, umwerfende Schönheit.

Wir haben damals ein paar Nächte in der Cavardiras-Hütte verbracht, die auf 2700 Meter Höhe liegt und dem Schweizer Alpen-Club (SAC) gehört. Wir haben den Oberalpstock bestiegen, aber das hat mich nicht mehr interessiert.

Eines Morgens bin ich oben am Piz Ault über ein Schneefeld gegangen bis zum Rand, wo der Fels aufstieg. Dort, dicht über dem Schnee, habe ich zu meißeln angefangen und bin bald auf grünen Chloritsand gestoßen. Da wusste ich, dass ich fündig geworden war. Es war eine Kluft voll dunkler Rauchquarze, mit einem makellos durchsichtigen Stein mitten drin, in dieser Ödnis von Schnee und Fels, Schutt und Geröll eine Offenbarung.

In der Surselva haben wir in einer Hütte einige hundert Meter über einer Baustelle genächtigt, wo Tunnel zur Umleitung des Wassers in die umliegenden Stauseen gebaut wurden. Dort arbeiteten und wohnten mehrere hundert Gastarbeiter, vor allem Italiener. Wir sind ein paarmal abends hinabgestiegen, um ölige Spaghetti zu essen und billigen Chianti zu trinken. Zwei junge Schweizer, die von schwarzglänzenden Steinen träumten, im Verein mit hundemüden Familienvätern, die sich nach Frau und Kind sehnten.

Ich habe ein Gedicht über das Strahlen geschrieben. Es heißt *Val Nalps* und ist im Bändchen *Geschichten und Gedichte* abgedruckt. Ich habe es an die Redaktion der Zeitschrift *Die Alpen* geschickt, die ich als Mitglied des SAC regelmäßig zugeschickt bekam. Ich erhielt die Antwort, dass mein Gedicht aus formalen Gründen nicht abgedruckt werden könne. Worauf ich aus dem SAC austrat.

Ich habe schon mit fünfzehn angefangen, in den Ferien ein paar Wochen zu arbeiten, um ein bisschen Geld zu verdienen. Im Lagerhaus des Konsumvereins, um die Weihnachtszeit Nachtschicht auf der Post in Olten, vor allem aber im Gemeindewald von Zofingen.

Es war damals einfach, Arbeit zu finden. Es fehlte überall an Arbeitskräften. Denn um mein Geburtsjahr herum hatten die Leute aus Angst vor dem Krieg nur wenige Kinder auf die Welt gestellt.

Am schönsten war die Arbeit im Wald. Man musste um sieben am Arbeitsplatz sein. Um neun eine Viertelstunde Pause. Am Mittag bei schönem Wetter eine Stunde Pause, bei Regen oder Schnee eine halbe Stunde. Verpflegung aus dem Tornister. Um fünfzehn Uhr wieder eine Viertelstunde Pause, insgesamt neuneinhalb Stunden Arbeitszeit. Die ersten Tage war ich hundemüde. Aber bald hatte ich mich an die Arbeit gewöhnt.

Ich lernte die Waldarbeiter kennen, die mir erst mit Misstrauen begegneten. Als ich mich aber wacker hielt, fassten sie Zutrauen zu mir. Sie hatten nebst Frau und Kind zu Hause noch ein Schwein und Hühner. Sie fuhren alle Motorräder der Marke BSA. Männer aus dem sogenannt niederen Stand, ich war stolz, dass sie mich akzeptierten.

Der alte Schärer war ein Spezialfall. Er war um die siebzig, musste aber noch immer arbeiten, da er in der Krise Ende der zwanziger Jahre Haus und Arbeitsstelle verloren hatte und in Schulden geraten war. Ein klassischer Sozi, der auf die Fabrikherren schimpfte. Manchmal auch auf seine Ehefrau, die er bloß die Helvetia nannte.

Ich habe nie gesehen, dass er sich in irgendeiner Situation beeilt hätte. Er ging stets im selben gemächlichen Schritt. Er kam zu Fuß in den Wald hoch, und zwar immer so früh, dass er noch eine halbe Stunde an einem Baumstamm hocken und den Vögeln zuhören konnte. Seine Kollegen fanden ihn eines Morgens, als sie mit ihren Motorrädern angeknattert kamen, tot an einen Baumstrunk angelehnt.

Mit dem Geld, das ich verdiente, habe ich mich auf die Reise gemacht. Erst mit dem Velo und dem Zelt hinten drauf an den Genfersee. Am ersten Tag über den Brünig und hinauf auf den Grimsel. Auf der Passhöhe war es bereits stockdunkel. Es hat so gewindet und geregnet, dass wir beschlossen, gleich neben der Straße im Schein unserer Taschenlampe das Zelt aufzustellen und zu schlafen. Es hat arg gestürmt in jener Nacht, aber das Zelt hat standgehalten.

Ein Jahr darauf, als ich bereits das Gymnasium besuchte,

bin ich mit meinem Freund Ueli an den Luganersee gefahren, wieder mit Velo und Zelt, über den Julier ins Engadin. In Silvaplana haben wir direkt am See kampiert. Am andern Morgen, als wir zum Zelt hinausschauten, lagen draußen zehn Zentimeter Schnee. Wir haben schnell alles aufgepackt und sind die Maloja hinuntergekurvt bis nach Chiavenna. Dort wollten wir unsere Ankunft in Italien feiern und haben in einer Trattoria Spaghetti und einen Liter Chianti bestellt. Nach dem Verzehr schwankten wir dermaßen, dass wir uns ausgangs des Dorfes in den Straßengraben legten und drei Stunden schliefen.

Wunderschöne Abenteuerreisen waren das. Sie waren nur möglich, weil noch kaum jemand ein Auto besaß und niemand über die Alpenpässe fuhr. Und weil wir topfit waren.

Später bin ich per Autostopp gereist, den alten Tornister mit dem Schweizer Kreuz am Rücken. Autostopp war eben in Mode gekommen, ich hatte einmal zwei Stopper, die Englisch redeten, an der Luzernerstraße stehen sehen. Zu meinem Erstaunen hat Vater keinen Einspruch erhoben. Weiß der Kuckuck, was er sich dabei gedacht hat. Zu Hause hat er schon ein Riesentheater gemacht, wenn ich von einem Hausfest bei meinem Freund Remo erst um Mitternacht heimkam. Dass ich auf meiner Reise den Rhein hinunter jeden Abend in einer der Hafenkneipen saß, wo Jens, der Matrose unseres Schiffes, regelmäßig ein Mädchen kannte, hat ihn offenbar nicht gestört.

Das Trampen hatte etwas Mittelalterliches an sich, etwas von alter Fahrt der Handwerksburschen. Wenn man anderen Trampern begegnete, hob man die Hand zum Gruße und rief: Servus! Die Leute haben uns geholfen, wohl auch deshalb, weil wir blutjung waren.

Mit Freund Anton bin ich nach Paris getrampt. Wir brauchten zwei Tage, bis wir ankamen. Ich hatte die Adresse einer Jugendherberge im Süden von Paris, in Malakoff. Wir sind hingewandert, mehrere Stunden lang. Um Mitternacht standen wir vor einer riesigen Baugrube. Wir setzten uns auf eine Bank und warteten. Eine Polizeistreife nahm uns mit auf den Posten, wir schliefen in einer Zelle. Am Morgen bekamen wir einen Café au lait samt Croissant.

Wir dislozierten in eine Jugendherberge mitten in der Stadt, auf der Île de la Cité. Dort hat mir jemand, während ich schlief, das Geld gestohlen, das in meiner Jackentasche lag. So arglos war ich. Wir beschlossen, zwei Tage in Paris zu bleiben, um die Sehenswürdigkeiten anzuschauen, und dann weiterzutrampen in die Normandie, ans Meer. Mit Antons Geld, das nun für beide reichen musste. Das hat bestens geklappt. Wir haben bei Bauern im Stall übernachtet. Frankreich ist immer ein liebes Land gewesen für mich. Und Paris eine liebe Stadt.

Mit Freund Bobbi aus Aarburg, den ich auf dem Stoos kennengelernt hatte, bin ich nach Sizilien gefahren. Und zwar, weil Autostopp in Italien als schwierig galt, mit dem Zug nach Neapel. Von dort mit dem Schiff nach Palermo. Und zurück, mit drei Tagen Aufenthalt in Rom, wieder mit der Bahn.

Bobbi war einer meiner liebsten Freunde. Er hat Bauzeichner gelernt und dann versucht, an einer Privatschule in Zürich die Matura zu machen. Was ihm erstaunlicherweise nicht gelang, obschon er blitzgescheit war. Er hat ein eigenes Architekturbüro aufgemacht und große Anlagen wie Schulhäuser gebaut. In jungen Jahren hat er einen Porsche gefahren. Er hat mitgeholfen, in Aarau Jazzkonzerte zu organisieren, er hat zum Beispiel den Pianisten Horace Silver nach Aarau geholt. Er hat dann einen Herzinfarkt erlitten, an dem er fast gestorben ist.

Wir hatten uns zwei, drei Jahrzehnte lang aus den Augen verloren und haben erst vor rund fünfzehn Jahren wieder zusammengefunden. Er war inzwischen Jäger geworden und ist jeden Tag in den Wald ansitzen gegangen, wie er es nannte. Er hat jedes Getier in seinem Revier gekannt. Wir fühlten uns beide sogleich in unsere Jugend zurückversetzt, wenn wir uns trafen.

Er ist vor kurzem gestorben.

Damals in Neapel sind wir am Nachmittag durch die Altstadt geschlendert. Als uns aus einem Fenster ein paar wunderschöne Mädchen zuwinkten, sind wir hineingegangen. Wir haben uns klassisch ausnehmen lassen, ohne etwas zu bekommen als ein Lächeln. Als am späten Abend die Herren, für welche die Mädchen bestimmt waren, auftauchten, hatten wir kein Geld mehr.

Süßer Vogel Jugend.

Dann auf dem Schiff durch die Nacht nach Sizilien. Übernachten auf Deck, es war das erste Mal, dass ich das erlebt habe. Der Geruch nach Motorenöl und Meer, das leichte Zittern im Schiffsrumpf, das Rauschen der Bugwellen. Darüber der helle Sternenhimmel, der sich von Osten nach Westen verschob, aber auch in Gegenrichtung der

Fahrt von Süden nach Norden. In der Morgendämmerung dann das Auftauchen Siziliens am Horizont.

Ich hatte eine Freundin aus Zofingen, die damals beim Entwicklungshelfer Danilo Dolci in Partinico arbeitete. Sie hat uns ein bisschen Geld geliehen. Schlafen konnten wir in der Wohnung eines ihrer Kollegen, der ein Zimmer frei hatte. Wir schliefen auf dem Boden, was überhaupt kein Problem war.

Partinico liegt ein Stück weit von der Küste entfernt. Ich bin ans Meer gewandert ins Fischerdorf Trappeto, ich hatte Badehose und Taucherbrille bei mir. Am Kiesstrand haben ein Dutzend Männer faustgroße Steine eingesammelt und in flachen Körben zu einem Haufen getragen. Gegen Abend ist ein Lastwagen herangefahren und hat die Kiesel aufgeladen. Die Männer haben mir staunend zugeschaut, wie ich ins Meer getaucht bin. Offensichtlich hatten sie noch nie einen Menschen schwimmen sehen. Ich bin mitten in die schönsten Fischschwärme getaucht. Sie haben sich mir neugierig genähert. Auch sie hatten wohl noch nie ein so seltsames Getier gesehen.

Wir sind per Autostopp nach Segesta gefahren. Es war der erste griechische Tempel, den ich zu Gesicht bekam. Es ästen einige Schafe, sonst war niemand da. Nur der helle Stein der Säulen, einige dürre Sträucher. Der Wind, der hindurchging, das tiefblaue Meer.

Gestern um Mitternacht habe ich mir im Fernsehen den Western *The Man Who Shot Liberty Valance* angeschaut. Er wurde 1962 gedreht, als ich 24 Jahre alt war. Ich hatte ihn schon mehrmals gesehen, vor allem in jenen Jahren, als ich Stammgast im Doppelprogramm des Kinos Union in Kleinbasel war. Erst lief ein Schwarzweißkrimi, dann ein Western. Ich habe damals Stars aus Hollywoods zweiter Reihe wie Robert Ryan schätzen gelernt.

Ich halte den Western für eine wunderbare Filmgattung. Eine reine Männerwelt, Frauen treten bloß als zierendes Beiwerk auf. Karl May in Reinkultur. Die Handlung ist einfach und übersichtlich, es ist von Anfang an klar, wer am Ende siegt. Harte Männerkämpfe, galoppierende Pferde, herrliche Landschaften. Das alte, gemächliche Erzähltempo, langsam geschnitten.

Das Großartige an *The Man Who Shot Liberty Valance* sind die Schauspieler. Da ist ein halbes Dutzend erstklassiger Leute versammelt, die alle, jeder für sich, die Leinwand zu füllen vermögen. Amerikanische Schauspielkunst, bestens in Szene gesetzt, noch heute eine Wohltat für den Zuschauer.

Was mich so anödet an der heutigen deutschen und auch schweizerischen Filmindustrie sind die drittklassigen Schauspieler. Alle sind sie Bedenkenträger, denen ihr einsames Wissen von Umweltzerstörung und nahem Weltuntergang ins Gesicht geschrieben steht. Alle wollen sie irgendwie die Welt retten, mit sorgenvollem, vom Wissen um die Dummheit der Menschen zermartertem Gesicht. Die pure Ödnis.

Ich selber habe viel Glück gehabt mit meinen Verfilmungen. Für den *Erfinder* hatte ich Bruno Ganz, für den *Hunkeler* Matthias Gnädinger, beides große Schauspieler.

Ich bin immer wieder gereist, wenn sich Gelegenheit bot. 1964 mit dem ersten Bus, den der Schweizerische Studentenreisedienst in den Ostblock schickte, nach Prag. 1966, wieder mit dem SSR, per Bahn über Budapest, Bukarest auf die Krim und weiter über Charkow nach Moskau.

Mehrmals war ich in Ägypten, zweimal in Algerien. Einmal, um für Zeitungen über das Jahresfest der sahrauischen Befreiungsfront Polisario zu schreiben. Auch aus Tamanrasset, im Süden Algeriens gelegen, habe ich berichtet, für das Magazin der *Weltwoche*.

Über die Sahara habe ich mich bei Jörg Hansen informiert, der Kantonsgeologe im Tessin war und in seinem Haus am Lago Maggiore eine riesige Sammlung von Steinzeitwerkzeugen besaß, die er aus der Wüste heimgebracht hatte.

Die Sahara ist nicht nur eine vielfältige, wunderschöne Landschaft, sondern auch ein Steinzeitmuseum mit uralten Felsritzungen und Felsmalereien. In weiten Gebieten hat der Wind, der über die austrocknende Wüste hinfuhr, alle Ablagerungen weggefegt, so dass nur noch Steine liegen blieben, und zwischen ihnen die Werkzeuge der Steinzeitmenschen. Sie liegen offen zutage. Ich habe Jörg Hansen besucht und seine Sammlung studiert, um mein Auge für die Artefakte zu schulen. Tatsächlich habe ich gleich neben der Abfallhalde von Tamanrasset auf einem Hügel einen Faustkeil aus dem Paläolithikum gefunden, der vielleicht hunderttausend Jahre alt ist.

Jörg Hansen hatte mir erzählt, dass kürzlich ein sensationeller Fund gemacht worden sei. Man habe nämlich eine Pfeilspitze aus glasklarem Kristallquarz gefunden, die eindeutig nicht für den alltäglichen Gebrauch, sondern zu rituellem Zwecke hergestellt worden sei. Auf meine Frage, ob es in der Sahara Vorkommen von Kristallquarz gebe, hat er geantwortet, Quarz komme zwar vor, aber äußerst selten.

Ich habe von Tamanrasset aus mit einem Targi (das ist die Einzahl von Tuareg) einen vierstündigen Kamelritt in östlicher Richtung zu einer winzigen Oase mit Brunnen und einem Baum unternommen. Ein Mann wohnte dort in einer Lehmhütte, der uns zu essen und zu trinken gab. Ich habe ihnen zugehört, wie sie in ihrer Sprache redeten. Ich habe kein Wort verstanden.

Auf dem Ritt zurück nach Tamanrasset musste ich dringend mal, ich hatte beim Mann unter dem Baum etwas Schlechtes gegessen. Der Targi aber hatte es eilig, er wollte möglichst schnell nach Hause kommen. Erst als ich ihm sagte, ich würde mir jetzt gleich in die Hosen machen, hielt er an und hieß unsere Kamele niederknien. Ich ging fünfzig Meter von den Tieren weg und kauerte mich nieder. Als ich mich ein bisschen umschaute, sah ich einen Meter vor mir etwas im Sonnenlicht aufblitzen. Ich griff danach und hatte eine Pfeilspitze aus glasklarem Kristallquarz in der Hand, makellos geschliffen von einem Künstler der Steinzeit. Ich wusste sogleich, was ich da gefunden hatte, und schaute mich im Umkreis von zwanzig Metern um. Ich fand einen fingerlangen Quarzkristall, von jahrtausendealter Patina bedeckt. Da der Targi zur Eile drängte, stieg ich wieder aufs Kamel, und wir ritten weiter.

Den Faustkeil habe ich Jörg Hansen ausgeliehen, damit er ihn fotografieren, vermessen und in einer seiner Publikationen darstellen konnte. Die Pfeilspitze aus Kristall habe ich ihm nicht gezeigt, ich habe ihm auch nichts davon gesagt. Ich habe sie zu Hause in den alten Setzkasten gelegt, den mir A. für meine Fundsachen an die Wand gehängt hatte. Ich habe die Spitze oft in die Hand genommen und gestaunt über die Kunstfertigkeit des alten Meisters, der aus dem harten Material, dem härtesten der damals bekannten Mineralien, in wochenlanger, monatelanger Feinarbeit die Dreiecksform mit den perfekt gewölbten Kanten herausgeschliffen hatte.

Eines Tages war die Pfeilspitze verschwunden. Jemand, der zu Besuch war, hat sie mitlaufen lassen. Ein Fall von Kleptomanie, anders kann ich es mir nicht vorstellen.

Ich staune noch heute über mein damaliges Verhalten. Selbstverständlich hätte ich die Pfeilspitze Jörg Hansen zeigen sollen. Er hätte wohl dafür gesorgt, dass sie im Archäologischen Museum in St. Germain-en-Laye in Paris ausgestellt worden wäre. Denn dort hätte sie hingehört.

Manchmal denke ich, dass ich in meinem langen Leben mit Geschenken überhäuft worden bin. Weshalb ich diese Geschenke als selbstverständlich hingenommen und nicht groß darauf geachtet habe. Weshalb ich mit meinem Leben so verschwenderisch umgegangen bin. Was mir ganz recht ist.

Heutzutage fürchtet sich halb Europa vor dem islamistischen Terror. Der Islam, hört man, sei im Kern eine gewalttätige Religion. Ich habe es anders erlebt. Weder in Ägypten noch in Algerien habe ich je auch nur eine Spur von realer Bedrohung erlebt.

Auch das letzte Mal, als ich mit meinen Kindern in Kairo war, war das so. Wir haben uns in der Altstadt in irgendein Café gesetzt und Tee getrunken. Kein böser Blick, kein unanständiges Wort, die lautere Gastfreundschaft.

Vor dem Rückflug mussten wir auf dem Kairoer Flughafen ein paar Stunden warten. Es war eine Wartehalle wie in Amsterdam oder Genf. Zwischendurch musste ich mal auf die Toilette, die ganz am Ende der Halle lag. Dort war auch die Flughafenmoschee. Ein Muezzin stand davor und schrie aus Leibeskräften seine Gebetsaufforderung in die Halle. Im Toilettenraum war ein Gedränge von Männern, die alle ihre Schuhe und Socken ausgezogen hatten und in einer Schlange vor den beiden Lavabos warteten, um sich vor dem Gebet die Füße zu waschen. Es waren Topshots vom Golf, gekleidet in bestes englisches Tuch.

Ich habe mir abgewöhnt, über den Islam zu urteilen.

Damals sind alle Schweizer Autoren nach New York geflogen. Ich war bloß einmal dort, im Jahre 1975, als ich von einer Reise quer durch die USA an die Ostküste zurückkam. Auf meiner Reise habe ich drei Tage und zwei Nächte im Greyhound gesessen. Einmal ist ein Indianer zugestiegen und hat sich neben mich gesetzt. Es war ein normal gekleideter, jüngerer Mann. Ich war mir sogleich sicher, dass es ein Indianer war. Ich hätte gern mit ihm geredet. Er hat mich keines Blickes gewürdigt.

Ein andermal ist ein großer Vogel mit rotem Kopf, ein Adler oder Geier, auf meiner Höhe mitgeflogen, mehrere Minuten lang. Ich habe ihm zugeschaut, wie er fast ohne Flügelschlag mitschwebte.

In Cheyenne bin ich abends ausgestiegen, um in einem Motel zu übernachten. Ein älterer Amerikaner hat mich dazu überredet. Am nächsten Morgen standen wir wieder an der Straße und haben auf den nächsten Greyhound gewartet. Es war saukalt, der Wind strich zwischen den wenigen Häusern hindurch auf die Prärie hinaus. Dann ging die Sonne auf, der glutrote Ball schob sich langsam über die Ebene.

In Sacramento mietete ich für drei Nächte ein Motelzimmer. Eigentlich war ich hierhergefahren, um ein Theaterstück über den Schweizer Pionier Johann August Suter zu schreiben, der hier sein Fort gebaut und Neu-Helvetien gegründet hatte. Die Kulturstiftung Pro Helvetia hatte mir die Reise bezahlt. Aber im Greyhound habe ich plötzlich an den Lieben Augustin zu denken begonnen, den Wiener Dudelsackpfeifer, der während der letzten großen Pest auf dem Heimweg aus der Kneipe in ein Grab mit Pesttoten gefallen war. Am Morgen, als er erwachte und merkte, wo er sich befand, hat er Dudelsack gespielt, so dass die Leute auf ihn aufmerksam wurden und ihn herausholten.

Über ihn schrieb ich in jenen Tagen und Nächten ein Stück, das mir noch immer mein liebstes, weil persönlichstes ist. Ich habe es, wie immer, in ein kariertes Heft geschrieben. Dieses Heft habe ich in meiner alten, abgegriffenen Tasche verstaut, die mein einziges Gepäckstück war. Sie hätte mir ohne weiteres abhandenkommen können. Ist sie aber nicht. Ich habe das Heft sicher nach Hause gebracht.

Ich bin dann weitergereist, die Pazifikküste entlang. Eigentlich war Mexico-City mein Ziel, ich wollte dort das

Museum für präkolumbianische Kunst besuchen. Aber ich war zu müde dazu. Ich habe gleich nach der mexikanischen Grenze einen Bus mit dem Ziel San Felipe bestiegen. Das sei nicht gar weit, es liege auf der Baja California.

Wir sind in den Abend hineingefahren, in die Nacht. Der Bus war voller kleiner Indios, einige haben mich scheu gemustert. Niemand hat wohl verstanden, was ein einzelner weißer Mann in diesem Bus verloren hatte.

In San Felipe bin ich eines Morgens am Meer entlanggegangen. Rechts flaches Land mit Agaven und meterhohen Kakteen, links das dunkle, undurchsichtige Wasser, das reglos unter der Sonne lag. Ich kam zu einem Wohnwagen mit US-Nummernschild. Zwei Männer standen dort, sie fischten mit starker Rute und starker Schnur. Einer hatte etwas am Haken. Es musste ein schweres Tier sein, die kräftige Rute bog sich zum Halbkreis. Der Mann sagte kein Wort. Er zerrte an der Schnur, drehte die Kurbel, zerrte weiter. Er zog einen Rochen aus dem Wasser, schleppte ihn auf den Sand. Der Rochen lag hilflos da, mit langsam flatternder Randflosse. Der Mann nahm ein Messer aus der Tasche, beugte sich nieder und schnitt dem Rochen sorgfältig den Rückenstachel weg. Er stieß das Messer dreimal in den Fischleib und zog es dreimal durch. Dann griff er zu einem Eisenhaken, hieb ihn in das Tier hinein und warf es ins Meer zurück. Er sprach während seines Tuns kein Wort, sein Kollege auch nicht.

Ich fragte ihn, ob so ein Rochen gefährlich sei. Er überlegte kurz. »*Maybe*«, sagte er dann.

Rochen gilt in Paris als hervorragender Speisefisch.

Meine Ehegattin A. war ein richtiges Tanz- und Reise-Füdli. Sie war mit 17 ein Jahr lang als Babysitterin in Genf, mit 19 ein Jahr lang in London. Als ich sie kennenlernte, hat sie bei einer befreundeten Spanierin Spanischstunden genommen. Sie hat ein Jahr lang in Santa Cruz de Tenerife als Sekretärin gearbeitet, zu einer Zeit, als es noch keine Direktflüge auf die Kanarischen Inseln gab.

Die erste längere Reise, die wir zusammen unternahmen, hat uns nach Griechenland geführt. Mit dem Flugzeug nach Athen, dann durch die Nacht, auf dem Deck eines alten Kahns, nach Kreta. Wir sind auf einem Roller zu den Ausgrabungen der minoischen Kultur gefahren, dann nach Matala an der Südküste. Eine traumhaft schöne Bucht, Sandstrand, ein Wäldchen aus Tamarisken, in den Felsen rechts uralte Höhlen mit vorgeschichtlichen Gräbern. Zwei Dutzend weißgetünchte Häuser, in einem haben wir ein Zimmer gemietet.

Ich habe bei einem alten Bauern eine kleine Bambus-flöte mit fünf Löchern gekauft. Ich habe sie heute noch, sie liegt auf dem Regal mit den Kristallen. Ab und an blase ich hinein. Sie hat nichts von ihrem zauberhaften Klang verloren.

Als unsere Zwillinge ungefähr sechs waren, sind wir auf die Insel Elba gefahren. Wir fanden an der Nordküste den wunderschönen Ort Sant'Andrea. Die Kinder hatten bereits Taucherbrillen. Wir stießen zu dritt zu den silbern aufglänzenden Fischen hinunter.

Ich könnte ein Dutzend Erinnerungsbilder aus meinem Leben aufzählen, die ich bis zu meinem Todestag vor Augen zu haben hoffe. Sie werden mir den Abschied erleichtern, weil sie mir beweisen werden, dass ich ein gutes Leben gehabt habe. Eines dieser Bilder wird mir die Leiber meiner Kinder zeigen, die kopfüber im lichtdurchfluteten Wasser hängen.

1986, als ich im selben Jahr den Aargauer und den Basler Literaturpreis erhielt, ist A. mit mir in die Karibik geflogen, in einer direkten Maschine von Basel nach Martinique, dann mit einem kleinen Propellerflugzeug nach St. Vincent. Von dort aus hat uns ein rostiger Kahn nach Bequia getragen. Auf dieser Überfahrt war die Meeresoberfläche plötzlich voller fliegender Fische. Auch so ein Bild, das ich nie vergessen werde.

Auf Bequia bin ich zum ersten Mal in ein Korallenriff abgetaucht. Ich bin stets ohne Sauerstoff getaucht, auch später im Roten Meer. Ich brauchte kein Hilfsmittel außer der Brille, ich war mir Fisch genug.

Was mich heute noch erstaunt, ist die Tatsache, dass ich nie in Schwarzafrika und nie in Südamerika war. Denn dies waren eigentlich von Jugend auf meine beiden Traumdestinationen. An Schwarzafrika war ich nahe dran. In Tamanrasset hätte ich bloß in den Bus nach Süden zu steigen brauchen.

Ein andermal habe ich auf dem Stausee von Assuan ein Schiff im Hafen liegen sehen. Es war über Mittag, die Felsen am Ufer haben in der Gluthitze feuerrot geleuchtet. Ich spürte den Sog nach Süden, der fast übermächtig an mir riss. Ich hätte bloß einsteigen müssen, das Schiff hätte mich in den Sudan getragen. Ich ließ es bleiben.

Heute hätte ich genügend Zeit und Geld, um überallhin

zu fliegen, wo ich hinfliegen möchte. Es gibt fast überall Hotels mit europäischem Standard, wo ich mich wohlfühlen könnte. Das ist ja das Widerliche an der heutigen Zeit, dass für westliches Geld überall auf der Welt alles zu haben ist.

Es ist schon unglaublich, wie sich die christliche Welt den Bibelvers »Macht euch die Erde untertan« zu eigen gemacht hat.

Einmal war ich auf Malta, wo ein paar uralte Tempel der Megalithkultur stehen. Sie stehen so unspektakulär in der kargen Landschaft, dass der Tourismus sie damals noch nicht entdeckt hatte. Im Höhlenheiligtum Hypogäum, das drei Etagen tief in die Erde gebaut ist, waren wir die einzigen Besucher.

Auf der kleinen Nebeninsel Comino haben wir in einer paradiesischen Lagune gebadet. Im Felsen, der die Lagune vom Meer abtrennte, waren antike Treppenstufen in den Stein gehauen. Durch den Felsen hindurch führte ein natürlicher Tunnel. Ich bin hindurchgeschwommen. Er war voller Fische.

Plötzlich war aus einem lauten Radio Musik zu hören. Ein Touristenboot kam angefahren, beladen mit Schweizern und Deutschen, alle besoffen. Sie hatten Schnapsflaschen in Händen, sprangen aus dem Boot ins brusthohe Wasser, grölten, brüllten. Die leeren Flaschen ließen sie am Uferfelsen zerschellen. Dann krochen sie wieder ins Boot und fuhren davon. Zurück blieb ein verkackter, verkotzter heiliger Ort.

Dies schreibt ein alter Mann, der in jungen Jahren viel unterwegs war und heute froh ist, wenn er sich nicht mehr groß fortbewegen muss. Der höchstens noch von Basel in den Schwarzwald und zurück fährt.

Übers Wochenende sind mein Sohn und mein Enkel hier oben zu Besuch gewesen. Wir sind zu dritt im hoteleigenen Bad geschwommen. Mein Enkel ist so alt wie meine Kinder damals in Sant'Andrea. Er ist genau so kopfüber im Wasser geschwebt. Wunderbar.

Dann haben wir auf dem asphaltierten Platz hinter dem Hotel ein bisschen Fußball gespielt. Ich weiß inzwischen aus Erfahrung, dass ich mich zurückhalten muss, wenn ein Ball vor meine Füße rollt. Aber die Verführungskraft des Balles war wieder einmal stärker als meine Vorsicht. Ich wollte draufhauen, verlor das Gleichgewicht und bin der Länge nach auf den Asphalt gekracht. Ich habe das Fallen wie in Zeitlupe erlebt, ich habe dabei gehofft, mir nichts zu brechen. Glück gehabt, nichts gebrochen.

Wenn ich mir, beim morgendlichen Schwimmen oder Wandern, die Themen zurechtlege, über die ich am Nachmittag schreiben will, fallen mir oft die Namen nicht ein, die ich zwingend brauchen werde. Da nützt dann jede Anstrengung nichts. Ich weiß zwar, dass ich diese Namen irgendwo gespeichert habe, aber ich kann sie nicht abrufen. Ich weiß, dass jede Verzweiflung darüber unnütz, ja kontraproduktiv ist. Also tue ich das, was mir übrig bleibt. Ich lache darüber.

Am Nachmittag dann, in der Konzentration des Schreibens, sind die Namen plötzlich da, so wie ich sie brauche. Ich staune darüber, aber nur kurz, ich verwende keine Zeit für dieses Staunen. Denn das Schreiben, der Fluss der

Wörter, zieht mich weiter. Die Lust am Schreiben liegt in der Konzentration, welche die Erinnerung zum Sprechen bringt.

Ich frage mich natürlich, wie lange ich noch zu dieser Konzentration fähig bin. Aber auch für diese Frage verwende ich keine Zeit. Sie wird sich von selber klären. Dann nämlich, wenn ich die Konzentration nicht mehr aufbringe. Dann wird auch die Erinnerung nicht mehr sprechen.

Spätestens dann, so nehme ich mir vor, werde ich meinem Leben ein Ende setzen. Ich nehme mir das vor, obschon ich weiß, dass ich mich dann auch nicht mehr an den Gedanken erinnern kann, meinem Leben ein Ende setzen zu wollen. Bei solchen Gedanken bleibt mir nur das Lachen.

Als ich zehn war, begann meine Karl-May-Phase. *Winnetou* I bis III. Ich weiß nicht mehr genau, woher ich diese Bücher hatte. Ich jedenfalls habe keinen einzigen Band besessen. Ich glaube mich zu erinnern, dass ich sie von Dr. Rütsch hatte, einem Deutschlehrer an der Bezirksschule, bei dem ich zwar nicht im Unterricht war, den wir aber alle als etwas sonderbaren, freundlichen Herrn kannten. Er hatte in seinem Klassenzimmer ein paar Karl-May-Bände stehen, die er privat auslieh.

Ich habe Dr. Rütsch in bester Erinnerung. Als mein Freund Peter Stöckli 1965 mein erstes Bändchen mit dem Titel *Geschichten und Gedichte* in einer hektographierten Mini-Auflage herausgab, habe ich mir überlegt, wem von meinen Zofinger Lehrern ich es schenken könnte. Ich habe es Herrn Dr. Rütsch gesandt. Er hat in einem freundlichen Brief gedankt. Einen Satz aus diesem Brief weiß ich noch: »Das hätte ich von Ihnen zuallerletzt erwartet.«

Als Pirmin Meier Jahrzehnte später einen Aufsatz über mich schrieb, hat er in der Aargauischen Kantonsbibliothek alles, was von mir da war, bestellt. Es war auch mein erstes Bändchen dabei, aus dem Nachlass von Dr. Julius Rütsch, nur im Lesesaal ausleihbar. Der hektographierte Text sei, so hat Pirmin erzählt, kaum mehr sichtbar gewesen, so verblichen war er.

Die drei Bände *Winnetou,* die ich wohl von diesem Julius Rütsch ausgeliehen bekommen habe, waren eine Offenbarung für mich. Ich hatte schon vorher viel gelesen, alles, was mir meinem Alter gemäß unter die Augen kam. Meist war es Jugendliteratur der pädagogisch wertvollen Art. Was ich selbstverständlich bald raushatte und stinklangweilig fand.

Dies jetzt war eine ganz andere Literatur. Geschichten, die sich nicht in der biederen Schweiz abspielten, sondern in der wilden Prärie. Nicht im System von Eltern und Kind, Lehrern und Schülern, sondern nur noch im System von Gut und Böse und felsenfester Treue zum roten Blutsbruder. Dass Frauen, außer im kurzen Opferauftritt von Winnetous Schwester, nicht vorkamen, störte mich keineswegs. Ich wollte nichts anderes mehr sein als ein Freund der edlen Krieger vom Stamme der Mescaleros.

Wir hörten zwar, dass Karl May ein ziemlich übles Subjekt gewesen sei, der einige seiner Bücher im Gefängnis geschrieben habe. Dass er kein einziges Mal im Wilden Westen gewesen sei und sich alles aus den Fingern gesogen habe, von Silberbüchse bis Henry-Stutzen. Aber das war mir egal. Denn beim Lesen dieser Bücher entstand eine Realität, die stärker war als die Realität, die mich umgab. Ich habe damals zum ersten Mal den Zauber der Literatur erlebt, ihre magische Verwandlungskraft der Wirklichkeit. Nie mehr seither habe ich mich diesem Zauber so vorbehaltlos hingeben können.

Ich habe auch die zweibändigen *Old Firehand* und *Old Surehand* gelesen. Irgendwo taucht darin Winnetou wieder auf, obschon er in *Winnetou* III gestorben ist. Ich weiß noch, wie ich mich gewundert habe. War er nun tot? Oder nicht? Bis ich das Gesetz jeder Serie begriff, das darin liegt, dass der Held jederzeit und überall auftreten kann, auch wenn er bereits gestorben ist. Er lebt in der Phantasie.

Ich habe auch zwei, drei Bände aus Karl Mays Orient-Serie gelesen. Die fand ich auch gut. Wie genau ich damals gelesen habe, ist mir neulich aufgefallen, als ich den Begriff »Giaur« las, den ich von Karl May her kannte. Mit Giaur bezeichnen, laut Karl May, die Muslime die Ungläubigen.

Ich habe noch heute den Band *Winnetou* I im Bücher-regal stehen. Immer im November, wenn meine alljährlich wiederkehrende Depressionsphase beginnt, nehme ich die-ses Buch zur Hand, rolle mich im Bett ein und beginne zu lesen. Meist funktioniert es, es gelingt mir die Regression in meine Karl-May-Phase, was mich zu trösten vermag.

An die auf Karl May folgende Lesephase erinnere ich mich nur noch undeutlich. Offenbar wurde ich von der Pubertät so durchgeschüttelt, dass ich kaum mehr die Konzentra-tion aufbrachte, dicke Bücher zu lesen. Zudem war in mir schon früh das Misstrauen gegen alle Formen pädagogi-scher Indoktrinationsversuche erwacht. Tatsächlich waren diese Versuche so penetrant und lächerlich, dass sie eine Be-leidigung meines wenn auch jungen, so doch einwandfrei funktionierenden Menschenverstandes darstellten. Zudem war das Angebot sogenannt guter Jugendbücher sehr über-schaubar. Coopers *Lederstrumpf* zum Beispiel, nicht zu vergleichen mit *Winnetou.* Ich habe ihn Jahre später noch einmal gelesen, aus lauter Neugier, was uns damals vorgesetzt wurde. Ein übles Machwerk weißer Überheblichkeit gegenüber den bereits ausgerotteten Ureinwohnern. Von *Emil und die Detektive* weiß ich nur noch den Titel. Auch Mark Twains Klassiker um Tom Sawyer und Huckleberry Finn hatte ich in Händen. Auch die fand ich fade. Ganz im Gegensatz zu meinem Sohn, der sie dreißig Jahre nach mir gelesen hat und heute noch davon schwärmt.

Bei Tante Hanna im Büchergestell habe ich die fünf Bände von Kathrene Pinkerton über das Leben einer kanadischen Familie im Busch entdeckt. Die habe ich verschlungen. Hauptperson war ein Mädchen in der Pubertät.

Es fällt mir auf, dass es damals fast keine Bücher gab, die von einem Jungen in meinem Alter erzählten. Es gab nur Bücher über Mädchen, fast immer geschrieben von Frauen. Als ob schreibenden Männern zwölfjährige Buben nicht recht geheuer gewesen wären.

Das galt auch für unsere Erzieher. Sie behalfen sich gegen die überschäumende Jugendkraft mit Terror. Ein Lehrer hat meinem Freund Röbi Kammermann in der dritten oder vierten Bezirksschulklasse vor meinen Augen eine so gewaltige Ohrfeige verpasst, dass Röbis Trommelfell platzte. Als Frau Kammermann in einer Schulpause mit dem Lehrer deswegen reden wollte, hat er sie abgewimmelt. So was könne halt eben mal passieren.

Röbi Kammermann war noch keine dreißig, als er an einem Hirntumor starb.

Über Sexualität wurde nicht geredet. Als ob es sie schlicht nicht gegeben hätte. Wenn den Lehrern trotz der Tabuisierung einmal etwas zu Ohren kam, von wegen Onanie und ähnlich verdammungswürdigem Zeug, haben sie uns die Hölle heißgemacht. Jeder Einzelne musste öffentlich bekennen, ebenfalls gesündigt zu haben. Worauf man uns gnädig vergab. Das war richtig jämmerlich.

Dass es Schwule gab, versuchte man zu verheimlichen. Das Wort lesbisch habe ich erst in Basel kennengelernt.

Zwei Bücher will ich noch erwähnen, die sich meinem Gedächtnis eingebrannt haben, obschon ich die Autorennamen längst vergessen habe. Das eine hieß *Hatako,* das andere *Die Liebe des Toreros.*

Die Liebe des Toreros war ein Groschenheftchen, wie ich sie sonst nie in die Hände bekam. Keine Ahnung, von wem ich es hatte. Darin wurde erzählt, wie sich ein Torero, der von seiner Dulcinea abgewiesen wird, in der Arena vor den Augen seiner Schönen von einem Stier die Hörner in den Unterleib rammen lässt. Ich wusste, dass es Schund war. Trotzdem habe ich das Heftchen mehrmals gelesen.

Hatako war der Name eines Eingeborenen irgendwo in der Wildnis. Wie alle seine Stammesangehörigen hatte er sich die Zähne zu spitzen Dolchen abschleifen lassen. Zudem hatte er die Angewohnheit, einem getöteten Feind das Herz herauszuschneiden und aufzufressen. Auch dies war Schund, aber für mich offenbar unvergesslich.

Die üblichen Schundheftchen habe ich selten vor die Augen bekommen. Ich bekam kein Taschengeld, konnte mir folglich keine kaufen. Ich erinnere mich an zwei, drei *Torring*-Heftchen, worin Rolf Torring mit seinem befreundeten »Riesenneger« gegen Bösewichte und gefährliches Getier gekämpft hat. Die Löwen, die ihn mit gewaltigem Sprung zu zerfleischen drohten, erlegte er, indem er sie in seinen schräg aufgestellten Speer springen ließ. Ich hätte gern mehr solches Zeug gelesen. Diese Literatur hat mich enorm interessiert, weil sie meine drängenden Probleme zur Sprache brachte, wenn auch unmerklich verpackt.

Als ich mit 16 *Tonio Kröger* von Thomas Mann las, bin ich richtig erschrocken. So schwül war das, so unübersehbar homoerotisch.

Zum Glück gab es die *Rote Zora* von Kurt Held. Darin war alles enthalten, was mich interessierte. Ein Mädchen, das einen Jungen, der zu Unrecht ins Gefängnis gesperrt wurde, befreit, indem es ihm sein nacktes Bein hinstreckt und ihn daran hochzieht. Eine Gruppe Jugendlicher (Adoleszenten, Pubertisten, Teenys, es gibt noch immer kein normales Wort für diese männliche Altersgattung), die sich selbständig macht und auf der zerfallenen Burg der Uskoken direkt über dem Meer wohnt. Dauerstreit mit dem versoffenen Polizisten Begovic, Schlägereien mit den Gymnasiasten, bei denen der starke Pavle dreinhaut wie Torrings »Riesenneger«. Der Kampf mit dem Tintenfisch, mit dem Luchs. Die Thunfische. Am Schluss die Rückkehr in die Gemeinschaft, die Aussicht auf ein gerechteres, besseres Leben. Alles erzählt mit dem genauen, langen Atem des großen Epikers.

Kurt Kläber, so hieß Kurt Held eigentlich, war gleich nach der Machtübernahme Hitlers Anfang 1933 in Berlin verhaftet worden, weil er Kommunist war und Mitherausgeber der Zeitschrift *Die Linkskurve,* die gute Literatur unter die Arbeiterschaft bringen wollte. Seine Frau Lisa Tetzner, die aus einer reichen Arztfamilie stammte und direkten Zugang zu höchsten ss-Stellen hatte, ist gleich hingerannt und hat ihn freigekriegt. Er hat den nächsten Zug nach Prag genommen und von da nach Zürich. Dort haben sie sich getroffen und sind nach Carona oberhalb von Lugano gefahren. In diesem Dorf sind sie sesshaft geworden. Ihre beiden Urnen liegen unter einem Granitblock im Garten des Hauses, das sie gebaut haben. Da sie kinderlos blieben, vermachten sie das Haus einer Stiftung.

Ich bin mehrmals dort gewesen, auch mit meiner Familie. Im ersten Stock befand sich Kläbers große Bibliothek. Im Erdgeschoss war eine kleine Kammer, die zugesperrt war. Ich habe die Verwalterin Olga überredet, mir die Tür zu öffnen. Ich fand in der Kammer die Werke von Marx und Engels. Und die gesammelten Nummern der *Linkskurve*, eine literarische Kostbarkeit.

Die rote Zora ist, jedenfalls im deutschsprachigen Raum, eine bekannte Figur geworden, die programmatisch für Frauenselbstbestimmung und weibliche Aufmüpfigkeit steht.

Ich schreibe so lange über dieses Buch, weil es für mich entscheidend war. Nichts war da vom Schwulst und Mief und Kitsch, die mir die sogenannt guten Jugendbücher so fade machten. Ich hätte den Band wohl nie in die Hände bekommen, wenn er nicht in Aarau erschienen wäre. Er gehört zur sogenannten Exilliteratur, die damals in Zofingen sonst nicht vorhanden war.

Die deutschen Autorinnen und Autoren, die Ende Januar 1933 Deutschland fluchtartig verlassen haben, hatten im Exil ein schweres Los zu tragen. Einige sind vor Verzweiflung gestorben. Es muss für sie entsetzlich gewesen sein, aus der

Ferne zuzuschauen, wie Deutschland, die bleiche Mutter, vor die Mörderhunde ging und in Schutt und Asche gelegt wurde. Aber etwas konnten sie für sich behaupten. Sie blieben glaubwürdig. Was sich in ihren Werken ausdrückt. *Die rote Zora* hätte in Nazideutschland nicht geschrieben werden können. Nicht nur der Zensur wegen. Sondern weil der Autor in Nazideutschland die innere geistige Freiheit dafür nicht hätte aufbringen können.

Auf die Werke der Autorinnen und Autoren hingegen, die in Deutschland geblieben sind, im sogenannten inneren Exil, hat sich ein Mief gelegt, den sie nie mehr wegbrachten.

Der erste Klassiker, den ich gelesen habe, war Johann Peter Hebel. Wir hatten sein *Schatzkästlein* im Hause. Ich habe es mehrmals gelesen, immer wieder von vorn.

Ein paar von Hebels Mundartgedichten waren in unseren Schulbüchern abgedruckt. Wir lernten sie mit Lust auswendig und sagten sie auch mit Lust auf. In meiner Zeit als Aushilfelehrer habe ich viele Deutschstunden bestritten, indem ich die Schülerinnen und Schüler Hebel-Gedichte aufsagen ließ. Das war ihnen ein Vergnügen, und mir auch.

Dann trat Gottfried Keller in mein Leben. Sein Werk stand im Buffet in der Stube, neben den gesammelten Werken von C. F. Meyer. Der dritte Schweizer Klassiker, Gotthelf, hat gefehlt.

Mein Vater hat mir geraten, *Die drei gerechten Kammmacher* zu lesen. Ich muss damals vierzehn gewesen sein. Natürlich habe ich sogleich gemerkt, dass dies eine andere Literatur war als die, die ich kannte. Aber diese neue Literatur hat mich so interessiert, dass ich alle Novellen von

Keller gelesen habe. Nur beim *Grünen Heinrich* bin ich gescheitert, ich war zu jung.

Anschließend habe ich C. F. Meyers Novellen gelesen und den Roman *Jürg Jenatsch*. Dabei ist es mir seltsam ergangen. Meyer hat eine pathetische Dramatik in seiner Erzählweise, die mich mitriss. An die Inhalte kann ich mich nicht mehr erinnern. Ein paar von Kellers Novellen hingegen haben sich in mein Gedächtnis für immer eingeprägt. Welch großer Lyriker C. F. Meyer war, habe ich erst später gemerkt.

Sonderbare Käuze waren sie beide. Wovon ich damals natürlich nichts erfuhr, sie waren ja Staatsdichter. Ich wundere mich noch heute, wie der allem Anschein nach ohne Frauenliebe lebende Keller eine so glaubhaft wundersame Jugendliebe wie die in *Romeo und Julia auf dem Dorfe* beschreiben konnte.

Ich bin vor Jahren einmal in C. F. Meyers Anwesen in Kilchberg über dem Zürichsee gewesen. Dabei ist mir der eigenartige Mann plötzlich nahegekommen. Ich habe gemerkt, dass er aus einer sehr vermögenden Familie kam, sonst hätte er nicht in diesem prächtigen Park leben können. Die Kehrseite dieses luxuriösen Lebensstils war natürlich, dass er mit dem tatsächlichen Leben der Leute gar nie in Berührung kam. Weshalb er in die literarische Künstlichkeit floh und seine besten Texte in seiner hochartifiziellen Lyrik schrieb.

Ich warte schon lange auf neue Biographien über die Schweizer Nationaldichter Gotthelf, Keller und Meyer, die von der Wirklichkeit ihres tatsächlichen Lebens erzählen. Vom einsamen Säufer Keller, vom verwöhnten Misanthropen Meyer, vom egomanischen Schreiber Gotthelf, den seine Kirchgemeinde Lützelflüh zum Teufel wünschte, da er seinen pfarrherrlichen Pflichten nicht nachkam. Eine solche Beschreibung der Wirklichkeit würde ihrer Hochschätzung keinen Abbruch tun, im Gegenteil. Die Wahrheit ist immer besser als staatserhaltende Mythologie. Die Wahrheit nämlich, dass große Literatur nicht am festlich geschmückten Herrentisch entsteht, sondern in der heißen, verrauchten Küche.

In jener Zeit habe ich auch *Don Quijote* von Cervantes gelesen, der in unserem Buffet stand. Und den gesamten Homer in Hexametern. Was mich heute noch erstaunt. Denn der Sprung von Rolf Torring und Old Shatterhand hin zu Odysseus war doch gewaltig. Aber ich war damals hungrig nach Abenteuern. Und beim Stillen dieses Hungers haben die Klassiker ihre Qualität bewiesen. Es waren Volksbücher, geschrieben für das Volk, zu dem auch ich gehörte.

Ich lese alle Bücher von Rüdiger Safranski. Er ist der beste Biograph, den ich kenne. Es gelingt ihm tatsächlich, mir Autoren wie Goethe und Schiller so nahezubringen, dass ich die realen Bedingungen ihres Schreibens verstehe. Ich habe während meines Studiums immer wieder von der Freundschaft der beiden reden hören, konnte mir indessen dabei nichts Reales vorstellen. Bei Safranski lese ich, wie Goethe frühmorgens von Weimar losreitet, um in Jena seinen Freund Schiller zu wecken und mit ihm auf der zugefrorenen Saale Schlittschuh zu laufen. Wie er in Jena an Schillers

Haustür klopft. Wie Schiller im ersten Stock endlich den Kopf aus dem Fenster streckt und erklärt, er fühle sich nicht gut, er bleibe noch eine Weile im Bett. Wie Goethe dann ziemlich angesäuert allein Schlittschuh laufen geht.

Durch diese kleine Geschichte werden mir die beiden Klassiker plötzlich lebendig. Hier der sportliche Morgenmensch Goethe, der den Ritt nach Jena auf sich nimmt, um seinen Freund ein bisschen aufzumöbeln. Da der kränkelnde Langschläfer Schiller, der sich nicht aufmöbeln lassen will.

Schiller war bei uns Pflichtlektüre, alle mussten *Wilhelm Tell* lesen. Das Stück, gebaut wie ein Western in klassischem Gewand, hat sich bestens bewährt. Selbst die lesefaulsten Schüler haben mitgemacht, wenn wir im Chor der alten Eidgenossen den Rütlischwur aufsagten.

Als ich neu an der Kantonsschule war, habe ich zum ersten Mal ein Buch gekauft. Es war in Aarau, neben der Stadtkirche. Dort gab es ein kleines Antiquariat, das im Schaufenster ein paar Bücher liegen hatte. Ein Band mit Stücken von Goethe war dabei, *Torquato Tasso* und *Iphigenie auf Tauris*. Ich habe den Band umgehend gelesen, fasziniert von Goethes kunstvollen Versen.

Ein seltsames Schreiben ist dieses autobiographische Schreiben, das ich hier betreibe. Ich versuche Berichterstattung. Fakten zu beschreiben, die Realität, wie ich sie damals erlebte. Ich fordere, gemäß dem Titel von Nabokovs Autobiographie, die Erinnerung auf zu sprechen. Aber Erinnerung ist etwas anderes als gelebte Realität. Erinnerung wählt aus, verdrängt das eine, rückt das andere in

den Vordergrund. Eines nach dem andern heißt: eines vor dem andern. Das eine, das die Erinnerung ist, verdrängt das andere, das die erlebte Realität ist. Erinnerung wird selbst zur Realität.

Was ich hier zu beschreiben versuche, ist also nicht die damalige Realität, sondern bloß die Erinnerung an diese Realität. Das heißt, dass ich durch das autobiographische Schreiben, das ich hier betreibe, mein Leben in der Erinnerung neu erfinde. Was im Übrigen für jede Art von Literatur gilt. Literatur bildet nie die Realität ab. Sondern Literatur erfindet die Realität neu.

Ähnlich verzaubert habe ich etwas später Shakespeares sämtliche Werke verschlungen. Ich habe sie von Tante Hanna, die sie im Büchergestell stehen hatte, geschenkt bekommen. Ich habe die Bände der Reihe nach durchgelesen, einen nach dem andern. Die Sonette nicht, die haben mich nicht interessiert. Ich fürchte, ich habe die Handlung der Dramen meist nicht verstanden. Es war eine Lektüre wie im Rausch. Es war die Sprache der romantischen Übersetzungen, die mich berauscht hat.

Ich habe in meinem Leben viele Shakespeare-Aufführungen gesehen. Am besten haben mir die gefallen, die versuchten, Shakespeares Originaltext nahe zu kommen. Denn das eigentliche Drama spielt sich bei Shakespeare in der Sprache ab.

Ich habe einige englische Aufführungen gesehen, die sich an den Originaltext hielten. Ich habe gestaunt über die Fähigkeit der englischen Schauspieler, diesen Text so zu sprechen, dass seine Entstehungszeit um 1600 klar erkennbar ist, dass er aber dennoch wie in heutiger Zeit geschrieben wirkt.

Im Gymnasium haben wir Bücher in Latein, Französisch, Englisch, Italienisch und Spanisch gelesen. Das übliche Bildungsprogramm. Es war bestimmt gut und nützlich, eine Übersicht zu erhalten über die europäische Literaturgeschichte. Aber ich wusste sehr genau, dass ich das, wonach ich suchte, nicht bei den Kantonsschulprofessoren finden konnte.

Wir haben uns selbst beholfen, so gut es ging. Da fast nichts vorhanden war, ging es eben nicht gut. Wir, das waren drei, vier Freunde, die auf ähnlicher Suche waren wie ich. Heinz Erni zum Beispiel, der später Konzertpianist wurde. Oder Stips Siegrist, den ich bereits erwähnt habe. Es kursierten einzelne Bücher unter uns, eine Art Rohrpost. *Draußen vor der Tür* von Borchert, *Dämmerklee* von Gwerder. Einmal habe ich mich durch *La nausée* von Sartre gekämpft, auf Französisch. Etwas später tauchten Hesse und Rilke auf.

Ich bin beiden, Hesse und Rilke, voll auf den Leim gegangen. Beide hatten eine eigene, verführerische Sprachmelodie, die aufregend neu war. Rilke erkenne ich heute noch schon beim ersten Vers. Aber was soll eigentlich dieses Geschwafel von Engeln und fallenden Blättern? Zwischendurch dann wieder ein Satz von großer Wucht, wie zum Beispiel der, dass das Schöne des Schrecklichen Anfang sei. Typisch Rilke, klingt gut, bedeutet nichts, weil ins Leere gesprochen. Vermutlich haben solche Sätze die Seelen der Gräfinnen, in deren Parks er lustwandelte, zum

Erschauern gebracht. Sie glaubten, einen Genius vor sich zu haben.

Ich weiß, ich tue Rilke unrecht. Aber er hat mir auch unrecht getan, indem er mich auf die Schleimspur des Sprachkitschs lockte. Ich sehe ihn vor mir, wie er auf Schloss Duino wehmütigen Blicks über die tiefblaue Adria schaut und dichtet: »Wer spricht von Siegen? Überstehn ist alles.«

Ähnlich ist es mir mit Hesse ergangen. Ich habe seine frühen Romane wie *Knulp* und *Siddhartha* pfundweise verschlungen. *Narziss und Goldmund* habe ich so oft gelesen, dass ich das Buch fast auswendig kannte. Ein erotischer Roman, immerhin das. Erotische Szenen, in denen die Frauen glockenhelle Lusttöne von sich geben. Geschrieben von einem Autor, der sich jedes Mal, wenn er sich wieder einmal an eine Frau herangewagt hatte, vom dabei erlittenen Schock in monatelangen Badekuren erholen musste.

Zum Glück habe ich dann Hemingway entdeckt, seine knappe, genaue Reportersprache. *In einem anderen Land,* eine Liebesgeschichte aus dem Ersten Weltkrieg, *Wem die Stunde schlägt* aus dem Spanischen Bürgerkrieg. Er hat mir gezeigt, wie man mit knappen Worten an eine Geschichte herankommt. Sein Machogehabe als Jäger, Angler und Trinker habe ich ihm verziehen.

Viel später habe ich sein posthum erschienenes, frühes Erinnerungsbuch *Paris, ein Fest fürs Leben* gelesen. Darin beschreibt er, wie ein junger Autor in einem Pariser Bistro sitzt und schreibt. Zwischendurch schaut er kurz auf und sieht am Nebentisch ein Mädchen sitzen, das ein Buch liest. Er ist neugierig auf das Mädchen. Aber da er mitten im Schreiben ist, lässt er sich nicht ablenken und schreibt die Sätze, die er im Kopf hat, zu Ende. Dann schaut er zum Nebentisch hinüber. Das Mädchen ist weg.

So etwas konnte nur Hemingway.

Lebende Schriftsteller habe ich bis zwanzig keine kennengelernt. Ich vermute, dass es im Aargau damals auch keine gab. Mit einer Ausnahme, Erika Burkart. Ich wusste, dass sie im Freiamt wohnte und Gedichte schrieb. Im alljährlich erscheinenden Zofinger Neujahrsblatt wurden sie regelmäßig abgedruckt. Moderne, zeitgenössische Verse, die ich immer genau las.

Erika Burkart hat später meinen Schulkameraden Ernst Halter geheiratet. Ich habe das Paar einmal besuchen wollen, unangemeldet. Sie wohnten im Kapf, einem ehemaligen Äbtehaus des Klosters Muri. Eine alte, bröckelnde Mauer umgab das Anwesen. Der Eingang rosenbehangen. Ein hohes, steinernes Haus mit steiler Stiege.

Das Paar war nicht zu Hause. Ich habe mit Erikas Mutter Tee getrunken und ihr zugehört, wie sie über die Bestsellerautoren schimpfte.

Erika Burkart hat die Rolle als Dichterin zeitlebens mit großer Überzeugungskraft gespielt. Diese Rolle ist ihr in der Zeit, in der im Aargau ein Leben als Schriftstellerin unvorstellbar war, aufgezwungen worden.

Zeitgenössische Literatur kam in Zofingen in keiner Weise vor. Einmal hat mich eine Nachbarin zu einer Dichterlesung von Bergengruen mitgenommen, ich glaube, es ging um *Die Rittmeisterin*. Immerhin war er der erste Schriftsteller, den ich mit zwanzig zu Gesicht bekam.

Es gab ein Theaterabonnement, ein halbes Dutzend Vorstellungen jährlich im Stadtsaal. Gastspiele der Stadttheater Basel und Bern, Schauspiel, Oper, Operette. Meine Eltern haben mich schon früh mitgenommen, was sich einmal als verhängnisvoll erwies. Es war eine Aufführung der Oper *Tosca*. Ich war der immerzu dramatisierenden Musik von Puccini hilflos ausgeliefert. Ich begriff vom Geschehen fast nichts. Aber als ein Mann hinter der Bühne gefoltert wurde und so entsetzlich schrie, dass eine Frau vorne auf der Bühne den Ort eines Verstecks verriet (im Brunnen, hinterm Haus), bin ich fast gestorben vor Angst. Zudem waren da noch die Sbirren, die schwarz gekleidet und mit teuflischem Grinsen über die Bühne huschten. Begnadete Schmieranten, die sich auf ihrem Abstecher nach Zofingen wohl einen Spaß machen wollten. Ich war so geschockt, dass ich anschließend ein Vierteljahr lang jede Nacht aus einem Angsttraum erwachte und um Hilfe schrie.

Sonst aber waren die Aufführungen harmlos. Es wurden pro Saison zwei Operetten gezeigt. Die haben mir alle hervorragend gefallen, besonders die Csárdás, die tanzenden Puszta-Mädchen. Aus jener Zeit kenne ich das ganze klassische Operettenrepertoire, ich halte die Operette für eine wunderbare Form des Musiktheaters.

Als ich zwanzig war, hat im Stadtsaal das Schauspielhaus Zürich mit einem zeitgenössischen Stück gastiert. *Blick zurück im Zorn* von Osborne. Eine Offenbarung für mich. Einen solch direkten Dialog hatte ich nicht für möglich gehalten.

Auch an die Abonnementskonzerte haben mich die Eltern mitgenommen. Meist hat das Stadtorchester Winter-

thur gespielt. Ein gesellschaftlicher Anlass des Bildungs-
bürgertums, Klassik aus dem 18. und 19. Jahrhundert.
Dunkle Anzüge wie bei Beerdigungen, Dauerwellen und
lange Roben, todernste Gesichter, steifer und langweiliger
ging es nicht. Die Musik schien keine Rolle zu spielen,
Hauptsache, man war dabei. Aus jener Zeit stammt meine
Abscheu vor klassischen Konzerten.

Im neu erbauten Cinéma Scala wurden sogenannte Kul-
turfilme gezeigt, immer am Montagabend. Die Einführung hielt stets derselbe Typ mit auffallend langem Haar
und krächzender Stimme, der uns etwas über Pagnol oder
Cocteau vorkrähte. Er war ein Verehrer des alten französischen Films.

Einmal habe ich gehört, dass in Zürich ein Streifen mit
einem sensationellen jungen Schauspieler laufe. Ich bin mit
Greti hingefahren, es war *East of Eden* mit James Dean.
Der Film hat uns beide erschüttert. Es war genau mein
Thema: Ein junger Kerl unternimmt alles, um seinem Vater
zu gefallen. Es gelingt ihm nicht. Er hat ein schönes Mädchen, aber entfremdet sich von ihr. Am Schluss zerbricht
die ganze Familie.

Es gab wenige Filme, die mich ähnlich direkt gepackt
haben. *On the Waterfront* vielleicht, mit Marlon Brando.
Und vor allem, einige Jahre später, *A bout de souffle* mit
Belmondo.

Als der erste Rock'n'Roll-Film im Cinéma Scala lief,
bin ich hingegangen. Kurz bevor das musikalische Schluss-
bouquet mit den Hits von Bill Haley begann, sind ein paar
lumpig angezogene Typen hereingekommen, darunter zu
meinem Erstaunen mein ehemaliger Schulkamerad Nöthi-

ger. Sie haben sich in die erste Reihe geflegelt. Als die Musik begann, sind sie aufgesprungen und haben wie die Irren zu tanzen begonnen, wie man es in Zofingen noch nie erlebt hatte. Was ich mit einer gehörigen Portion Kantonsschülerarroganz verachtet habe.

Die Ausnahme war der Jazz. Worüber ich immer wieder staune, obschon ich in dieser Beziehung keine Ausnahme war. Ich weiß von Peter Bichsel, Jörg Steiner, Otto F. Walter und anderen, dass es ihnen genau gleich ergangen ist. Wir alle sind uns als Ausnahmen vorgekommen.

Der Zugang zu dem, was für uns geschaffen worden war und wessen wir dringend bedurft hätten, war uns verbaut. Der ganze Kunstbereich, Literatur, Malerei, Musik war rigoros gesäubert worden in der Zeit um den Zweiten Weltkrieg. Der Jazz war aus dem Programm des Landessenders Beromünster ausdrücklich verbannt worden. Und dies in einem Land, in dem vor dem Krieg mehrere Bigbands losswingten wie die Teufel und ihr Auskommen hatten. Die bekannteste dieser Bands war die von Teddy Stauffer.

Trotzdem gelang es einer kleinen Gruppe von BebopMusikern in New York, auf fast direktem Weg das Ohr eines sechzehnjährigen Gymnasiasten in Zofingen zu erreichen. Der Sperrriegel gegen ausländische, abartige Negermusik bestand zwar immer noch, aber offensichtlich konnte er spielend durchbrochen werden. Keine Ahnung, wie das gelang. Vielleicht deshalb, weil es eine geheime Musik war, die nur von wenigen Eingeweihten gehört wurde und kein Aufsehen erregte. Ich vermute, dass die Hüter des Sperrriegels gar nicht bemerkten, wie löchrig ihr Riegel war.

Die Matinéen, welche die Oltner Cool-Jazzer Umberto Arlati und Willy Kuhn mit Gästen jeweils am Sonntagmorgen im Foyer des Hotels Terminus veranstalteten, wurden von höchstens dreißig Leuten besucht. Eintritt gratis. Natürlich waren wir stolz auf unser Auserwähltsein. Dixieland verachteten wir wie Elvis Presley. Der heutige Schweizer Jazzpapst Peter Rüedi, den ich an der Basler Uni kennenlernte, hat aus dieser Arroganz fast schon eine Profession gemacht, indem er uns mit seiner Besserwisserei dauernd löcherte. Tatsächlich war er der größte Fan von allen. Er erkannte schon beim ersten Ton, wer das Horn blies oder den Bass zupfte.

Ich habe kürzlich die Autobiographie von Miles Davis gelesen. Ich habe gestaunt darüber, wie klein die Musikergruppe des Bebop damals war. Und dass ich die Namen alle kannte. Meine Schwester hat ihre Platten in der Migros gekauft. Eine kulturelle Glanztat der Migros. Cannonball Adderley, Sonny Rollins, Clifford Brown, ich habe die Platten heute noch. Dazu die Klassiker Lester Young, Coleman Hawkins, Charlie Parker und Dizzy Gillespie.

Es scheint, dass die Musik in Windeseile alle Schranken durchbricht, weil sie wesentlich einfacher transportierbar ist als Dichtung und Malerei. Weshalb Musik auch so eminent wichtig und mächtig wurde. Ich höre immer wieder die Behauptung, die EU hätte Europa in den letzten siebzig Jahren den Frieden gesichert. Ich halte das für Unsinn. Die eigentlichen Friedensstifter waren die Rolling Stones und die Beatles. Wenn auf beiden Seiten der Frontlinie die Soldaten *All you need is love* singen, kann man keinen Krieg mehr führen.

Ich gedenke hier kurz meines Freundes Jakob. Er wohnte in Strengelbach in einem alten Bauernhaus am Waldrand oben. Er war in der Bezirksschule einer der Gescheitesten. Trotzdem ist niemandem in den Sinn gekommen, dass er eigentlich ans Gymnasium gehört hätte. Er hat eine Banklehre angefangen und bald wieder abgebrochen.

Es war in der letzten Bezirksschulklasse, als ich am Radio zum ersten Mal Louis Armstrongs Trompete hörte. Ich war sogleich infiziert von diesem Sound und habe Jakob davon erzählt. Er hat gemeint, Armstrong sei gut, aber es gebe bessere. Ich solle ihn einmal besuchen.

Als ich ihn besuchte, saß er in der niedrigen Stube auf der Ofenbank, neben sich einen Plattenspieler. Er hatte eine Scheibe von Chet Baker laufen. Der kühle Ton seiner Trompete, der kühle Ton seiner Stimme. Schockierend neu war dies für mich, ich brauchte eine Weile, bis ich diese Musik begriff. Dann war ich mir aber sicher, dass sie für mich gespielt wurde, dass sie für mich da war.

Jakob war ein langer, magerer Kerl. Sein Daumen und Zeigefinger waren nikotingelb von den Gauloises. Er redete nicht viel, lachte oft und schien gern zu leben. Ein typischer Aargauer jener Zeit, scheint mir, ohne dass ich genau definieren könnte, was ein typischer Aargauer war. Gescheit, lieb, voll guten Willens, aber ohne jede Absicht, sich einen Platz in der Gesellschaft zu erkämpfen. Er ließ geschehen, was geschah.

Eines Tages, als ich ihn besuchte, hatte er eine Trompete neben sich auf der Ofenbank liegen. Er sei jetzt Schüler von Umberto Arlati in Olten, sagte er.

Wir haben dann den Kontakt verloren, was wohl unausweichlich war. Ich war Gymnasiast in Aarau, er nach dem Rauswurf aus der Bank Hilfsarbeiter in der Chemischen.

Jakob hat es nicht geschafft. Ich habe gehört, er sei schwer tablettensüchtig geworden. Einige Jahre später, er sei gestorben.

Vor rund zehn Jahren hat mich ein Mann angerufen und gesagt, er sei Jakobs Sohn. Er sei in einem Drogenentzugsprogramm und habe die Aufgabe erhalten, sein Leben zu beschreiben. Er wisse fast nichts über seinen Vater. Er habe gehört, ich sei Jakobs Freund gewesen. Ob ich ihm erzählen könne, was Jakob für einer gewesen sei?

Ja, was war denn Jakob für einer?

Ich sehe ihn vor mir auf der Ofenbank sitzen, die Zigarette zwischen den Fingern. Neben sich das Grammophon, Parkers *Relaxin' at Camarillo* ist zu hören. Von der niedrigen Decke hängen ein paar Vogelkäfige, ein Zwitschern, das sich mit Charlies irren Tempi vermengt. In einem Lehnstuhl der frühpensionierte Vater, am Tisch die Mutter, die Bohnen abfädelt.

Hinter dem Haus der ansteigende Forst mit Rehen, Füchsen und Hasen. Die Abendstille darüber, der nach Westen wandernde Neumond. Weiter hinten beginnt der riesige Boowald, der erst beim Kloster St. Urban endet.

Ich habe mich in meinem Elternhaus in die Mansarde hinauf verzogen, mit dem Grammophon meiner Schwester und den Platten, die sie gekauft hatte. Ich habe in den Jahren des langsamen Sterbens meiner Mutter und in der Zeit danach jede Nacht vor dem Einschlafen eine Stunde Jazz gehört.

Kürzlich hat mir meine Freundin ein altes Grammophon gebracht. Ich habe eine Platte aufgelegt, es war *Somethin' Else* von Cannonball Adderley und Miles Davis. Ich habe noch immer jeden Ton gekannt.

In Basel gibt es einen gesponserten Jazzkeller, in dem internationale Stars auftreten. Ich bin noch kein einziges Mal hingegangen. Irgendwie passt es nicht, ich mag nicht.

Eine hoch aufgeschossene, hagere Gestalt mit schmaler Brust. Mit langen Armen, die nichts zu umarmen hatten. Mit Händen, die nichts zu fassen kriegten. Kurzgeschoren gemäß Vaters immer noch gültiger Vorschrift. Im Auge kaum mehr erkennbare Trauer, im Herzen eine Glut, die nicht zu erlöschen vermochte.

So war das, als ich im Sommer 1958 in die Rekrutenschule einrückte, dreizehn Jahre nach dem Zweiten Weltkrieg. Ich hatte die Soldatenkolonnen noch immer in meiner Erinnerung. Das Dröhnen der Bomber über dem Haus, die unbedingte Bereitschaft der Leute, sich zu wehren. Es wäre mir nie in den Sinn gekommen, den Militärdienst zu verweigern. Ich wusste zwar, dass es einige fromme Sekten gab, die dispensiert wurden. Sonst aber gingen alle jungen Männer hin. Mein Freund Bobbi, der ein loses Schultergelenk hatte und es beim leisesten Druck ausrenkte, wurde für dienstuntauglich erklärt. Was er als Schmach empfand.

Ich wollte Militärdienst leisten, das war klar. Wir haben uns zu viert für die Infanterie-Flab-RS in Chur angemeldet, Anton, Ruedi, Ueli und ich, alle aus unserer Gymnasialklasse. Ich habe mich auf Chur gefreut, weil ich dort den Bergen nahe war.

Den körperlichen Anforderungen war ich ohne weiteres gewachsen. Auch das Schießen mit Karabiner und Flabkanone ging gut, ich war Richtschütze. Nur habe ich schnell gemerkt, dass es gar nicht um das Schießen ging. Es ging ausschließlich darum, uns zur gefügigen Gruppe zusammenzustauchen, die den Befehlen der Vorgesetzten willenlos gehorchte. Das psychologische Druckmittel dazu war die Uniform. Das ist in sämtlichen Armeen der Welt so. Alle sind sie uniformiert. Man erkennt den Feind an seiner Uniform. Ohne Uniform würde man keinen vernünftigen Mann dazu bringen, auf einen anderen vernünftigen Mann zu schießen. Ohne Uniform gäbe es keinen Krieg.

Im ersten längeren Urlaub bin ich, wie alle andern auch, nach Hause gefahren. Als Erstes habe ich sogleich die Uniform ausgezogen, obschon dies streng verboten war. Am Sonntag, als ich wieder einrücken musste, habe ich allen Ernstes daran gedacht, nach Paris abzuhauen und mich dort zu verstecken. Aber dann habe ich doch wieder die Uniform angezogen.

Von da an bin ich im Urlaub nie wieder nach Hause gefahren. Ich bin stets freiwillig auf Wache gegangen, um dem unerträglichen Wechsel vom Privatleben zurück ins Militär zu entgehen. Auf der Wache nachts habe ich in ein Heft geschrieben. Heiße Texte, Ergüsse aus geknechteter Seele.

Gern erinnere ich mich an die Zeit, als wir in der sogenannten Verlegung waren. Zum Beispiel im Bergdorf Splügen, wo wir in einem Ziegenstall nächtigten. Jeden Morgen früh vor sechs war das Horn eines Geißenpeters zu hören und bald darauf das Trippeln und Meckern der Ziegen, die mit dem Jungen auf die Alp zogen.

Gerne erinnere ich mich auch an den Kanonier Hug, einen Bauern aus Brigerbad im Wallis, der mit mir im gleichen Jeep saß. Und an Kanonier Rosenast, einen Mechaniker aus der Ostschweiz.

Nur etwas wollte ich ums Verrecken nicht, und in diesem Punkt habe ich mich durchgesetzt. Ich wollte auf keinen Fall Unteroffizier und anschließend Offizier werden. Ich habe deutlich erklärt, dass ich bereit sei, den Unsinn mitzumachen und zu ertragen. Dass ich mich aber weigere, jemandem zu befehlen, diesen Unsinn mitzumachen. Trotzdem erhielt ich Ende der RS den Vorschlag zur Unteroffiziersschule. Ich wusste, dass man diesen Vorschlag nicht verweigern durfte. Erst habe ich verschoben, so viel möglich war. Dann bin ich nach Paris gegangen, aus Studiengründen. Dann habe ich wieder verschoben. So konnte ich der Unteroffiziersschule entgehen. Ich habe insgesamt fünf Wiederholungskurse als Kanonier absolviert, bis ich mit einem Arztzeugnis freikam.

Damit war diese Geschichte jedoch noch nicht ausgestanden. In der Zeit, als sich die Schweiz daranmachte, jedem Einwohner einen atombombensicheren Bunkerplatz zu garantieren – Milliarden wurden damals unsinnigerweise verbaut –, erhielt ich das Aufgebot für den Zivilschutz. Da man sich nur tagsüber einfinden musste, und ohne Uniform, habe ich mitgemacht. Es war ein noch größerer Unsinn als im Militär, was alle wussten. Als ich auch hier wieder den Vorschlag erhielt, diesmal als Zivilschutzausbilder, bin ich wiederum mit einem Arztzeugnis freigekommen.

Freie Bürger in Uniform, nach dieser Idee sollte die

Schweizer Armee eigentlich funktionieren. Nur bin ich nie als freier Bürger behandelt worden, sondern als unmündiger Vollidiot.

Mein Schwiegervater kommt mir in den Sinn, der im Zweiten Weltkrieg aus religiösen Gründen kein Gewehr tragen wollte. Er hat als Sanitätsgefreiter fast drei Jahre lang auf dem Monte Ceneri oben Dienst geleistet. Später hat er einen Karabiner gekauft und zu Hause aufbewahrt, allerdings ohne Munition. Munition hat er erst im Schießstand gekauft, um auf die Zehnerscheibe zu schießen. Er ist bis ins hohe Alter hinein ein guter Kranzschütze gewesen.

1959, als ich 21 Jahre alt war, erschien *Der Stumme* von Otto F. Walter, das wichtigste Buch der neuen Deutschschweizer Literatur. Ich habe es gekauft und gelesen. Es war das Thema meiner Generation. Ein Junge wird von seiner übermächtigen, schweigenden Vatergestalt so sehr erdrückt, dass er seine Sprache verliert und verstummt.

Walter stammte aus einer vermögenden Familie in der Nähe von Olten. Sein Vater war in Politik und Militär ein hohes Tier. Ich denke, Otto hat sich im *Stummen* von diesem Vater freigeschrieben.

Neu war am *Stummen* vor allem auch, dass Walter seine Geschichte in eine kleine, überschaubare Welt einpflanzte, als könnte sie nirgends sonst so geschehen. Ein Ort am Jurasüdfuß, ein Steinbruch im Jurakalk. Die Hütte der Steinbrucharbeiter, das schwere Motorrad des Vaters. Es war die Umgebung von Olten, die hier zum Ort großer Literatur wurde. Es hätte auch die Nordseite vom Born, vom Berg meiner Liebe zu Greti, sein können. Dort, in die Nordflanke, war ein großer Steinbruch hineingesprengt worden.

Der Stumme hat mich zwar noch nicht zum eigenen Schreiben gebracht, aber immerhin zur Gewissheit, dass meine Umgebung ohne weiteres tauglich für das Herstellen von Literatur sein konnte.

Ich habe die weiteren Romane von Otto F. Walter stets mit größtem Interesse gelesen. Ich habe mich über den Weg, den er einschlug, gewundert. Er hat zunehmend den Pfad des realistischen Erzählens verlassen in Richtung politischer Aufklärungsprosa, was der Wucht seiner erzählerischen Klasse meiner Meinung nach geschadet hat.

In den Siebzigern war ich im Vorstand der Gruppe Olten. (Hans Mühlethaler hat in seinem Buch über diese linke Autorengruppe meinen Namen schlicht vergessen.) In einer Sitzung ging es darum, für die Gruppe einen politischen Zweckartikel zu formulieren. Die Sitzung fand in Bern statt. Anwesend waren unter anderen der Sekretär Hans Mühlethaler, Anne Cuneo, Otto F. Walter und ich. Es wurde ein Vorschlag von Adolf Muschg vorgelesen, der uns allen viel zu lang schien. Dann hat Walter seinen Vorschlag vorgelesen. Der letzte Satz lautete: »Sie (die Gruppe Olten) ist gegen jede Form von Fremdbestimmung.« Das hat mich aus den Socken gehauen. Walter war eben, trotz genialer Schilderung der Arbeiterwelt im *Stummen*, ein Sprössling aus bestem, das heißt reichem Hause.

Ich habe damals den Vorschlag gemacht, der Zweckartikel solle wie folgt lauten: »Das politische Ziel der Gruppe Olten ist der demokratische Sozialismus.« Walter war sofort einverstanden. So, oder ähnlich, stand es dann auch in den Statuten der Gruppe Olten.

Mit 21 Jahren habe ich von einem Freund gehört, dass die Bezirksschule Olten für drei Wochen dringend einen Aushilfelehrer in Deutsch und Geschichte suche. Ich habe angerufen und wurde sogleich eingestellt. Ich habe mir alle

Mühe gegeben, und meist ist es gutgegangen. Zwei Klassen mit dreizehnjährigen Jungs haben mich allerdings von der ersten Stunde an richtiggehend zur Sau gemacht. Ich hatte nicht die geringste Chance, Ruhe und Ordnung zu wahren. Ich habe mich damit beholfen, dass ich aus der *Roten Zora* vorlas. Ein Teil der Jungs hat zugehört, der andere Teil hat hinten herumgetobt. Worüber sich einige Lehrer der umliegenden Schulzimmer beschwerten. Ich hätte wohl keine Woche überstanden, hätte nicht akuter Lehrermangel geherrscht.

Ich habe in den drei Wochen für meine Verhältnisse enorm viel Geld verdient. So viel jedenfalls, dass ich für das folgende Semester in Basel eine Mansarde mieten konnte.

Von da an habe ich mein Leben als Student selbst bezahlt. Von Vater habe ich keinen Rappen mehr angenommen. Als er mir ein Semester in Berlin bezahlen wollte, habe ich dankend abgelehnt.

Für die letzten Semester habe ich von der Uni ein halbjährliches Stipendium von 500 Franken bekommen.

Ich habe regelmäßig Stellvertretungen gemacht, vor allem an aargauischen Bezirksschulen. Jeweils drei Wochen für Lehrer, welche die militärischen Wiederholungskurse absolvierten. In Frick (Kanton Aargau) war ich einmal zwölf Wochen lang, ich hatte im Rebstock ein Zimmer gemietet. Ich habe gelernt, mich bei den pubertierenden Jungs durchzusetzen. Zweimal war ich Aushilfslehrer an der Kantonsschule in Aarau. Dabei habe ich erfahren, wie schön und spannend das Lehramt an einem Gymnasium sein kann.

In Basel habe ich weiterhin in Mansarden gewohnt. Oft ungeheizt, Toilette und Lavabo auf der Zwischenetage.

Die Vermieterinnen waren meist Witwen. Ich habe die Einsamkeit der alten Frauen kennengelernt, die ihren Mann verloren hatten. Sie waren gesundheitlich noch so fit, dass sie ihre Dreizimmerwohnung in Ordnung hielten. Alles war noch da, das weiße Tischtuch auf dem Auszugstisch in der Stube, die Rosshaarmatratze in der Bettstatt, der Kanarienvogel im Käfig, der Goldfisch im Aquarium. Die Küche blitzblank, Geschirr und Besteck für sechs Personen. Nur fehlten die Gäste.

Bei Frau Oser im Gundeldingerquartier bin ich über ein Jahr geblieben, in einem Zimmer in ihrer Wohnung. Ich durfte die Küche benutzen. Immer, wenn ich Tee aufsetzte oder zwei Eier in die Pfanne schlug, kam sie herein und begann zu erzählen. Sie war eine begnadete Erzählerin, sie hat mir ihr ganzes Leben mitgeteilt. Oft hat sie sich wiederholt, in immer denselben Formulierungen. Ich habe gemerkt, dass sie ihr Leben durchformuliert hatte, auf Abruf bereit für eventuelle Zuhörer.

Jahre später, als ich ein Tonband besaß, bin ich zu ihr gegangen, habe das Tonband auf den Stubentisch gestellt und sie erzählen lassen. Sie hat alles berichtet, der Reihe nach ihr ganzes Leben, das Leben einer Frau aus der Arbeiterschaft, die nie eine reelle Chance bekam, ihre angeborene Vernunft auszubilden und sich klug zu machen.

Ich habe den Text in Schriftsprache übersetzt und dem Verlag Gute Schriften Basel gegeben, er ist unter dem Titel *Die Schlummermutter* erschienen. Ich habe ein paar Hundert Franken Honorar erhalten. Ich bin zu Frau Oser gegangen und habe die Hälfte davon auf den Stubentisch gelegt, das sei ihr Anteil. Sie hat nicht recht begriffen, was das für ein Anteil sein sollte. Sie hat lange gezögert. Dann hat sie mit einer blitzschnellen Bewegung, die man der alten Frau gar nicht zugetraut hätte, die paar Scheine an sich genommen.

Jahre später bin ich Frau Niklaus, die im selben Haus wohnte wie Frau Oser, zufälligerweise auf der Straße begegnet. Wie es Frau Oser gehe, habe ich gefragt. Die Antwort war, sie sei gestorben. Frau Niklaus habe gehört, wie die alte Frau in der Küche hingefallen sei. Die Sanität sei gekommen und habe sie ins Krankenhaus gebracht. Diagnose: Oberschenkelhalsbruch. Frau Oser habe erklärt, sie gehe nicht mehr in ihre Wohnung zurück. Sie habe nichts mehr gegessen, habe alle Schläuche, die man in ihre Adern steckte, herausgerissen und sei verhungert.

Es ist mir seltsam ergangen mit dem Büchlein *Die Schlummermutter.* Es ist eine einzige Besprechung erschienen, in den *Basler Nachrichten* von Kollegin Adelheid Duvanel. Sie hat es grausam verrissen. Da könne ja jeder kommen, schrieb sie, und irgendwem ein Mikrophon hinhalten.

Ich habe ein Hörspiel daraus gemacht, das von Radio DRS produziert wurde. Und ein Theaterstück, das zusammen mit dem *Wunschkonzert* von Franz Xaver Kroetz in der Basler Komödie uraufgeführt wurde, gespielt von Margrit Winter. Leicht gekürzt ist der Text auf Tschechisch und auf Chinesisch erschienen.

Ich besitze die Tonbänder leider nicht mehr. Ich bin von der Uni Basel angefragt worden, ob ich ihnen die Bänder zwecks Dialektforschung zur Verfügung stellen könne.

Was mir eingeleuchtet hat, denn Frau Oser hat waschechtes Baseldeutsch geredet. Ich habe die Bänder ins Germanistische Seminar gebracht und dort das heilige Versprechen erhalten, dass sie mir zurückgegeben würden. Ich habe nie mehr etwas davon gehört. Meine nachfragenden Anrufe wurden mit einiger Arroganz abgewimmelt.

Ich schreibe deshalb so lange über die *Schlummermutter*, weil es nicht mein Text ist, sondern der Text der Frau Oser, mit der ich über ein Jahr lang zusammengelebt habe.

Ich begann, beraten von meinem zwei Jahre älteren Freund Lui, mich über das Studium zu informieren. Man musste zwei Hauptfächer belegen, zum Beispiel alte und neue deutsche Literatur. Dazu zwei Nebenfächer, zum Beispiel Geschichte und Psychologie. Das war das, was ich wählte. Man musste in den entsprechenden Seminaren Arbeiten schreiben. Dann musste man im Hauptfach einen Doktorvater finden, unter dessen Ägide man eine Dissertation schrieb. Wurde diese angenommen, musste man die mündliche Prüfung bestehen. Was nicht länger als einen Morgen dauerte und eher einem Gespräch glich. So einfach war das. Für mich war klar, dass ich bei Professor Walter Muschg eine Dissertation schreiben wollte.

Hier oben im Schwarzwald gehe ich jeden Morgen zu einer Shiatsu-Frau in Todtnau. Sie heißt Steinebrunner und ist eine höchst angenehme Erscheinung. Sie hat einen 17-jährigen Sohn, der ein Mathematikgenie ist und bereits munter im Kreis der internationalen Mathematikkapazitäten mittanzt. Vor kurzem hat er sich entscheiden müssen, an welcher Elite-Uni er weiterstudieren will. Er hat sich für Oxford entschieden. Da in Oxford offenbar einmal pro Woche ein Essen stattfindet, an dem korrekte Bekleidung erwartet wird, hat er sich einen dunklen Anzug und schwarze Schuhe zugelegt. Dies und weitere höchst erfreuliche Einzelheiten teilt mir Frau Steinebrunner jeweils mit, während sie nach einer alten chinesischen Technik an meinen müden Gliedern herumknetet.

Das Kollegienhaus der Universität Basel, im Jahre 1460 gegründet, ist ein zweistöckiges, langes Gebäude am Petersplatz, der von Linden und Ulmen bestanden ist. Gegen Süden die gotische Peterskirche mit dem Denkmal des alemannischen Dichters Johann Peter Hebel, der in einem schmalen Haus am Rhein unten geboren wurde. Im Osten alte Herrschaftshäuser reicher Basler Familien. Im Norden der Botanische Garten mit der Universitätsbibliothek. Gegen das Elsass hin das Spalentor.

Das Kollegienhaus selbst ist gegen einen Innenhof offen, wo zwei riesige Platanen stehen. Helle, breite Treppen und Gänge. Das Uni-Café, wo man für einen Franken eine Suppe mit Brot zu Mittag essen konnte. Jede Menge Hörsäle, worin gescheite Leute Vorlesungen hielten. Es waren fast ausschließlich ältere Herren, vor den Nazis in die Schweiz geflüchtet wie der Theologe Karl Barth. Oder gleich nach dem Zweiten Weltkrieg nach Basel gekommen wie der Philosoph Karl Jaspers. Bedeutende Geisteswissenschaftler wie der Germanist Walter Muschg, der Historiker Werner Kaegi, der Psychologe Hans Kunz. Eine Geistesakademie der fast noch mittelalterlichen Art.

Werner Kaegi hat mich einmal zum Mittagessen eingeladen, er wollte wissen, wer ich war. Das Essen fand in seiner Wohnung am Münsterplatz statt, direkt über dem Rhein. Eine Karaffe mit Wasser stand auf dem Tisch, und eine Karaffe mit Wein.

Bei Walter Muschg war ich mehrmals zum Kaffee eingeladen, in seinem Haus auf dem Bruderholz oben. Bei ihm habe ich drei Seminararbeiten geschrieben. Über Mörikes Gedicht *Die schöne Buche,* über Goethes Versepos *Alexis und Dora* und über Schillers Dramenfragment *Die Kinder des Hauses.*

Obschon ich ein Bäumeanbeter war und in Vollmondnächten im nahen Buchenwald herumstreifte, hat mir Mörikes Gedicht *Die schöne Buche* rein gar nichts gesagt. Ich habe keinen Zusammenhang zwischen diesen Versen und meinem Leben herstellen können. Ich habe irgendetwas zusammengeschustert, was ich mir angelesen hatte. Gleich ging es mir mit Goethes *Alexis und Dora,* das die erwachende Liebe zweier junger Menschen zum Thema hat. Eigentlich wäre auch ich mitgemeint gewesen. Aber auch hier erkannte ich keinen Zusammenhang zwischen mir und dem Text.

Nach dieser zweiten Seminararbeit hat mich Muschg gefragt, was meine Pläne seien. Ich habe geantwortet, dass ich bei ihm eine Dissertation über die expressionistische Literatur zu schreiben gedenke. Worauf er gesagt hat: »Das ist leider nicht möglich. Sie haben keine Beziehung zur deutschen Sprache.« Worauf ich gedacht habe: Wart nur.

Keine Ahnung, woher ich damals meine Sicherheit genommen habe. Hochmütig war ich keineswegs. Aber irgendwo, verschüttet unter neurotischem Geröll, muss ich meiner sicher gewesen sein.

Bei der dritten Arbeit in Muschgs Seminar über Schillers Dramenfragment habe ich gemerkt, dass ich kein abgeschlossenes, in sich ruhendes Kunstwerk vor mir hatte, sondern literarisches Material, das mir direkt zugänglich war, da es aus derselben Sprache bestand, die auch ich benützte. Dass ich in diesem Fragment, wie in den anderen Fragmenten, einen direkten Einblick hatte in Schillers Schreibwerkstatt. Und dass Schiller beim Schreiben seiner Stücke immer ähnlich vorging, indem er von einer kleinen, scheinbar undramatischen Geschichte aus startete und sie im Laufe seiner Arbeit ins gesellschaftlich Große, politisch Bedeutende weiterentwickelte. Das war wie ein Geistesblitz, der meine verworrenen Gedanken erhellte und mir zum ersten Mal einen Zugang zu meiner eigenen Sprache eröffnete.

Auch nach dieser meiner dritten Seminararbeit hat mich Muschg gefragt, was ich für weitere Pläne hätte. »Ich möchte bei Ihnen eine Dissertation über die expressionistische Dichtung schreiben«, habe ich geantwortet. »Sehr gern«, hat Muschg gesagt, »worüber denn zum Beispiel?« »Über Jakob van Hoddis«, habe ich gesagt.

So habe ich mein Dissertationsthema gefasst. Auf Jakob van Hoddis war ich gekommen, weil ich ausgiebig die Gedichtanthologie *Menschheitsdämmerung* von Kurt Pinthus studiert hatte, in der mehrere Gedichte von ihm abgedruckt waren. Diese Anthologie war 1920 zum ersten Mal erschienen und neu aufgelegt worden. Zudem hatte Paul Pörtner im Zürcher Arche Verlag einen Band mit dem schmalen Werk von van Hoddis herausgegeben.

Jakob van Hoddis hieß eigentlich Hans Davidsohn und stammte aus einer Berliner Arztfamilie. Er war einer der Berliner Frühexpressionisten um Kurt Hiller und Georg Heym und hat seine wichtigen Texte in den Jahren vor dem Ersten Weltkrieg geschrieben. Ab 1914 wurde er psychotisch, kam in ein Heim für Geisteskranke und wurde von den Nazis in ein Vernichtungslager im Osten abtransportiert und 1942 ermordet. Sein Gedicht *Weltende* ist inzwischen zum wohl bekanntesten Gedicht des literarischen Expressionismus geworden.

Ich weiß nicht mehr genau, warum ich van Hoddis als Dissertationsthema vorschlug. Ich war fasziniert von seinen Texten, mehr kann ich dazu nicht sagen. Außer vielleicht, dass mich die Gefahr des hereinbrechenden Wahnsinns ebenso faszinierte wie seine Texte.

Im Grunde war es verantwortungslos von Muschg, mir dieses Thema zu geben. Denn es war nichts vorhanden, auf das ich mich hätte stützen können. Außer von Georg Heym, der 1912 beim Schlittschuhlaufen ertrunken war. Heym wurde damals neu ediert.

Ich habe die Dissertation geschrieben. Muschg hat sie angenommen. Bald darauf ist er einem Herzschlag erlegen. Das war Ende 1965. Anfang 1966 habe ich die mündliche Doktorprüfung bestanden, geprüft vom Altgermanisten Heinz Rupp, von Werner Kaegi und Hans Kunz.

Der große Vorteil des Germanistikstudiums war, dass es mir jede Freiheit, jede Menge Zeit ließ. Ich musste nichts. Ich durfte. Ich konnte, wenn ich wollte. Dieses Wollen musste ich erst lernen und entwickeln.

Ich habe mit Vorliebe Vorlesungen belegt, die nur von wenigen besucht wurden. Beim Philosophen Heinrich Barth zum Beispiel saßen wir zu viert. Bei Professor Blochs Einführung ins Sanskrit waren wir nicht viel mehr. Bei Wolfram von den Steinen hörte ich über die Marienlyrik des frühen Mittelalters. Er war Georgianer und trug sein weißes Haar schulterlang. Sehr gern saß ich bei Frau Maria Bindschedler, mit Begeisterung habe ich *Parzival* und *Tristan und Isolde* gelesen. Diese Epen waren billig zu haben. Was für mich wichtig war, ich habe nur wenig Geld für Bücher ausgegeben. Den Zugang zur Universitätsbibliothek habe ich erst später gefunden. Die Klassiker, die ich unbedingt lesen musste, habe ich mir bei Herrn Schoder in der Zofinger Stadtbibliothek besorgt.

Es war unglaublich, welch großartiges Angebot wir an der Basler Uni vorfanden. Obwohl ich es für selbstverständlich hielt. Während sich meine Altersgenossen schon frühmorgens zur Arbeit in der Fabrik oder im Büro einzufinden hatten, habe ich mir um neun überlegt, ob ich mir um zehn eine Vorlesung über Rabelais oder Verlaine anhören wollte.

Ich habe viel gelesen. Wobei meine Lektüre zweigeteilt war. Natürlich habe ich die Bücher zu den Blockvorlesungen gelesen. Ich habe das eher lustlos getan. Sie gehörten für mich immer noch zum Bildungsballast, den ich eigentlich ablehnte. Mit ein paar Ausnahmen. Ich habe bei Werner Kaegi eine Arbeit über *Vom Geist der Gesetze* geschrieben, fasziniert von Montesquieus klarem Denken.

Mein Hauptinteresse galt indessen der Literatur, derentwegen ich zu Walter Muschg nach Basel gekommen war. Die neuere deutsche Literatur, die von den Nazis zerstört worden war. Mein Freund Lui hat eine Dissertation über Döblin geschrieben, über das Versepos *Manas*. Kollegin Gunild und Kollege Andres haben über Karl Kraus gearbeitet, Kollege Roland über Barlach. Ich habe den frühen Benn gelesen, Brecht, Hans Henny Jahnn, Kafka und die Lasker-Schüler. Dabei geholfen hat der Buchhändler Hans Werthmüller, der schöne Gedichte schrieb und mit Rainer Brambach und Werner Lutz einen lyrischen Dreibund pflegte. Werthmüller hatte vor seinem Buchladen am Spalenberg eine Kiste stehen, worin seine Geheimtipps lagen, zu billigen Preisen für Studenten. Dort habe ich Brechts *Hundert Gedichte* gekauft, *Die Notizen* von Ludwig Hohl und einen Band Gedichte von Robert Walser.

Im Grunde habe ich nichts anderes getan als gelesen und gewartet.

Das war die Zeit um 1960, acht Jahre vor der Achtundsechziger-Revolte. Wir waren die Letzten, die noch den Zweiten Weltkrieg in den Knochen hatten. Wir hatten gelernt, den Mund zu halten und zu gehorchen. Ich habe kaum je erlebt, dass sich jemand in einem Seminar, wo eigentlich diskutiert werden sollte, groß zu Wort gemeldet hätte. Wir Schweizer schon gar nicht, wir hockten alle aufs Maul. Weshalb keiner von uns die Kunst des Disputs gelernt hat. Es gab ein paar deutsche Studenten, die es versucht und zum Beispiel bei Muschg im Oberseminar das Wort ergriffen haben. Er hat sie regelmäßig heruntergeputzt. Weshalb auch sie es sein ließen. Walter Muschg konnte ein fast gewalttätiger Egomane sein.

Es haben die Hochschullehrer gefehlt, die auf einen Neuling vom Lande, wie ich einer war, verständnisvoll eingegangen wären. Das war auch der Grund, weshalb nicht die Querdenker unter uns, die Erfinder neuer Gedanken, akademische Karriere gemacht haben. Darin liegt auch der Grund, weshalb die Achtundsechziger-Revolte mit solcher Wucht ausbrach.

Dann geschah etwas, was mich existentiell aus den Socken gehauen hat. Ich habe mich gewaltig in ein Mädchen verliebt. Sie kam aus Biel und besuchte die Kunstgewerbeschule. Sie hat mich durchgerüttelt und auf meine eigene Spur gesetzt.

Sie war verlobt. Und sie ist bei ihrem Verlobten geblieben.

Damals starb mein Onkel Fritz, ich habe etwas Geld geerbt. Damit fuhr ich nach Paris und mietete am Carrefour de Buci mitten im Quartier Latin eine Mansarde. Zuoberst im sechsten Stock des Hôtel de Dieppe, *sous les toits de Paris.* Vom Vormieter habe ich die Flöhe übernommen. Bei schlechtem Wetter hat es hereingeregnet.

Ich habe mich ans Schreiben gemacht. Liebesgedichte am Laufmeter, eine längere Geschichte, in der Leköb auftaucht, was die Umkehrung meines Zofinger Übernamens Böckel war (nach Wilhelm Buschs Schneider Böck). Dies alles habe ich dem Mädchen geschickt. Nach einem Monat bin ich nach Basel gefahren, um sie zu treffen. Da sie mich nicht mehr haben wollte, trampte ich zurück nach Paris.

Ich bin stundenlang durch seine Gassen gewandert, mit einem Buch in der Tasche. Meist hatte ich *Ombre de mon amour* von Apollinaire dabei, manchmal auch Rimbaud oder Verlaine. Zwischendurch habe ich mich in ein Bistro gesetzt, gelesen oder in ein Heft geschrieben. Tagebuch, Gedichte, einmal ein Theaterstück mit dem Titel *Tod eines Bankiers*. Ein Dürrenmatt-Abklatsch. Ich habe mit dem Fragment später an einem schweizerischen Stückewettbewerb teilgenommen und Bericht erhalten, ich sei damit im ersten Drittel gelandet.

Den ersten Preis jenes Wettbewerbs hat übrigens Urs Troller mit dem Stück *Die Geier* erhalten, das am Zürcher Schauspielhaus uraufgeführt und grässlich verrissen wurde. Ich habe mir diese Aufführung angeschaut, sie hat mir gut gefallen.

Das war 1960, als ich 22 Jahre alt war. Das Quartier Latin hatte immer noch eine späte Erinnerung an die große Zeit von St. Germain des Prés der Nachkriegsjahre. Ich wusste, dass vorne am Boulevard im Café de Flore manchmal Jean-Paul Sartre saß, von dem ich *La nausée* und das Stück *Les mains sales* gelesen hatte. Ich habe mich zweimal hineingesetzt, ohne Sartre zu sehen. Dann ließ ich es bleiben, das Flore war mir zu teuer. Ich wusste auch, dass Louis Aragon im Quartier wohnte und ab und an durch die Gassen ging. Ich habe von ihm *Les cloches de Bâle* gekauft und gelesen. Ich habe das Theater Odéon besucht und Aufführungen von Ionesco und Claudel gesehen. Ich bin in den ehemaligen Existentialistenkeller Tabou hinabgestiegen, wo ein wunderbarer Jazzpianist bis in die Dämmerung hinein spielte. Hinten unter dem uralten Gewölbe saß stets eine Gruppe junger Malerinnen und Maler, die mich aufnahmen. Es waren liebe Mädchen darunter, die mich manchmal umarmten.

Jede Nacht bin ich in diesen Keller hinuntergestiegen. Im Morgengrauen ging ich zurück ins Hotel, durch die leeren Gassen, in denen die Bäcker die Körbe mit den langen, warmen, duftenden Broten austrugen, und kletterte hoch in meine Mansarde. Dort schlief ich unter dem ersten Gurren der Tauben sogleich ein. Gegen Mittag stieg ich wieder hinab, kaufte eine Literflasche Milch und trank sie gleich aus.

Unten auf dem Platz war stets ein Mann, der einen angeketteten Berberaffen auf der Schulter trug. Er hatte einen alten Waschofen mit Kartoffeln eingefeuert. Diese Kartoffeln waren billig zu haben. Oder ich habe eine Baguette und einen Camembert gekauft, was hervorragend schmeckte.

Das unglaublich Schöne am Quartier Latin war, dass es Elemente aus zwei Jahrtausenden zusammenfasste, als wäre dies völlig normal. Vorne neben der Kreuzung der beiden großen Boulevards die Ruinen der römischen Thermen, daneben das Musée de Cluny, wo die Wandteppiche mit dem Einhorn hingen und der goldene Heinrichsaltar aus Basel stand. Die alte Sorbonne, der Jardin du Luxembourg. Die karolingische Kirche St. Germain mit den alten Gräbern der Merowinger-Könige. Gegenüber das Café Deux Magots.

In der kleinen Anlage vor dem Eingang der Kirche steht heute die Bronzebüste, die Picasso von seinem Freund Apollinaire gemacht hat. Ob sie 1960 schon dort stand, weiß ich nicht. Aufgefallen ist sie mir damals nicht.

Ich spazierte zwischen all diesen wunderbaren Erscheinungen hindurch, als ob sie eigens für mich da gewesen wären. Es gab viel junges Volk, das wie ich in den alten Gassen herumwanderte. Man sah sie, Mädchen und Jungs, in den

Bistros sitzen und in Hefte schreiben. Junge Dichterinnen und Dichter, die sich von der Stadt der Liebe inspirieren ließen. Was mir in den ersten zwei, drei Wochen auffiel, dann aber nicht mehr.

Ich habe mich mit einem jungen Algerier angefreundet, der in einem Restaurant am Boulevard St. Michel arbeitete. Es war die Zeit des Unabhängigkeitskrieges des algerischen FLN gegen die französische Besetzung. Der Algerier hat mich mitgenommen in den Norden der Stadt, wo er bei seiner Mutter wohnte. Eine armselige Hütte im Nordafrikanerviertel.

Fast täglich ging ich ins Kino. Oft setzte ich mich in die Cinémathèque an der Rue d'Ulm. Sie hatte den Vorteil, dass der Eintritt fast gratis war und stets drei verschiedene Filme hintereinander gezeigt wurden. Ich habe damals einen umfassenden Überblick über die Filmgeschichte gewonnen.

In den Museen bin ich selten gewesen. Ich war nicht auf der Spur der Kultur- und Kunstgeschichte, sondern auf der Fährte des Lebens. Sie führte mich zu Begegnungen mit Gleichaltrigen, die wie ich einen Kurs an der Sorbonne besuchten. Zu flüchtigen Umarmungen mit Mädchen, die ihren Mutterproblemen zu entrinnen suchten, getragen vom steten Rauschen der Gassen. Die schnelle Höflichkeit der Menschen, der Geruch in der Métro, das mitternächtliche Schimmern des Gemäuers von St. Germain. Es war der Rhythmus der alten Stadt Paris, der sich als reale, zum Greifen gegenwärtige Poesie in mein Blut übertrug.

Oft saß ich im Relais Odéon an der Ecke vorn, ein gewöhnliches, schönes Boulevardcafé mit Glasfront zur Straße hin, mit zwei Flipperkästen und offenem Bierausschank, wo die Handwerker, die in den umliegenden Häusern zu tun hatten, an der Theke ein Glas Rotwein tranken. Im Nebenraum war ein Treffpunkt junger Schwarzer, alle in Schale mit bunten Krawatten. Wobei »les noirs« viel alltäglicher klang als das deutsche »die Schwarzen«.

Auch das gefiel mir, das Rassengemisch. Ich habe in jenem Nebenraum sehr gern geschrieben. Ich fühlte mich befreit von Familie und Herkommen. Sie haben mich ohne weiteres akzeptiert, als seltsamen Vogel, der nicht das Gespräch suchte, sondern dauernd über ein Heft gebeugt war.

Gleich neben dem Relais war die Durchfahrt zur Passage, die parallel zur Rue de l'Ancienne-Comédie verlief. In dieser Durchfahrt übernachtete ein Dutzend Clochards, ältere Frauen und Männer, die trotz sommerlicher Wärme in Mäntel gehüllt waren. Obwohl wir uns schon bald vom Sehen kannten, grüßten sie mich nie. Nur ab und an streckten sie, wenn ich vorbeiging, die Hand aus, und ich legte eine Münze hinein. Dies, habe ich damals gedacht, könnte durchaus auch eine Lebensform für mich sein.

In dieser Passage besaß der Antiquar Claude ein Haus, und zwar im gedeckten Teil. Im Schaufenster des Erdgeschosses hatte er seine Antiquitäten stehen. Hinten im Cour de Rohan hatte er seine Werkstatt.

Claude war ein lustiger, belesener Mann von vierzig Jahren. Wir hatten uns am Flipperkasten im Relais kennengelernt. Er hatte den Plan, seinen mittelalterlichen Gewölbekeller zu öffnen, wie er es nannte, und darin ein Restaurant für Touristen zu machen. Ob ich ihm helfen wolle? Ich wäre wohl der ideale Mann dafür gewesen, ich hätte gerne geschaufelt und die Schubkarre gefüllt. Ich hätte damit genug Geld verdient, um mir eine kleine Wohnung zu mieten, ich hätte in Paris bleiben können. Und zwar so, dass mir genügend Zeit für mein Schreiben geblieben wäre. Ich habe abgelehnt.

Eine entscheidende Stelle in meinem Leben, denke ich 56 Jahre später. Wie wäre es herausgekommen? Was wäre aus mir geworden, wenn ich Claudes Vorschlag angenommen hätte? Es wäre ohne weiteres möglich gewesen. Was ich an der Uni lernen konnte, hatte ich bereits gelernt. Einen Abschluss brauchte ich nicht, es war klar, dass ich nicht Lehrer werden wollte. Im Quartier Latin hätte ich wesentlich mehr gelernt. Und ich wäre endlich von unserem Trauerhaus losgekommen.

Aber man tut, was man tut. Für das, was man tut, gibt es Gründe. Die besseren Gründe jedenfalls als für das, was man nicht tut. Sonst würde man ja das tun, was man schlussendlich nicht getan hat.

Das heißt, die Gründe, die im Moment des Handelns den Ausschlag gaben, sind entscheidend. Nicht die Gründe, die einem später einfallen. Und damals, als mich Claude fragte, war meine Ablehnung klar und eindeutig. Also war es richtig.

Ich bin in späteren Jahren immer wieder in Paris gewesen. Es gibt von Basel aus einen direkten Zug. Ich habe mich nach Claude erkundigt. Er habe sein Haus verkauft, habe ich gehört, und sei in den Süden abgehauen.

Die Gegend um den Carrefour de Buci hat sich total verändert. Sie ist zur touristischen Luxusmeile geworden. Die Clochards sind längst weg. Das Hôtel de Dieppe ist kein Hotel mehr. Nur der wunderbare Blumenladen besteht noch. Das Hôtel Louisiane um die Ecke, mit den beiden Fischständen davor. Von den oberen Zimmern hinten hinaus sieht man immer noch das alte Gemäuer von Saint-Germain-des-Prés.

Ich habe im Fernsehen soeben Xavier Kollers *Reise der Hoffnung* aus dem Jahr 1990 angeschaut. Der Film hat mir schon bei seiner Premiere sehr gut gefallen. Jetzt habe ich gesehen, dass er in den 27 Jahren seither noch besser geworden ist. Nicht nur wegen seiner heutigen Aktualität. Sondern vor allem wegen seiner Machart. Die Geschichte wird sorgfältig und manchmal fast unerträglich genau erzählt. Kein falsches Pathos. Keine Spur von aufgesetzter Betroffenheit. Die reine Sachlichkeit, die sagt: So könnte es sich abgespielt haben.

Großartige Schauspieler aus der Türkei. Ein großartiger Mathias Gnädinger. Der Film hat den Oscar für den besten ausländischen Film erhalten.

Ich hatte damals, Ende der achtziger Jahre, die Wohnung von Hans Mühlethaler in der Rue Labat im Norden von Paris gemietet, mitten im karibisch-nordafrikanischen Viertel der Stadt. Xavier Koller hat mich für eine Woche besucht, wir hatten vor, aus meinem Stück *Sennentuntschi* ein Drehbuch zu schreiben. Wir haben uns jeden Morgen ins Café Celtique am Boulevard Barbès vorn gesetzt. Vorher holte ich am nahen Kiosk die *Neue Zürcher Zeitung*.

An jenem Morgen habe ich, noch auf dem Boulevard, die Frontseite der Zeitung überflogen. Dort berichtete ein Artikel, dass auf dem Splügenpass, der von Italien in die

Schweiz führt, eine Gruppe türkischer Flüchtlinge in Bergnot geraten sei. Dabei sei ein Junge erfroren.

Im Café Celtique habe ich Xavier, der schon dasaß, die Zeitung hingelegt und gesagt: »Lies einmal das.«

Er hat den Artikel gelesen. Und die Geschichte ist mit voller Wucht in ihn hineingefahren, so dass er leichenblass wurde. Ich habe gleich gewusst, dass er nicht einen Film über die Sage vom Sennentuntschi drehen wird, sondern einen über den erfrorenen Türkenjungen auf dem Splügen.

Als Dank für meinen Hinweis hat er mich dann als Statist auf den Splügen mitgenommen. In einigen Szenen bin ich tatsächlich zu sehen. Was mich enorm freut.

Ende November 1960 kehrte ich nach Basel zurück, um weiterzustudieren. Ich fuhr auch nach Zofingen, um meinen Vater zu besuchen, der allein im großen Haus wohnte. Ich hatte mich in Paris verändert, ich hatte mich auf den Weg zu mir selbst gemacht. Aber noch immer hatte Vater Macht über mich.

Ich habe in Basel eine Mansarde gemietet und war bald wieder im alten, unproduktiven Trott. Dann sah ich am Anschlagbrett der Uni einen Zettel hängen, worauf stand, es seien drei Zimmer samt Küche zu vermieten, und zwar für Studenten. Ich fragte Lui und seine Freundin, ob sie mitmachen wollten, und rief an. Das Wunder geschah, wir wurden erhört. Es war ein mittelalterliches Häuschen am Mühleberg 1, einer Seitengasse der St. Alban-Vorstadt. Die Gasse führte hinunter zum Rhein. Unten ein Zimmer für mich und die Küche, im ersten Stock zwei Zimmer für Lui und seine Freundin. Gegen den Rhein hinab ein verwilderter Garten. Ich habe beim Trödler ein paar Möbel geholt und mir aus Dachlatten eine Bettstatt gezimmert. Es war das erste Mal, dass ich mir ein Zimmer selber möblierte.

Leider befand sich im zweiten Stock oben noch ein weiteres Zimmer. Darin hat Fräulein Walser gewohnt und Küche und Toilette mitbenutzt. Sie hat uns drei nicht gestört, wir waren freundlich zu ihr. Aber sie fühlte sich von uns enorm gestört. Ich wusste, dass sie im Kantonsspital in Nachtschicht arbeitete, irgendwas in der Verwaltung. Auch hat sie behauptet, sie sei eine entfernte Verwandte von Robert Walser. Was mir egal war. Sie war ein unglücklicher Mensch, stets totenblass mit gequälten Gesichtszügen, wenn sie über Mittag am Herd stand und ihre Nudelsuppe kochte. Ihr kranker Magen ertrage nur Nudelsuppe, der Nerven wegen, hat sie erzählt.

Ihr Ziel war es offenbar, uns hinauszuwerfen, das ganze Haus zu mieten, die drei unteren Zimmer mit ererbten Möbeln zu bestücken und einzeln zu vermieten. Das hat sie geschafft, indem sie uns drei bei der Besitzerin, einer schönen, fröhlichen Dame aus bester Basler Familie, übel verleumdete. Sie hat zum Beispiel behauptet, Luis Freundin empfange regelmäßig fremden Männerbesuch. Lui ist deswegen vor Gericht gegangen. Wir bekamen ein halbes Jahr Aufschub. Aber hinaus mussten wir trotzdem.

Ich habe diese blöde Geschichte nie verstanden. Nicht wir waren die Störenfriede, sondern das ältliche Fräulein. Das hätte die schöne, fröhliche Dame, die in einer Villa mit Park im noblen Gellert-Viertel wohnte, durchschauen müssen. Ich habe damals wieder einmal an der menschlichen Vernunft gezweifelt.

Ich berichte von dieser Episode deshalb so ausführlich, weil ich in meinem Zimmer am Mühleberg 1 zum ersten Mal ernsthaft zu schreiben versucht habe. Also nicht mehr hinrotzte, was mir gerade in den Sinn kam, sondern den kontrollierenden Verstand einsetzte. Ich habe eine Reihe kurzer Texte verfasst mit Titeln wie *Mein Zimmer, Der Stuhl, Der Tisch, Die Schublade, Die Bank*. Da ich diese Texte gut fand, habe ich sie an die Feuilletons der *Basler Nachrichten* und der *National-Zeitung* geschickt. Ich habe keine Antwort bekommen. Was mich nicht groß erstaunt hat, ich hatte es nicht anders erwartet. Auch so war ich ganz zufrieden, denn ich wusste, dass ich mit meinen Schreibversuchen endlich in der Realität angekommen war.

In den letzten Semestern hatte ich wiederum das Glück, auf schöne, mir angemessene Art zu wohnen. Es war bei Frau Bader in der Vorortsgemeinde Binningen am Dorenbach. Ein altes Riegelhaus, das Herr Bader, der Malermeister war, hergerichtet hatte für Studenten. Je vier kleine Zimmer um eine Küche herum, auf zwei Etagen. Dazu noch ein einzelnes, riesiges Zimmer, für zwei Personen. Darin wohnte Freund Roland, der sich mit einer Dissertation über Ernst Barlach herumschlug und zwischendurch auf seinem Harmonium Charlie Parker spielte. Und der Graphiker Peter Stöckli, der 1965 mein Bändchen *Geschichten und Gedichte* herausgab.

Ich lebte auf meiner Etage mit einem Syrer, einem schwarzen Ghanaer und dem Norweger Thor Erikstad, der Medizin studierte, zusammen. Er kam aus dem hohen Norden, aus Bodø, und hat auf seinen Sauftouren durch Basels Gassen üble Schlägereien angezettelt. Sein Vater könne, hat er erzählt, mit dem rechten Arm im Klimmzug an einer Teppichstange hängen und mit der linken Hand in aller Ruhe eine Zigarette rauchen.

Wir haben uns angefreundet, ich habe ihn einmal ans Zofinger Kinderfest mitgenommen. Dabei hat er meinen Vater kennengelernt und mir anschließend gesagt: »Du kriechst vor deinem Vater.«

Thor war einer von ein paar Dutzend norwegischen Medizinstudenten, die sich jeden Abend in der Bayrischen Bierhalle in der Steinenvorstadt trafen. Meist war auch ein etwas älterer Amerikaner dabei, der bereits in den klinischen Semestern war. Er hieß Bob und war Bomberpilot der US Airforce. Damals tobte der Vietnamkrieg. Als die USA Reservisten aufbot, flog Bob sogleich in seine Heimat zurück, um in Vietnam den Vietcong zu bombardieren. Zwei Wochen später saß er wieder in der Bayrischen Bierhalle, ziemlich niedergeschlagen. Er war nicht mehr ins Cockpit hineingekommen, weil er vom vielen Bier zu dick geworden war.

Als Thor nach bestandenem Staatsexamen Basel verließ, hat er mir den Pullover, den ihm seine Mutter gestrickt hatte, geschenkt. Jahre später habe ich gehört, er führe in Dänemark eine Arztpraxis.

Es gab damals unter uns Germanistikstudenten zwei Gruppen, die scharf voneinander getrennt waren. Basler und Nichtbasler. Ich kann mich nicht erinnern, einen Basler zum Freund gehabt zu haben. Ich war mit Aargauern und Solothurnern zusammen. Wir saßen stundenlang im Uni-Café und debattierten. Unser geistiges Oberhaupt hieß

Erich und war schon jahrelang mit einer Dissertation über Nietzsche beschäftigt. Erich hatte die Gabe, fast ebenso schnell zu reden wie ein Deutscher. Er galt als Genie. Trotzdem ist seine Dissertation nie fertig geworden.

Wir waren alle junge, wissbegierige Leute ohne eigene Sprache, ich war da keine Ausnahme. In den Seminaren saßen wir schweigend da. Anschließend im Unicafé debattierten wir über das, was wir eigentlich hätten sagen wollen.

Andres aus Olten war der Erste von uns, der seine Dissertation in einem entschlossenen Kraftakt abschloss. Ich war der Zweite. Er hat sich als Deutschlehrer an die Kantonsschule Chur wählen lassen. Als er eines Tages in seinem Auto über den Oberalp-Pass fuhr, kollerte ein kopfgroßer Stein den Hang hinunter, durchschlug das Autodach und zerschmetterte seinen Schädel.

Nach meiner Rückkehr aus Paris habe ich die Rio Bar entdeckt. Eine schmale Beiz am Barfüßerplatz. Rechts eine Bartheke, an der man stehen oder sitzen konnte. Links die Tische, an denen man so dicht gedrängt saß, dass man gar nicht anders konnte als miteinander reden. Erst war ich schüchtern und habe kein Wort von mir gegeben. Dann, als ich merkte, dass es vielen anderen ebenso ging, hat sich meine Zunge gelöst. Dabei mitgeholfen hat bestimmt auch das Bier.

Es gab zwei Wirtschaften damals in Basel, die man zur Künstlerszene zählte. Die Hasenburg und die Rio Bar. In beiden saß Abend für Abend junges Volk, das etwas mit Kunst im Sinn hatte. Studenten, angehende Malerinnen und Maler, junge Dichter. Manchmal tauchte ein Star der

Szene auf wie die Schriftsteller Jürg Federspiel und Rainer Brambach oder der Maler Kurt Fahrner. Sonst gab es keine Verbindung zwischen den beiden Beizen. Wer in der einen saß, verkehrte nicht in der andern. Deshalb bin ich auch mit Urs Widmer, der gleich alt war wie ich und ebenfalls Germanistik studierte, nicht näher bekannt geworden. Er verkehrte, wie in seiner Autobiographie nachzulesen ist, ausschließlich in der Hasenburg.

Eines frühen Abends, als ich am großen Fenstertisch der Rio saß, hörte ich, dass draußen auf dem Barfüßerplatz etwas los war. Ich ging hinaus und sah Kurt Fahrner mit drei Kumpanen auf der Mauer vor der Barfüßerkirche stehen und dem spärlichen Publikum sein neues, großflächiges Bild präsentieren, das eine nackte Frau am Kreuz zeigte. Ich schaute es mir eine Weile an und ging dann zurück in die Rio. Später am Abend hörte ich, dass Kurt Fahrner samt Bild von der Polizei verhaftet und eingesperrt worden sei. Das Bild blieb dann jahrelang weggesperrt. So prüde war Basel damals.

Wirtschaftsschluss war in ganz Basel Punkt 24 Uhr. Das hieß, bis 24 Uhr konnte man etwas bestellen, um Viertel nach musste man draußen sein. Es gab keine Ausnahme, außer den Dancings. Aber in den Dancings war das Bier viel zu teuer.

Manchmal ist man nach Mitternacht privat irgendwohin gegangen, in eine Studentenbude im Imbergässlein oder in ein Maleratelier. Dann hat jeder an der Theke noch schnell eine Flasche Bier über die Gasse gekauft.

Einige Male bin ich noch zu einem Mädchen heimgegangen.

Ich erinnere mich an eine, die im Gerbergässlein wohnte. Als wir im Bett lagen, hat sie einen seltsamen Satz gesagt: »Tu, was du tun musst.« Ich bin gleich eingeschlafen. Am andern Morgen, als ich erwachte, war sie nicht mehr da. Hingegen standen auf dem Nachttisch Blumen, die am Abend noch nicht da gewesen waren.

Ich bin dieser Frau nach Jahrzehnten zufälligerweise auf der Straße begegnet. Sie hat mich so angestrahlt, dass ich sie wiedererkannte. Und auch ich habe sie angestrahlt.

Ich habe versucht, mit Rainer Brambach und Jürg Federspiel, von denen ich schon ein Buch gelesen hatte, Kontakt aufzunehmen. Ich habe sie eines Abends, zusammen mit andern, in mein Zimmer am Mühleberg eingeladen. Ich habe eine Flasche billigen Wein aufgemacht, wir haben aus Tassen getrunken. Ich wollte die Gelegenheit nutzen und mit den beiden reden. Sie haben mir nicht zugehört.

Besser ist es mir mit Noldi Rüdlinger und Hannes Schäublin ergangen, die fast jeden Abend in der Rio saßen. Beide waren für mich gestandene Herren. Schäublin galt als Basels schnellste Journalistenfeder. Er träumte von Hesses Wanderjahren. Einmal ist er nach Mitternacht zum Bahnhof hochgegangen und hat sich in einen leeren Waggon gelegt, um ein bisschen zu schlafen. Er erwachte in Chiasso, als ihn ein Zöllner nach dem Pass fragte. Er war gescheit und belesen und voller Neugier.

Noldi Rüdlinger war Chef der Basler Kunsthalle, wo er als einer der Ersten in Europa die jungen Amerikaner ausstellte. Ein Genie im Erkennen neuer Kunst.

Diese beiden Männer haben mir schon bei meinem ersten Wort, das ich zu sagen wagte, neugierig zugehört. Was neu war für mich. Bei ihnen habe ich meine Scheu verloren und zu formulieren versucht, was wirr in mir brodelte.

Später habe ich in der Rio auch Felix Handschin kennengelernt, der in der Bäumleingasse seine Kunstgalerie hatte. Er hat Bernhard Luginbühl, Dieter Roth, Daniel Spoerri und Jean Tinguely ausgestellt. Ich bin Stammgast in seiner Galerie geworden und habe so die zeitgenössische Kunst kennengelernt.

Dieter Roth hat mir in der Rio vordemonstriert, was er über Kunst dachte. Er war eifersüchtig auf die Realität, wie sie sich dem Auge darbot. Er wollte alles verwandeln, was er sah. Er hat von einer Blumenfrau einen Strauß Rosen gekauft und sich darangemacht, die Blüten aufzuessen. Zwischendurch erklärte er mir, warum er das tat. Weil er das Schönheitsideal schlechthin sich einzuverleiben, im Magen und Darm zu verwandeln und als Scheiße wieder auszusondern gedenke.

Dieter Roth war einer der lebendigsten, lustigsten Menschen, die ich kannte. Wobei ich das Wort »lustig« von »Lust« ableite. Lust auf Leben, auf Verändern, auf Verwandeln. Während sich sein Kollege Tinguely zum Hofnarren von Basels Millionären degradieren ließ, blieb Dieter bis zuletzt ein Rebell.

Er hatte sein Lager unweit der Mittleren Straße in einem Hinterhof der Hegenheimerstraße, wo früher sein Bruder, der schweizweit bekannte Gerüste-Roth, seine Baugerüste gestapelt hatte. Eine Halle mit Oberlichtern, vollgestopft mit Dieter Roths Kunst. Oft hat er auch dort geschlafen.

Manchmal, wenn ich mit meiner Familie beim Abendessen saß, kam Dieter zu Besuch. Er setzte sich an den

Küchentisch und weinte. Er wolle nur ein bisschen Gesellschaft haben, sagte er. Dann aß er drei, vier Pellkartoffeln, trank eine Flasche Wein und verschwand wieder.

Einmal hat er mir von seiner Kindheit erzählt, von Hannover während der Bombardierungen, die er als kleiner Bub miterlebt hatte. Deshalb wohl hat er die Abende, wenn die Dunkelheit einbrach, so schlecht allein ertragen. Ein Schicksal, das auch der Schriftsteller Dieter Forte, der unweit meiner Basler Wohnung wohnt, erlitten hat, als Düsseldorf brannte. Forte hat ein lebenslanges, schweres Asthma davongetragen. Er hat in mehreren Bänden darüber geschrieben, am stärksten im Roman *Der Junge mit den blutigen Schuhen*.

Ich weiß von Dieter Roth, dass er seinen Schicksalsgenossen Forte regelmäßig besucht hat.

Obschon Basel mit dem alten Stadttheater und Egon Karters Komödie zwei große Bühnen hatte, bin ich während meiner Studienzeit selten ins Theater gegangen. Ich fand es fade. Es war die Zeit, in der Jean Anouilh und Jean Giraudoux als große, zeitgenössische Dramatiker galten. Einmal hat mich ein Freund im Auto seines Vaters nach Zürich mitgenommen, wir haben uns im Schauspielhaus Brechts *Im Dickicht der Städte* angeschaut. Ich erinnere mich bestens an den großen Schauspieler Ernst Ginsberg.

Da Brecht nach dem Zweiten Weltkrieg als Kommunist nach Ost-Berlin gegangen ist, war es im Westen verpönt, wenn nicht verboten, seine Stücke zu spielen. Die Kommunistenfresser haben mit allen Mitteln versucht, ihn zu verunglimpfen. Zum Beispiel haben wir im Militärdienst einen

Film vorgeführt bekommen, der anhand der *Dreigroschen-oper* zu beweisen suchte, dass Brecht uns brave, biedere Schweizer Knaben mittels schlüpfriger Lieder zum bösen Kommunismus verführen wolle. Ein unglaublich blödes Machwerk der Propagandaabteilung der Schweizer Armee.

Trotz dieses Brecht-Boykotts hat Egon Karter Anfang der sechziger Jahre drei Brecht-Stücke auf den Spielplan seiner Komödie gesetzt. *Mutter Courage*, *Arturo Ui* und *Leben des Galilei*. Wir von der Uni sind alle hingegangen und waren begeistert. Auch *Warten auf Godot* hat Karter gezeigt, und zwar im Keller unten, vor ungefähr sechs Zuschauern. Ein andermal sah ich im Fauteuil, einer Kellerbühne am Spalenberg, *Das Gartenfest* von Vaclav Havel, ebenfalls eine gute Aufführung.

Mit Egon Karter habe ich mich Jahre später, als er nach dem Tod meines Basler Theaterverlegers Kurt Reiss eine Zeitlang den Reiss Verlag führte, angefreundet. Er kam aus einer Familie in Mährisch-Ostrau und wurde früh Mitglied eines Wandertheaters. Er hat gespielt, gesungen, getanzt und Regie geführt, wie es auf der Schmiere verlangt wurde. Im Zweiten Weltkrieg hat er in Amsterdam ein jüdisches Theater geleitet. Als er den Tipp erhielt, es sei an der Zeit, als Jude abzuhauen, floh er nach Paris und weiter über Lyon in die Nähe von Genf. Das letzte Stück bis in die Schweiz ist er über den See geschwommen. In Genf kam er erst einmal ins Gefängnis, ohne zu wissen, ob er bleiben durfte. Anschließend wurde er in ein Internierungslager verlegt. Darüber, und über sein späteres Leben, hat er ein Buch geschrieben, eine der interessantesten Autobiographien aus der Schweiz.

Er hat in Basel die Komödie gegründet, ein Theater mit 600 Plätzen an bester Lage. Er hat den Spielplan so gestaltet, dass die Zuschauerzahlen insgesamt stimmten. Er hat durch sogenannt seichte Unterhaltung Brecht und Beckett finanziert. Er hat, auch auf Reisen, jeden Abend in der Komödie angerufen und sich nach der Zuschauerzahl erkundigt. Er hat jungen Talenten eine Chance gegeben. Judith Melles zum Beispiel, die Mutter von Sunnyi Melles, hat in der Komödie als Garderobenfrau angefangen.

1968, als Stadttheater und Komödie fusionierten, wurde die Komödie Schauplatz einiger der größten Erfolge der Ära Düggelin. *Kasimir und Karoline* in der Inszenierung von Hans Hollmann, *Warten auf Godot* in der Inszenierung von Hans Bauer, Heinrich Henkels *Eisenwichser* in der Uraufführung von Horst Siede.

Im Sommer 1962 habe ich A. kennengelernt. Es war Liebe auf den ersten Blick. Mein Leben ist leichter und fröhlicher geworden.

A. ist die Mutter meiner beiden Kinder geworden. Wir sind bis 1997 zusammengeblieben, bis der Tod sie holte.

Ich habe ihr in der ersten Verliebtheit ein paar Gedichte geschrieben, knapp und sachlich, skizzenhaft. Ich habe damit an einem Lyrikwettbewerb teilgenommen. Ich habe keine Antwort erhalten. Aber auch bei diesen Versen war ich mir sicher, dass sie ein guter Anfang waren.

A. hat mir die Sicherheit gegeben, Schriftsteller werden zu wollen. Sie hat mir, ohne viel Aufhebens zu machen, enorm geholfen. Ich ihr wohl auch.

Ich habe angefangen zu überlegen, wie ich meine Dissertation schreiben könnte. Ich habe mich in den Lesesaal des Basler Kunstmuseums gesetzt. Ein nicht allzu großer Raum mit Blick auf einen Park mit hohen, alten Bäumen. Es saßen jeweils bloß drei, vier Personen da. Ich ließ mir die Zeitschriften des Berliner Frühexpressionismus bringen. Alle im Original, sie waren noch nicht faksimiliert. Die ersten vier Jahrgänge vom *Sturm* habe ich genau durchgelesen. Auch die ersten Jahrgänge der *Aktion* habe ich studiert. Die

Illustrationen von Ludwig Meidner und Kokoschka, Gedichte, Erzählungen, Dramen, die teilweise wirren Theorien. Es war das Beste, was ich in all den Jahren an der Uni getan habe. Quellenstudium, sinnlich greifbar. Das alte, brüchige Papier, die vergilbte Schrift, das handwerklich Grobe der Holzschnitte zeugte davon, dass dies keineswegs zeitgenössische Kunst war, sondern Kunst, die vor einem halben Jahrhundert entstanden war. Einem halben Jahrhundert, in dem das alte Europa zum Teufel gegangen war. Und trotzdem wurde diese Kunst erst jetzt wieder ausgegraben und entdeckt. Zum Beispiel von mir. Das hat mich enorm fasziniert, die Lust des Wiederentdeckens.

Ich habe die Dissertation geschrieben, A. hat sie ins Reine getippt. Vor der mündlichen Doktorprüfung habe ich unter Angstzuständen gelitten, die ich später als Panikattacken erkannt habe. Ich bin in die Psychiatrische Poliklinik gegangen und habe mir Valium verschreiben lassen. Damit habe ich bestanden, mit dem Prädikat *magna cum laude*.

Anschließend war ich ein halbes Jahr Stellvertreter an der Bündner Kantonsschule in Chur, wo paradiesische Zustände herrschten. Gescheite, aufmerksame Schüler, liebe Kollegen, exorbitanter Lohn. Viel Freizeit. Ich bin Ski gefahren und habe Forellen gefangen. Auf dem Calanda oben habe ich nach den für diesen wunderschönen Berg typischen, wasserklaren Kristallen gesucht.

Sie hätten mich gern behalten in Chur, es herrschte noch immer Lehrermangel. Aber ich wollte nicht. A. hat gesagt: »Das ist nichts für dich.«

Ich habe an drei Zeitungen geschrieben, ob sie nicht einen Redaktor brauchten. An den Zürcher *Tages-Anzeiger*, an die *National-Zeitung* in Basel und an die *Basler Nachrichten*. Als Einzige haben sich die *Basler Nachrichten* gemeldet.

Im Sommer 1966 bin ich bezahlter Volontär bei den *Basler Nachrichten* geworden. Ihre sogenannt bürgerlich-liberale Ausrichtung hat mir zwar nicht gepasst. Aber es gab eine ganze Reihe hervorragender Journalisten auf der Redaktion. Der Chefredaktor Peter Dürrenmatt, ein Cousin von Friedrich Dürrenmatt, war eine mächtige Gestalt in der Schweizer Politik und ein grimmiger kalter Krieger. Ich erinnere mich an eine Redaktionssitzung, in der es um ein Bild auf der Titelseite ging. Darauf war ein amerikanisches Flugzeug zu sehen, das über dem vietnamesischen Dschungel ganze Schwaden des Entlaubungsgiftes Agent Orange abwarf. Unter dem Bild war zu lesen, dass dieses Gift für Mensch und Tier unschädlich sei. Chefredaktor Peter Dürrenmatt fand diese Bildlegende korrekt. Und ich habe gedacht, dass er verrückt geworden sei.

So oder ähnlich ist es mir damals oft ergangen. An den wichtigen Machtpositionen saßen meist ältere Männer, die mit vollem Einsatz gegen die Nazis und nach dem Zweiten Weltkrieg gegen die Kommunisten gekämpft hatten. Jetzt, als sich die Welt zu verändern begann, beharrten sie auf den alten Positionen. Beeindruckende, aufrechte Gestalten, die mit der neuen Zeit nicht mehr mitkamen. Walter Muschg war so einer, auch der Rektor der Bündner Kantonsschule Hans Meuli, den Niklaus Meienberg, der ein paar Jahre nach mir ebenfalls Stellvertreter in Chur gewesen war, in einer seiner Schweizer Reportagen so unbarmherzig in die Pfanne gehauen hat. Was ich als ungerecht empfand. Ich habe Meuli als zwar konservativen, aber stets korrekten Rektor erlebt. Und immerhin hatte er als junger Lateinlehrer dafür gesorgt, dass Brecht im Jahre 1948 in Chur sein *Antigone*-Projekt durchziehen konnte.

Meienberg war eben ein paar Jahre jünger als ich. Er war schon nahe bei den Achtundsechzigern, welche die alten Führungsgestalten einfach beiseiteschoben.

Die Arbeit auf der Redaktion hat mir gut gefallen. Wir machten ein Morgenblatt und ein Abendblatt, es gab zweimal Redaktionsschluss. Dann musste man schnell und genau sein. Zwischendurch hatte man jede Menge Zeit, um andere Zeitungen, die herumlagen, zu lesen. Man musste sich ja informieren. Dies ist mir zur Gewohnheit geworden. Ich lese noch heute mindestens zwei Zeitungen pro Tag.

Nach einer kurzen Einführung in die verschiedenen Ressorts arbeitete ich auf der Depeschenredaktion. Wir machten jeweils die erste und die letzte Seite. Im Nebenraum tickerten die Fernschreiber, welche die Meldungen von Agenturen und Korrespondenten hereinbrachten. Die musste man prüfen, man musste die wichtigen auswählen, redigieren, mit Titeln versehen und dann als Rohrpost in die Setzerei hinunterschicken. Bei Redaktionsschluss stieg man hinab in den Keller, wo die Setzmaschinen liefen. Es wurde alles in Blei gegossen. Man ließ sich einen Probedruck vorlegen, um noch dies oder jenes zu ändern.

Das war gute, handfeste Arbeit. Man war in Kontakt mit den Redaktionskollegen und den Setzern. Und man hatte nach kurzer Zeit ein tadelloses Produkt in der Hand.

Ich habe mich wohl nicht schlecht gehalten. Jedenfalls wollten sie mich behalten. Und auch ich konnte mir ein Leben als Redaktor durchaus vorstellen.

Ich hatte schon mehrmals mir unerklärliche Angstzustände erlebt, die mich am heiterhellen Tag überfielen. Immer in den Gassen der Stadt, in einem Raum, in der Eisenbahn. Nie auf einer offenen Wiese, nie im Wald, nie in einem Gewässer. Ich spürte plötzlich mein Herz klopfen, den Boden unter den Füßen wanken. Ich wusste nicht, warum. Ich wartete jeweils, bis es vorüber war.

Ich konnte solche Einbrüche nicht genau benennen. Ich nannte sie »Zustände«. Ich dachte, vielleicht sei es eine Herzschwäche, und ging zum Arzt. Er meinte, mit einem solchen Herzen würde ich hundert Jahre alt.

Ich begann, Angst vor der hereinbrechenden Angst zu haben. A., der ich meine Zustände zu beschreiben versuchte, meinte, das sei nicht schlimm, das würde sich wieder geben.

Die Wirklichkeit war die, dass mein Verstand und mein Körper noch immer einwandfrei funktionierten, dass ich aber, ohne es zu merken, unter einer schweren Neurose litt. Das heißt, ich konnte mich nicht frei entfalten, obschon ich ja eigentlich jede Freiheit hatte. Ich konnte mir meine eigene Freiheit nicht nehmen. Ich war noch immer fremdgesteuert, und zwar so sehr, dass ich mich nicht selber erkennen und verändern konnte. Ich konnte mich nicht zu mir selbst entschließen.

Mitte Oktober begann meine Nachtschicht auf der Zeitung. Um 22 Uhr betrat ich die Depeschenredaktion. Morgens um halb fünf, nachdem ich die erste und die letzte Seite des Morgenblatts fertiggemacht hatte, verließ ich das Zeitungsgebäude. Ich fuhr mit dem Velo zu meinem Zimmer zurück, rollte mich im Bett ein und versuchte zu schlafen. Und plötzlich hat dies nicht mehr geklappt.

In jenen Nächten, in denen ich allein auf der Redaktion saß, unterlief mir kein Fehler. Ich habe zuverlässig geliefert. An die Zustände, die mich immer häufiger überfielen, hatte ich mich gewöhnt. Nur hat mir jetzt mein Verdauungstrakt Schwierigkeiten gemacht. Er wollte und musste sich immer wieder überraschend und ohne Aufschub entleeren, nichts war dagegen zu machen. Das war kein Problem, wenn eine Toilette in der Nähe war. Wenn aber keine in der Nähe war, zum Beispiel im Tram, ergriff mich Panik. Ich entwickelte eine Angst vor der Panik.

Wann immer es möglich war, blieb ich auf meinem Zimmer, das ich im Haus der Fotografin Esther Pfirter an der Missionsstraße bezogen hatte. Ich habe die Glocke des nahen Spalentors, welche die Stunden schlug, noch immer im Ohr, das Rauschen des Morgenverkehrs auf der Kreuzung vorn, während ich todmüde im Bett lag und vergeblich auf Schlaf wartete.

Als ich in der Wohnung von A. wieder einmal auf der Waage stand, wog ich keine sechzig Kilo mehr. Ich ging in die Psychiatrische Poliklinik, bekam eine schwere Dosis Valium verschrieben und wurde für arbeitsunfähig erklärt. Ich begann eine Psychoanalyse bei einer Therapeutin.

Es war eine Traumtherapie, konzentriert, intensiv, relativ kurz. Ich hatte bereits Freuds *Traumdeutung* gelesen, eines der bestimmenden Bücher in meinem Leben. Theoretisch war ich also vorbereitet. Aber als sich die Therapeutin nach meinen Träumen erkundigte, antwortete ich, dass ich mich an keine erinnern könne.

So war es tatsächlich. Ich hatte es verlernt, mir meine Träume nach dem Aufwachen ins Bewusstsein zurückzuholen. Wie sich bald herausstellte, hatte ich auch verlernt, mich an meine Kindheit, an meine Mutter zu erinnern. Ich habe es neu erlernen müssen, und ich habe es schnell gelernt. Ich habe ein Heft samt Bleistift neben das Bett gelegt und mir vor dem Einschlafen fest vorgenommen, beim Aufblitzen eines Traums in meinem kurz aus dem Schlaf erwachenden Bewusstsein diesen nicht gleich wegzuschieben, sondern ihn vor dem Verschwinden beim Schwanz zu packen und, trotz des Drangs, sogleich weiterzuschlafen, im bereitliegenden Heft kurz zu notieren. Dass ich Träume hatte, die mich mitten in der Nacht aufweckten, wusste ich. Nur wusste ich nicht genau, wovon sie handelten. Außer dass es meist Angstträume waren, die mich so sehr erschreckten, dass ich nicht mehr unterscheiden konnte, was Traum war und was Wirklichkeit.

Ich lauerte also auf meine Träume. Und es gelang mir sehr bald, die ersten zu notieren. In der Therapiestunde redeten wir darüber. Erst wollte ich nicht recht, ich hielt es nicht für möglich, dass ich solch krauses Zeug träumte. Schließlich war ich ein halbes Leben lang ein wohlerzogener Junge gewesen. Aber dann akzeptierte ich, was im klärenden Gespräch zutage trat.

Anfangs träumte ich oft von einem trüben Gewässer, das schmutzig und vielleicht sogar giftig war und in dem unförmige, traurige, womöglich sogar gefährliche Fische herumtrieben, fast nicht sichtbar, kaum ahnbar, da kaum Licht ins dumpfe Gewässer fiel. Später lichtete sich das Wasser in meinen Träumen, es wurde klar und hell, die Fische darin wurden farbig und schön. Schließlich träumte ich von einer prachtvollen, knallorangen Boa, die einen vollkommenen Kreis bildete. Ein uraltes, atavistisches, großartiges Bild.

Ich wurde zum Traumvirtuosen. Es gab Nächte, in denen ich drei Träume aufschrieb. Ich habe zwei Hefte damit gefüllt. Das war nur möglich, weil ich nichts anderes getan habe. Ich war ja arbeitsunfähig, hatte also keinen Anlass, eine Arbeitsstelle zu suchen. Ich hatte in der Zeit in Chur genügend Geld gespart, ich brauchte wenig.

Peter Dürrenmatt, der mich in einem persönlichen Gespräch verabschiedete, hat sich großartig verhalten. Er hat mir geraten, mir keine Sorgen zu machen. Sie würden mich wieder einstellen, wenn ich genesen sei. Im Übrigen habe er in seinem langen Leben die Erfahrung gemacht, dass gerade die Leute, die in jungen Jahren eine Krise durchliefen, zu den besten, widerstandsfähigsten Kräften heranwüchsen.

In der Folge begann ich, mich an mein bisheriges Leben zu erinnern, an Mutter, an Vater, an die vielen Verbote, die ich geradezu mustergültig befolgt hatte. An meine vergeblichen Versuche, dagegen aufzubegehren. Wie ich die Verbote verinnerlicht hatte und selber zum Verbieter geworden war.

Das Nachdenken über meine Träume hat mich also zum Erinnern gebracht. Die Erinnerungen sind über mich hereingestürzt wie das Wasser eines Stausees, dessen Staumauer

243

weggesprengt wurde. Das Hereinfluten der Erinnerung hat mich ohne Umschweife ergriffen und durchgeschüttelt. Das war schmerzlich. Es war aber auch erlösend und befreiend. Ich habe mich dieser Überflutung hemmungslos hingegeben. Sie wurde zum beglückenden Befreiungsakt.

Langsam kam ich wieder auf die Beine, traute mich wieder ohne Angst auf die Straße. Ich fuhr regelmäßig mit dem Velo zur Wirtschaft Spitzwald im Westen der Stadt und lief ins Elsass hinüber, stundenlang durch Wälder und über Wiesen, Fuß vor Fuß. In der Wirtschaft von Luc Borer in Neuwiller kehrte ich ein.

Einmal lag ich mit A. an einem See in den Vogesen. Es war Zeit, meine Mittagsration Valium zu schlucken. »Gib her«, sagte A. Ich gab ihr das Fläschchen mit den Pillen, und sie warf es weit ins Wasser hinaus. Das war's dann gewesen mit dem Valium.

Diese meine Krise hat sich im Nachhinein als Glück erwiesen. Hätte sie mich nicht so durchschlagend erwischt, hätte ich wohl widerstanden und mich durchgebissen. Die Zeit hätte meine verschütteten Wünsche und den Traum, mein Leben schreibend zu verbringen, vollends begraben. Ich wäre wohl ein ziemlich passabler Zeitungsredaktor oder eben doch ein Gymnasiallehrer geworden, wer weiß das schon.

Es ist anders gekommen.

Im Frühsommer 1967 hat A. in einem Zeitungsinserat gelesen, dass im Jura ein Bauernhaus zu vermieten sei. Sie hat sich gemeldet und es, wie meist, wenn sie etwas wollte, bekommen. Das Haus stand auf einer großen Waldlichtung oberhalb von Glovelier.

Der Bauer Julien, dem die ganze Lichtung gehörte, holte mich in Basel mit seinem Kastenwagen ab. Wir luden ein paar alte Möbel ein, die mir ein Freund überlassen hatte, und tuckerten los nach Westen, dem Lauf der Birs entlang. Durch die Ebene von Delémont, die in hellem Licht lag. Oben an den Kalkflühen leuchtete rot das Wappen der Jurassier, die für einen eigenen Kanton kämpften. Dann der Aufstieg nach Saint-Brais Richtung Freiberge. Auf halber Höhe die Abzweigung zu Juliens Reich. Er half mir, die Möbel ins leere Haus zu tragen. *Bonne chance!,* sagte er und fuhr davon.

Hier stand ich also, ein 29-jähriger Germanist aus Zofingen, in einem wilden, menschenleeren Seitental des Juras, ohne feste Anstellung, ohne jede Verpflichtung, etwas zu leisten. Ohne Bindung, außer zu A. Um mich herum nur Wiese und Wald. Und eine Stille, die mir grenzenlos vorkam.

In der Stube eine Ofenkunst. Der Stall voller Milchkühe, die Julien morgens und abends molk. Vor dem Haus ästen zwei Schafe. Eine Toilette gab es noch nicht, ich habe Julien geholfen, eine einzurichten. Geld brauchte ich fast keines. Die Miete war minim, Milch und Brot bekam ich von Julien. Bier trank ich keines, geraucht habe ich wenig. Julien hat mir einen alten Condor Puch zur Verfügung gestellt, ein leichtes Motorrad, das sich als unverwüstlich erwies. Ich bin damit durch die Gegend gefahren, hinauf nach Montfaucon zu den weitläufigen Pferdeweiden, hinunter zur Moulin Jeannottat, wo der Doubs gestaut war, so dass ich darin schwimmen konnte. In den Nächten lag immer noch das Heft neben mir, in das ich meine Träume notierte.

Ich bin tagelang zu Fuß unterwegs gewesen, über die steilen Hänge der Schlucht weiter hinten, auf den Pferdeweiden mit den Zweijährigen drauf, die mir neugierig nachliefen. Einmal in der Abenddämmerung, als ich einen bewaldeten Hang hochstieg, hörte ich ein Geräusch und blieb sogleich stehen. Zehn Meter weiter oben sah ich einen Dachs. Er hatte mein Geräusch gehört. Witterung hatte er keine, sonst wäre er weggerannt. Er wartete wie ich, was weiter geschehen würde. Nach einer Weile erhob er sich auf die Hinterbeine, ich sah seinen hellen Bauch, die dunklen Streifen auf seiner Schnauze. Dann trollte er sich, ohne mich bemerkt zu haben.

Schon am zweiten Morgen, als ich erwachte, spürte ich etwas Warmes an meinen Kniekehlen. Ich schaute nach, was es war. Es war ein getigerter Kater, der bei mir geschlafen hatte, und nun, als ich erwachte, durch das offene Fenster floh. Fortan lag er jede Nacht an meinen Beinen.

A. hat mich regelmäßig besucht. Wir haben abends, wenn es dunkel wurde, vor dem Haus ein Feuer gemacht, dem leisen Rauschen des Waldes zugehört und in den glitzernden Himmel hinaufgeschaut. Meist ist sie dabei eingeschlafen, sie war müde von der Arbeit. Um Mitternacht, wenn das Feuer in sich zusammengefallen war, habe ich sie ins Bett geführt und mich zu ihr gelegt.

Eines Nachmittags, als ich in Basel war, betrat ich kurz entschlossen die Redaktion der *National-Zeitung* am Aeschenplatz und verlangte nach Hans Rudolf Linder vom Feuilleton. Es klappte, ich wurde vorgelassen. Linder war ein großer, dürrer Mann in farbigem Hemd und Manchesterhosen. Ich sagte, ich sei ein Germanist, der in einem Bauernhaus im Jura wohne. Nach einem halbstündigen Gespräch verließ ich die Redaktion wieder mit einem Packen Bücher unter dem Arm, die ich besprechen sollte.

Das habe ich getan, und zwar so, dass Hansruedi Linder zufrieden war. Ich habe mir weitere Bücher geholt und besprochen, ich durfte sie mir sogar aussuchen. Allerdings hatte ich noch nicht das Selbstbewusstsein, meine Rezensionen mit meinem richtigen Namen zu unterschreiben. Ich habe den Namen Johann Schneider daruntergesetzt. Linder wollte mich pushen, er fand mich gut. Was mich sehr gefreut hat, ich fand ihn auch gut. Er gab mir weitere Aufträge. Ich berichtete über Dichterlesungen und schrieb Theaterkritiken. Einmal habe ich eine Aufführung von Dürrenmatts *Ehe des Herrn Mississippi* in der Komödie verrissen, unter dem Titel *Bürgerschreck ohne Bürger*.

Als mir Linder einmal einen Packen junger Schweizer Literatur überreichen wollte, habe ich abgelehnt. Ich wolle selber Schriftsteller werden, sagte ich. Und ich wolle nicht meine zukünftigen Kollegen vergraulen. Da hat er mich ziemlich verdattert gemustert.

Ich habe dann auch für den Lokalteil Berichterstattung gemacht. Vorträge, Jahresversammlungen irgendwelcher Vereine und solchen Kleinkram. Ich habe dies alles mit großem Interesse gemacht. Und ich habe gelernt, konzentriert und schnell zu schreiben. Kein Germanistendeutsch, sondern knappe, genaue Reportersprache. Nach den Anlässen bin ich mit dem Velo auf die Redaktion gefahren, habe meinen Bericht in die Maschine gehauen und bin dann zum Barfüßerplatz gespurtet, um in der Rio vor Wirtschaftsschluss noch eine Flasche Bier zu bestellen.

Ich habe das offenbar so gut gemacht, dass ich von der *National-Zeitung* ein monatliches Fixum erhielt. Womit meine Geldsorgen gelöst waren.

Ich hatte einen Kollegen beim *Badener Tagblatt* (Baden bei Zürich), der dort die Wochenendbeilage betreute. Auch für ihn habe ich Bücherbesprechungen gemacht. Ich habe in den folgenden Jahren die für die Schweiz wichtigen Neuerscheinungen rezensiert. Das Buch von Willi Gautschi über den Landesstreik von 1918, Alfred A. Häslers Bericht über die schweizerische Flüchtlingspolitik mit dem Titel *Das Boot ist voll*, Kurt Martis Übersicht über die neue Schweizer Literatur, in der ich zum ersten Mal auf die Namen von Jakob Bührer und Hans Morgenthaler stieß. Ich habe in Antiquariaten Werke dieser Autoren gesucht und gefunden. Ich habe dabei Friedrich Glauser entdeckt.

Sehr gern habe ich Bücher aus der Reihe rororo aktuell besprochen, welche die kommende Studentenrevolte vorbereiteten. Auch Bücher aus der DDR, alles, was mich interessierte. Ich war auf der Höhe der Zeit.

Als sich 1967 in Basel die ersten Studentengruppen mit Diskussionen und Sit-ins zu Wort meldeten, wurde ich zum Berichterstatter für studentische Belange ernannt. Eine Formulierung, die mich stolz gemacht hat. Ich war zwar schon fast dreißig, es war mir folglich nach dem bekannten Slogan bald nicht mehr zu trauen. Vieles, was die jungen Revoluzzer und Schreihälse taten und sagten, fand ich schwer übertrieben. Aber der allgemeine Aufstand der Jugend hat mich interessiert und begeistert, weil er meinem privaten, persönlichen Neuanfang entsprach.

Nur etwas habe ich nicht mitbekommen, was ich ganz erstaunlich finde. Bob Dylan, die Rolling Stones und die Beatles sind gänzlich an mir vorbeigegangen. Ich war und blieb ein Jazz-Fan.

Als im Mai 1968 die Pariser Jugendunruhen ausbrachen, wollte ich unbedingt hin. Linder gab mir einen Auftrag samt Spesen. Da in Frankreich wegen des Generalstreiks keine Eisenbahn fuhr und die Tankstellen geschlossen waren, setzte ich mich in einen Bus, der genügend Benzin an Bord hatte für Hin- und Rückfahrt. Er fuhr direkt auf die Place Saint-Michel. Als ich durch das Quartier Latin schlenderte, das voll von diskutierenden Menschen war, kam es mir vor, als sei ich nach einem langen Umweg wieder bei mir angekommen.

Damals waren die *National-Zeitung* und das *Badener Tagblatt* sogenannt linksliberal. Das entsprach dem Zeitgeist.

Die alten Chefredaktoren waren nicht mehr gefragt, Berufs- und Lebenserfahrung galten schon fast als suspekt. Zwanzigjährige Jungs mit dem ersten Flaum am Kinn behaupteten allen Ernstes, man müsse Gewalt anwenden, um der Revolution zum endgültigen Durchbruch zu verhelfen.

Über Mittag habe ich mich immer noch ins Uni-Café gesetzt, um Suppe mit Brot zu essen und mit dem jungen Volk zu diskutieren. Da sie wussten, dass ich für die Zeitung schrieb, haben sie mich akzeptiert. Als der Warschauer Pakt in die Tschechoslowakei einmarschierte und dem Prager Frühling ein Ende setzte, haben zwei Theologiestudenten, mit denen ich mich oft unterhielt, behauptet, dieser Einmarsch sei nötig, um die Konterrevolution zu bekämpfen. Diese Behauptung habe ich nicht begriffen.

Eine der Studentengruppen hat ihre Versammlungen im Park der Besitzerfamilie eines der großen Basler Chemiekonzerne abgehalten. Der Sohn dieser Besitzerfamilie, noch keine zwanzig, hat wacker mitgemacht. Marxist saß neben Maoist. Zwischendurch hat uns die Dame des Hauses aus dem eigenen Keller bewirtet. Und alle blieben gesittet und friedlich.

Ich habe damals, als die Erinnerungen in mich hineinzufluten begannen, meine beiden ersten längeren Texte geschrieben. *Leköb,* eine Lebensgeschichte, *Distra,* eine Liebesgeschichte. Beide Titel sind Anagramme, von mir und von A. Sie hat beide hektographiert und mit einem Deckblatt versehen. *Leköb* 1967, *Distra* 1968. Es sind meine beiden Urtexte. Ich liebe sie heute noch, obschon sie im Überschwang der Entdeckung meiner Vergangenheit entstanden sind.

Ich habe auch versucht, ein Theaterstück zu verfassen. Es hieß *Antonius und Kleopatra* und handelte vom Kampf zwischen Antonius und Augustus um Kleopatra, der im Jahre 31 v. Chr. in der Seeschlacht von Actium zugunsten von Augustus ausging. Ein für mich unmögliches Unterfangen selbstverständlich, ich blieb nach einem guten Dutzend Seiten stecken. Was mich antrieb, war wohl der Gegensatz zwischen dem sinnlichen Genussmenschen Antonius und dem beherrschten Verstandesmenschen Augustus.

Ich habe angefangen, für Hansruedi Linder Glossen zu schreiben. Er hat für uns junge Basler Autoren sein Feuilleton geöffnet, stets die Spalte rechts oben, was großartig war. Ich habe dort kurze Erzählungen und Gedichte veröffentlicht. Immer noch nicht unter meinem richtigen Namen, sondern unter dem Pseudonym Peter Fischwanz.

Wir waren eine kleine Dichtergruppe, die sich ab und zu traf, Bier trank, die Lage diskutierte und stritt. Dieter Fringeli, der einen vielgerühmten Lyrikband vorliegen hatte, Christoph Mangold, der bei Rowohlt seinen Roman *Manöver* veröffentlicht hatte, Werner Schmidli mit dem Roman *Meinetwegen soll es doch schneien,* in dem er von seiner Kindheit im Kleinbasler Arbeitermilieu berichtet. Später kam noch Guido Bachmann aus Bern dazu, der mit dem Roman *Gilgamesch* einen waschechten Skandal ausgelöst hatte.

Da ich Schriftsteller werden wollte, habe ich gedacht, der Basler Literaturkredit könnte die richtige Adresse für mich sein. Ich habe *Leköb* und *Distra,* meine inzwischen gedruckte Dissertation und einige Glossen hingeschickt mit der Bitte um finanzielle Unterstützung. Ich erhielt eine Audienz, und zwar bei einem Dr. Zeugin. Ich war auf elf Uhr bestellt. Ich war pünktlich da, musste eine halbe Stunde warten und wurde dann von einer Dame in ein riesiges Zimmer geleitet, das direkt auf den Rhein hinausging. An seinem Ende stand ein Pult, und am Pult saß ein rundlicher Mann in weißem Nylonhemd samt Krawatte. Es war Dr. Zeugin. Er war vertieft in seine Akten und ließ mich eine Weile vor dem Pult warten. Dann lehnte er sich zurück und fasste mich ins Auge. »Jetzt sagen Sie mir einmal«, sprach er, »wieso wir Ihnen Geld geben sollten.« »Weil ich Zeit zum Schreiben brauche«, sagte ich, »und dafür brauche ich Geld.« Er schüttelte angewidert den Kopf, entsetzt über meine Impertinenz. »Da könnte ja jeder kommen«, sprach er. »Ich würde ja nichts sagen, wenn Sie der neue Dürrenmatt wären. Aber so, nein, wir können Sie nicht berücksichtigen.«

Das war's dann, ich konnte wieder gehen.

Ich erinnere mich an diese Szene genau. Und ich weiß noch, wie mir auffiel, dass es im Grunde eine Frechheit war. Denn der Literaturkredit war ja dazu da, dass Autoren und solche, die es werden wollten, ein Gesuch stellen konnten. Dass ich nichts bekam, hat mich nicht überrascht. Aber die Absage hätte ein bisschen freundlicher sein können.

Ich weiß selbstverständlich, wie schwierig es ist, unter den jungen Leuten, die zu schreiben versuchen, die wirklichen Talente zu entdecken. Wird etwas daraus, oder wird nichts draus? Trotzdem sollte man das Wagnis immer wieder eingehen. Nie sind Autorinnen und Autoren so billig zu finanzieren wie in jungen Jahren. Hätte mir der Literaturkredit damals 5000 Franken gegeben, hätte dies mir sehr geholfen.

Später bin ich vom Basler Literaturkredit mehrmals unterstützt worden. Zweimal bin ich angefragt worden, ob ich Mitglied der Literaturkreditkommission werden wollte. Ich habe beide Male abgesagt, aus vernünftiger Feigheit. Denn selbstverständlich hätte ich mir unter den Kolleginnen und Kollegen, deren Gesuche abgelehnt wurden, Feinde gemacht.

Von der Pro Helvetia, der Schweizerischen Kulturstiftung, habe ich vier Werkjahre bekommen. Zweimal habe ich mich selbst darum beworben. Zweimal ist die Kommission offenbar von sich aus draufgekommen, mir Geld zu geben. Was mich enorm gefreut hat.

Wäre ich Gymnasiallehrer geworden, hätte ich im Jahr das Dreifache eines Werkjahres verdient. Mit zwölf Wochen Ferien plus satter Rente.

Ich weiß, über Geld zu reden ist schnöde. Vor allem für die, die sich nicht darum kümmern müssen, da sie genug davon haben. Ein Schriftsteller hingegen muss sich darum kümmern. Folglich soll er auch darüber reden.

Meine Meinung: Da eine eigene Literatur zur Kultur eines jeden Staates gehört, soll der Staat, ob Stadt, Kanton oder Bund, die Hersteller von Literatur finanziell unterstützen. Was in der Schweiz richtigerweise auch getan wird.

Einmal bin ich auf der Gasse Urs Widmer begegnet, von dem ich wusste, dass er bereits veröffentlicht hatte und in Frankfurt bei Suhrkamp Lektor war. »Was treibst du so?«, hat er gefragt.

»Ich versuche zu schreiben.«

»Schickst du mir etwas?«

»Sehr gern.«

Ich habe ihm *Leköb* und *Distra* geschickt. Er hat geantwortet, das sei ja saugut, er werde die beiden Texte Walter Höllerer geben, sie könnten etwas für die Zeitschrift *Akzente* sein.

Urs Widmer hat dies bestimmt getan, er war einer der hilfsbereitesten Kollegen, die ich hatte. Von Walter Höllerer habe ich nichts gehört. Und ich machte mich langsam mit dem Gedanken vertraut, dass das, was ich schrieb, offenbar keine Chance auf dem Literaturmarkt hatte.

Wichtig war für mich damals auch Jürg Federspiel. Ich habe auch ihm die beiden Erzählungen gegeben. Sein Urteil: Man wird von diesem Schneider noch hören.

Urs Widmer und Jürg Federspiel, immerhin zwei gute Leser.

Wieder etwas später hat mich auch Dieter Roth gefragt, was ich so treibe. »Schreiben«, sagte ich. »Dann schick was«, sagte Roth. Auch ihm habe ich die beiden Erzählungen geschickt. Er hat sich gleich gemeldet und gemeint, er werde das drucken. Es sei ein bisschen kurz, ob ich nicht eine dritte Erzählung schreiben könne? Das habe ich getan. Dieter Roth hat daraus ein Büchlein gemacht und 1970 unter dem Titel *Leköb* im Taucher Verlag, Stuttgart, in fünfhundert nummerierten Exemplaren herausgegeben. Ich habe fünfzig Belegexemplare erhalten, die ich verschenkt habe.

Kürzlich habe ich in einem Antiquariat ein Exemplar davon gefunden und zu einem sündhaft hohen Preis gekauft.

Auch Werner Lutz muss ich hier erwähnen, einen Appenzeller, den es nach Basel verschlagen hatte. Ich habe von ihm eine Erzählung mit dem Titel *Ich wohnte lange darin* gelesen. Darin erzählt er von seinem Rückzug in ein altes, abgelegenes Bauernhaus. Es war das, was ich im Jura selbst erlebt hatte, und ich habe ihm geschrieben. Er hat umgehend geantwortet. Wir haben uns getroffen und wurden Freunde.

Zu Autorinnen hatte ich keinen Kontakt. Nicht aus Scheu oder so was, sondern weil es in meinem Umkreis nur sehr wenige Autorinnen gab. Literatur war immer noch in erster Linie Männersache. Adelheid Duvanel, dem verwunschenen Märchentier, bin ich erst später begegnet. Wir haben uns freundlich beschnuppert und gegenseitig ganz in Ordnung gefunden.

Im Frühsommer 1968 habe ich gehört, dass ein junger Schweizer das Basler Theater übernehme. Sein Name: Werner Düggelin. Ich dachte, das könnte etwas für mich sein, und habe ihm mein angefangenes und nicht fertiggeschriebenes Stück *Antonius und Kleopatra* geschickt.

Werner Düggelin hat mich kommen lassen. Er hat eine halbe Stunde mit mir geredet und dann gesagt, er wolle mich unbedingt am Theater haben. Da sein Bedarf an Regieassistenten bereits gedeckt sei, könne er mich nicht direkt bezahlen. Er werde aber dafür sorgen, dass ich vom Amt für Ausbildungsbeiträge für zwei Jahre Geld bekomme. Ich solle erst einmal als Hospitant auf die Proben von Dürrenmatts Shakespeare-Bearbeitung *König Johann* kommen.

Eigentlich ein Irrsinn. Ich hatte meine Ausbildung bereits hinter mir, ich hatte den Doktortitel und war dreißig Jahre alt. Aber Düggelin konnte das. Er hat mit Charme und Intelligenz ganz Basel bezirzt und auf seine Seite gezogen. Und er hat geliefert. Unter seiner Leitung wurde das Basler Theater zu einem der besten deutschsprachigen Stadttheater.

Ich weiß nicht, wem ich meine Anstellung verdankte. Gewiss war das halbstündige Gespräch mit Dügg mitentscheidend. Was unglaublich war. Der Intendant eines großen Stadttheaters nimmt sich in der Vorbereitung der neuen Saison, mitten in seiner eigenen Regiearbeit, die Zeit, mit einem entlaufenen Germanisten, der nichts vorzuweisen hat als ein missratenes Theaterstück, eine halbe Stunde zu reden und ihn ans Theater zu holen.

Ich bin mir sicher, dass ich meine Anstellung nicht dem Chefdramaturgen Herrmann Beil verdanke, zwischen ihm und mir hat es nie geklappt. Es muss Christoph Leimbacher gewesen sein, Düggs persönlicher Assistent, der meinen Text genau gelesen hat. Ein meist schwer unterschätzter Mann.

Jedenfalls saß ich plötzlich, gleichsam von der Straße weg, im Zuschauerraum des großen, wunderschönen, alten Stadttheaters und schaute gebannt zu, wie oben auf der Bühne Dügg mit Dürrenmatt und mit Matthias Habich, der den Bastard spielte, diskutierte. Ich habe gestaunt. Und ich habe mich auf der Stelle verliebt. In den Plüsch im Zuschauerraum. In die schwarz gebeizten Bretter des Bühnenbodens. Und in die genaue Probenarbeit.

Ich war es nicht gewohnt, produktiv zu arbeiten, ich hatte mich bei der Arbeit immer anpassen müssen. Hier war eine Gruppe zusammen, die gemeinsam etwas zu erreichen versuchte, die sich gegenseitig austauschte und manchmal auch stritt. Es lag eine Erotik in der Luft, eine beschwingende, vibrierende Bühnenerotik, die alles zusammenhielt. Und die auch mich einbezog.

Das ist das Großartige an der Theaterarbeit, dass alle, die mitmachen, woher sie auch kommen, wer sie auch sind, anhand eines Textes, der modern oder zweieinhalbtausend Jahre alt sein kann, zu einer verschworenen Gruppe zusammenwachsen. Alle müssen sich hingeben, ausliefern, anders geht es nicht.

Das nächste Stück, bei dem ich dabei war, war Goldonis *Trilogie der schönen Ferienzeit,* inszeniert von Hans Hollmann, ebenfalls im Stadttheater. Ich saß unten und schaute zu, wie sich einer der Schauspieler, der mit Hollmann nicht konnte, verabschiedete. Georg Holzner, der einen Diener spielte, übernahm seine Rolle. Da Goldoni die Diener in italienischen Dialekten spielen ließ, ließ sie auch Hollmann in Dialekten spielen.

Hollmann trat an die Rampe, fasste mich ins Auge und sprach: »Schneider, auf die Bühne.«

So geschah es. Ich spielte einen Diener, in meinem Dialekt.

Ich bin kein Schauspieler, auf Hochdeutsch schon gar nicht. Ich bin zwar oft auf der Bühne herumgehüpft in jenen Jahren, als Statist mit zwei Sätzen. In Weihnachtsmärchen habe ich zweimal eine Hauptrolle gespielt und dabei erfahren, welch virtuose, genaue Zuschauer Kinder sind. An der Seite meines Kollegen Jörg Schneider habe ich auch einmal im Theater für den Kanton Zürich eine Hauptrolle gespielt, in Wirtshaussälen und Turnhallen. Drei Mal habe ich versucht, selbst zu inszenieren. Ich war nach der Generalprobe stets einem Nervenzusammenbruch nahe. Folglich habe ich es sein lassen. Aber ich habe dabei viel über das Theaterhandwerk gelernt.

1968 drängte sich junges Volk ins Basler Theater. Die bewegte Jugend hat einen gesellschaftlichen Brennpunkt gesucht. Düggelin hat ihr diesen Brennpunkt geliefert. Ich habe auf der Bühne den jungen Daniel Vischer kennengelernt, der später für die Grünen im Nationalrat saß. Volker Hesse, Xavier Koller, Miriam Goldschmidt, Urs Bihler und viele andere. Ich war der Älteste unter ihnen. Und als A. Ende des Jahres unsere Zwillinge gebar, wurde es schwierig. Aber A. hat mitgezogen.

Wir wohnten in einer Dreizimmerwohnung an der Markircherstraße gegen das Elsass hin. Ruhig gelegen, Kleinbürgermilieu, billige Miete. Kein Auto, kein Fernseher. Ich habe nebenbei immer noch für die *National-Zeitung* geschrieben. Hinzu kam die halbe AHV von Tante Hanna. Wenn es gar nicht mehr reichte, hat A. für ein paar Wochen als Sekretärin gearbeitet.

Ich habe eine Mansarde an der Bernoullistraße, gleich gegenüber der Uni-Bibliothek, gemietet, bei einer Familie Wullschleger. Ein Bett, ein Tisch, ein Stuhl, zentralgeheizt. Das Tageslicht fiel durch eine Dachluke. Dort habe ich versucht, ein Stück zu schreiben.

Ich habe während einer Horváth-Aufführung den Regisseur Horst Siede kennengelernt. Ich wusste, dass er in München ein Stück von Franz Xaver Kroetz inszeniert hatte, der in einem bayrisch gefärbten Hochdeutsch schrieb. Ich hatte auch von Martin Sperr und Peter Turrini gehört, die sich auf Marieluise Fleißer beriefen und mundartlich gefärbte Stücke verfassten. Auch hatte ich als Gastspiel eine hervorragende Goldoni-Inszenierung von Rainer Werner Fassbinder gesehen.

Ich habe Horst Siede über Kroetz ausgefragt. Und ich habe es selber versucht. Den Stoff dazu hatte ich schon eine

Zeitlang im Kopf herumgewälzt. Er beruhte auf einer Geschichte, die mir mein Vater erzählt hatte.

Erste Geschichte: In Würenlingen hat in der Zeit des Ersten Weltkriegs ein Mann versucht, das Raupenfahrzeug zu erfinden. Er hat eine Kuh vorgespannt und ist mit seinem Gefährt unter dem Gespött der Leute durchs Dorf gefahren. Bis Berichte über die ersten Panzer ins Dorf kamen.

Zweite Geschichte: Zu ungefähr derselben Zeit sind Sozis aus Untersiggenthal nach Würenlingen gekommen, um auf dem Dorfplatz zu demonstrieren. Sie wurden von der Feuerwehr abgespritzt, verprügelt und verjagt.

Dritte Geschichte: Im November 1917 wurden bei einer Arbeiterdemonstration in Zürich/Außersihl vier Menschen erschossen.

Daraus habe ich das Stück *Der Erfinder* geschrieben. Erst einmal auf Schweizerdeutsch, da es ja in Würenlingen spielte. Ich habe es gleich auch ins Hochdeutsche übersetzt.

Ich habe das Stück Düggelin gegeben. Er hat es für den nächsten Spielplan angekündigt, zu meinem großen Schreck, zu meiner noch größeren Freude. Es kam aber nicht, Beil war dagegen.

Herrmann Beil hat meine ersten vier Stücke alle abgelehnt. Was mich verletzt hat. Denn im Basler Theater war ich heimisch, hier wollte ich gespielt werden.

Ich weiß, dass dies immer wieder geschieht. Es ist die alte Geschichte vom Propheten im eigenen Lande. Und wenn zwei sich nicht riechen können, können sie nicht zusammen Theater machen.

Ich habe dann eine Erzählung über meine Zeit im Jura geschrieben und einen Verlag gesucht. Ich habe sie meinem Freund Werner Schmidli zum Lesen gegeben. Er hat sie in den Benziger Verlag gebracht, zu Peter Keckeis. Der Benziger Verlag hatte damals ein gutes literarisches Programm. Peter Keckeis hat gezögert, ich merkte, dass er mir nicht recht traute. Erst als Hansruedi Linder anbot, die Erzählung als Vorabdruck in der *National-Zeitung* zu bringen, willigte er ein. Er gab ihr den Titel *Die Ansichtskarte,* was ich in Ordnung fand. Aber er hat sie in einer Art und Weise lektoriert, die ich nicht in Ordnung fand. Offenbar dachte er, ich könne nicht richtig Deutsch. Er hat fast jeden zweiten Satz korrigiert. Ich habe, in Zusammenarbeit mit der Lektorin Renate Nagel, die meisten Korrekturen wieder rückgängig gemacht.

Einmal hat mich Peter Keckeis nach meinen weiteren Plänen gefragt. Ich habe geantwortet, ich wolle einen Roman schreiben. Worauf er mich griesgrämig anschaute und sagte: »Sie werden versanden.«

Auch so eine seltsame Geschichte. Offensichtlich war ich vielen Leuten zu wenig literarisch, anders kann ich es mir nicht erklären. Richtig ist, dass ich allem Kunstgewerblichen, Pseudoliterarischen abhold war. Es ist heute noch so. Nichts geht mir so auf den Wecker wie pseudoliterarischer Kitsch.

Ein andermal habe ich mich mit Keckeis über die Frauen im Allgemeinen unterhalten. Er war der Meinung, vor Frauen gebe es nur Flucht. Als Beweis dieser These hat er mir die Sage vom Sennentuntschi erzählt. Als er damit fertig war, wusste ich, dass ich darüber ein Stück schreiben werde.

Die Geschichte: Drei Sennen auf einer entlegenen Alp bauen sich eine Puppe und taufen sie Maria. Die Puppe wird lebendig, säuft die Milch weg, frisst den Käse. Im Herbst wollen die Sennen mit der Herde heimlich ins Tal abhauen. Aber einer vergisst den Melkstuhl, geht zurück, um ihn zu holen, und wird von der Puppe gehäutet.

Mir war sofort klar, dass es eine erotische Geschichte war. Ich habe mich sogleich ans Schreiben gemacht. Immer nach den Morgenproben, die bis 14 Uhr dauerten, bin ich mit dem Velo zur Wirtschaft Spitzwald gefahren und über die Grenze nach Neuwiller gewandert. Dabei habe ich mir die nächsten Szenen ausgedacht. Anschließend in meiner Mansarde habe ich sie zu Papier gebracht. So entstand in wenigen Tagen das Stück *Sennentuntschi.* Wobei ich nie daran gedacht habe, dass es jemand aufführen könnte. Sonst hätte ich es wohl weniger rigoros geschrieben.

Trotzdem brachte ich es ins Basler Theater. Beil meinte, so etwas könne man nicht aufführen.

Natürlich habe ich es auf Schweizerdeutsch geschrieben, es waren ja Schweizer Sennen. Aber selbstverständlich habe ich auch davon eine hochdeutsche Fassung gemacht.

Ich schickte beide Stücke, *Erfinder* und *Sennentuntschi,* ans Zürcher Neumarkt-Theater. Ich erhielt von einem Dramaturgen die Antwort, sie hätten am Neumarkt nicht genügend Schweizer Schauspieler, um so was zu spielen.

Nun saß ich also da, hatte zwei Stücke, die ich gut fand, und wusste nicht weiter. Sie an die Stadttheater von Bern, Luzern, St. Gallen oder sogar ans Zürcher Schauspielhaus zu schicken, wäre mir nie eingefallen. Denn diese Theater hielt ich für konservativ verstaubt.

Ich gab die Stücke auch meinem Freund Reto Papst, der in Basel schon mehrfach inszeniert hatte. Ich kannte ihn aus der Theaterfußballmannschaft, wo er in der zentralen Verteidigung und ich im Sturm spielte. Er meinte sogleich, es seien zwei gute Stücke, er wolle beide inszenieren.

Damals war Werner Wollenberger unter dem Intendanten Harry Buckwitz Dramaturg am Zürcher Schauspielhaus. Er war ein Dramaturg der herkömmlichen Art, der nicht jedes Programmheft mit Adorno vollstopfte, sondern Programmhefte machte, die man in zehn Minuten gelesen hatte. Er war ein Feindbild der Achtundsechziger, vor allem der jungen Redaktoren des *Tages-Anzeigers* wie Christoph Kuhn und Peter Meier. Diese Feindschaft hat auf mich abgefärbt. Was ich ungerecht fand. Dürrenmatt hat einmal sinngemäß gesagt, er brauche kein Theater mit richtiger Gesinnung, sondern eine Bühne und Schauspieler. Die Gesinnung bringe er selber mit.

Wollenberger hat damals das Nachtstudio gegründet. Das heißt, er hat übers Wochenende die Abonnementvorstellungen etwas früher angesetzt. Anschließend haben die Techniker das Bühnenbild abgebaut und ein neues Bühnenbild aufgestellt, in dem dann eine Vorstellung des Nachtstudios stattfand. Bedingung war, dass ein Stück keinen Umbau brauchte. So wollte er zeitgenössische Stücke zeigen, im großen Haus, vor großem Publikum.

Er hat Reto Papst gefragt, ob er für das Nachtstudio inszenieren wolle. Gern, sagte Reto, und zwar das *Sennentuntschi.* Wollenberger hat das Stück gelesen und war einverstanden.

Reto hat sofort angefangen. Er hat Walo Lüönd, der mit

dem Film *Dällebach Kari* in der ganzen Deutschschweiz bekannt geworden war, besetzt und die blutjunge Annemarie Kuster. Dazu Heinz Bühlmann aus Schwyz und Franziskus Abgottspon aus dem Wallis. Lüönd kam aus Zug. Alle drei haben ihren eigenen Dialekt gesprochen, Annemarie hat nachgeplappert. Das Bühnenbild hat ein lustiger Kerl aus Warschau gemacht. Keine naturalistische Alphütte, sondern ein abstrakter Bühnenraum. Walo Lüönd hat ein Paar der neu auf den Markt gekommenen, knallroten Schnallenskischuhe getragen.

Ich habe erst gemerkt, was es geschlagen hat, als mich Reto in die Werkstatt des Schauspielhauses mitnahm. Da habe ich gesehen, wie vier Handwerker an meinem Bühnenbild arbeiteten. Ich habe gedacht, dass dies nicht geschehen würde, wenn ich das Stück nicht geschrieben hätte. Und ich bin erschrocken.

Im Vorfeld der Premiere wurde einiges geunkt. Sie war sogar Thema der *Tagesschau*. Es fiel der Satz, ich weiß ihn noch genau: »Es scheint, dass sich hier ein neuer schweizerischer Misserfolg ankündigt.«

Eine Schweizersage auf der Bühne des Schauspielhauses? Auf Schweizerdeutsch? Von einem jungen, unbekannten Schweizer Dramatiker? Eine nackte Frau? Oder war sie vielleicht nicht nackt?

Es wurde das, was die Wiener einen Kracher nennen. Der Zuschauerraum gerammelt voll. Zu Beginn Walo als Fahnenschwinger, Heinz und Franziskus als Alphornbläser. Dann die himmeltraurige Geschichte, deren Situationskomik immer wieder Lachsalven hervorrief. Am Schluss betretenes Schweigen. Dann ein Beifallssturm, wie ich ihn selten erlebt habe. Anschließend musste ich mich auf die Bühne setzen und die Frage beantworten, woher ich mein Bauernhemd hatte.

Ja, woher hatte ich es denn? Ich hatte es von meinen Vorfahren, die in Schinznach Bauern gewesen waren. Vom Bauernhof in der Altachen, wo mich der Pferdeknecht aufs Ross gesetzt hatte. Von den Alphütten, in denen ich beim Strahlen übernachtet hatte. Von der alten, eidgenössischen Bauernkultur. Und von meiner geschundenen Phantasie, die ich erst durch eine mühselige Traumtherapie wiederentdeckt hatte.

Eine halbe Stunde nach der Premiere, als wir im Pfauen saßen, kam ein aufgeregter Wollenberger angerannt. Eben habe Dürrenmatt angerufen. Er sei in der Vorstellung gewesen, gratuliere herzlich und ernenne mich zu seinem Nachfolger.

Das Rauschen im Blätterwald war gewaltig. Sogar der *Spiegel* hat darüber berichtet.

Als eine Journalistin anrief, habe ich mit ihr bereitwillig ein Interview gemacht. Als eine zweite anrief, habe ich gesagt, ich hätte schon ein Interview gemacht, das genüge. Ich hatte noch immer keinen Theaterverlag. Als mir Herrmann Beil anbot, mit Karlheinz Braun vom Verlag der Autoren in Frankfurt zu reden, sagte ich nein danke.

Beil hatte natürlich recht, ich hätte zum Verlag der Autoren gehen sollen. Aber ich wollte halt nicht. Weiß der Teufel warum.

Da im selben Jahr 1972 bei Benziger meine *Ansichtskarte* erschien, galt ich plötzlich als vielversprechender, junger Autor. Woran ich mich erst gewöhnen musste.

Ich habe, ein paar Jahre später, *Sennentuntschi* als Studio-produktion für das Schweizer Fernsehen inszeniert, zusammen mit Hanspeter Riklin, der die Bildregie machte. Ich habe dabei die Mühen und Plagen von Fernsehproduktionen erlebt. Gut bin ich, wie immer, mit den Bühnentechnikern ausgekommen. Die Idee für das Bühnenbild hatte ich von Hannes Meyer, den ich vom Basler Theater her kannte. Ich habe ihn um Rat gebeten. Er hat gesagt: »Heu, aus dem alte Balken ragen.«

Also verlangte ich nach Balken, und zwar nach richtigen, festen. Es kamen zusammengeleimte Bretter, die unbrauchbar waren. Die richtigen Balken wurden von den Bühnentechnikern geliefert, gratis und franko. Sie hatten sie aus einem Abbruchhaus geholt.

Maja Stolle spielte das Tuntschi. Wir haben ihr das alte Kostüm der Annemarie Kuster angezogen, welches das Schauspielhaus aufbewahrt hatte.

Bei der Visionierung war Max Peter Ammann anwesend, der Chef der Abteilung Fernsehspiele. Als die Visionierung zu Ende war, saß er stumm da, mit kreideweißem Gesicht.

»Hast du den Ammann gesehen?«, fragte mich Riklin anschließend, »ich weiß nicht, was jetzt passiert. Ich weiß nur etwas: Wir haben eine Bombe gelegt.«

Die Fernsehleute fanden erst 1981 den Mut, *Sennentuntschi* zu senden. Ich habe mir nicht viel versprochen davon. Es brach ein Empörungssturm ungeahnten Ausmaßes aus. Der *Blick* füllte in einer einzigen Ausgabe drei Seiten mit Leserbriefen. Das Telefon habe ich ausgesteckt, da es ununterbrochen klingelte. Ich erhielt zwei Pakete, die voll Scheiße waren, sauber und geruchlos in Plastiksäcken verpackt. Das hat mir zu denken gegeben, dass sich da zweimal jemand diese große Mühe gemacht hat.

Das Fernsehen hat über *Sennentuntschi* einen Diskussionsabend gemacht. Natürlich war auch ich eingeladen. Die ganze Deutschschweiz hat zugeschaut. Hätte ich mit in der Runde gesessen, hätten mich alle gekannt, auf der Straße, in der Eisenbahn. Weil ich dies nicht wollte, habe ich gekniffen und nicht teilgenommen.

Irgendeine der empörten Gruppen hat das Fernsehen wegen Verbreitung von Pornographie verklagt. Es wurde von einem Zürcher Gericht freigesprochen. Pornographie, so der Richter, liege dann vor, wenn die Darstellung sexueller Szenen zum Selbstzweck erfolge. Was hier aber nicht der Fall sei. Denn in *Sennentuntschi* seien sexuelle Szenen integraler Bestandteil der Geschichte.

Kollege Jörg Schneider, der bekannte Volksschauspieler, hat in jener Zeit, wie er mir erzählte, einiges durchlitten. Denn viele meinten, er sei der Autor. »Leider nein«, habe er jeweils geantwortet.

Das Stück hat seine Sprengkraft offenbar über Jahre hinaus bewahrt. Der Komponist Jost Meier hat daraus eine Oper gemacht. Ihre Uraufführung fand im Stadttheater Freiburg im Breisgau statt. Ich war an der Generalprobe. Alles war bereit, der Dirigent hob den Stab, um zu beginnen. Da stand im Orchester ein Mann auf. »Eigentlich«, sprach er, »haben wir vom Orchester beschlossen, eine solche Schweinerei nicht zu spielen. Aber dem Frieden zuliebe spielen wir sie jetzt doch.« Er setzte sich wieder, und der Dirigent gab den Einsatz.

Diese Oper ist in Biel nachgespielt worden. Bei einem

Gastspiel dieser Inszenierung in Luzern hat das Luzerner Publikum am Schluss über eine Viertelstunde geklatscht.

Mit diesem Stück ist etwas geschehen, was ich später nur noch mit Kommissär Hunkeler erlebt habe. Es hat sich selbständig gemacht. Hätte ich nicht aufgepasst, hätte es mich glatt aufgefressen. Ich habe dies instinktiv gemerkt und habe mich konsequent abgekoppelt. Ich habe nur einmal einen kurzen Artikel darüber geschrieben, in der WOZ. Sonst habe ich mich versteckt. Ich wollte ja weiterschreiben.

Das letzte Mal, dass ich eine Aufführung von *Sennentuntschi* gesehen habe, war in Wolhusen/Entlebuch. Louis Naef hat es in einem stillgelegten Siloturm einer Mühle inszeniert. Er hat eine überzeugende Lösung für den Schluss gefunden. Er hat die Häutung des Sennen hinter einer Art Duschvorhang spielen lassen, so dass der Vorgang optisch ahnbar wurde. Den wenigen Zuschauern ist das Blut in den Adern gefroren.

Natürlich ist es gut für einen jungen Dramatiker, wenn er einen solchen Skandal schafft. Das Stück wurde dutzendfach aufgeführt, unter anderem in Wien, Berlin, Paris und New York. Aber ich habe gleich gemerkt, dass es für mich nur eines gab: Vergessen, was ich geschrieben hatte, und weitermachen. Was ich getan habe.

Ich habe damals ein weiteres Stück geschrieben. Diesmal auf Hochdeutsch, weil ich keinen Grund sah, es auf Schweizerdeutsch zu schreiben. Der Titel: *Brod und Wein.* Auch darüber will ich berichten, weil es ein krachender Misserfolg wurde.

Die Geschichte, die ich in einer Zeitung gelesen habe: Ein Deutschlehrer an einem Gymnasium, ein Spezialist für Hölderlin, lebt mit seiner Frau zusammen in einem Einfamilienhaus. Während eines Ehestreits verliert er die Nerven und erschlägt im Heizungskeller mit einem Schürhaken seine Frau.

Beifügen muss ich, dass ich ein Bewunderer Hölderlins bin. Ich halte seine Elegie *Brod und Wein* für eines der größten Sprachkunstwerke überhaupt.

Daraus habe ich folgende Geschichte gemacht: In einer Gefängniszelle sitzen drei Männer, Typ Proletarier. Aus Platzmangel kommt ein Vierter dazu, ein Gymnasiallehrer, der seine Frau umgebracht hat. Die drei erniedrigen ihn, quälen ihn. Er rezitiert, geschunden, Hölderlins *Brod und Wein*. Das war das, was ich wollte: *Brod und Wein* glaubhaft aufsagen.

Auch dieses Stück wurde im Schauspielhaus im Nachtstudio uraufgeführt, Anfang 1973. Peter Ahrens hat gut inszeniert, Wildenauer hat hervorragend den Deutschlehrer gespielt. Nur hat Ahrens einen entscheidenden Fehler gemacht. Er hat mir kurz vor der Premiere gesagt, er lasse am Schluss den eisernen Vorhang herunter und fahre ihn nicht mehr hoch. Das sei unmöglich, sagte ich, es sei eine Uraufführung. Und zumindest ich als Autor müsse am Schluss auf die Bühne, um mich dem Publikum zu stellen. Ich sei angewiesen auf Applaus und Pfiffe. Er hat behauptet (und er wusste, dass es gelogen war), das sei ohne weiteres möglich, es gebe im eisernen Vorhang eine Tür, durch die ich hinaus auf die Rampe gehen könne.

Die Premiere begann, es herrschte bald dicke Luft im

Zuschauerraum. Die einen empörten sich über das, was sie sahen. Die andern fanden richtig, wie es ablief. Dann war Schluss, der eiserne Vorhang senkte sich langsam und blieb unten. Es war keine Tür da.

Wir standen zu viert hinter der Bühne beim Mann, der den eisernen Vorhang bediente. Ahrens, Buckwitz, Wollenberger und ich. Das Publikum tobte. Klatschen, Pfiffe, Geschrei. »Rauf mit dem Eisernen!«, befahl Wollenberger. »Der Vorhang bleibt unten!«, befahl Ahrens. »Rauf mit ihm!«, schrie Wollenberger. »Nein!«, schrie Ahrens.

Der eiserne Vorhang blieb unten. Der Applaus schwoll an, ein rhythmisches Klatschen, die Leute wollten sich die Erregung von der Seele klatschen und den Vorhang hochzwingen. Dann brach der Applaus ab, es war totenstill. »Hast du gehört, wie die geklatscht haben?«, fragte mich Wollenberger.

Ja, ich hatte es gehört. Und ich war am Boden zerstört. Hätte sich der Vorhang gehoben, hätten wir uns dem Publikum gezeigt, wäre es zum Theaterskandal gekommen, so aufgeheizt war die Stimmung. Und ich bin sicher, das Klatschen und die Bravos hätten Pfiffe und Buhrufe übertönt.

Ich ging anschließend ins Foyer. Es glich einer Bahnhofshalle kurz nach Mitternacht. Die Leute schlichen wortlos davon. Jemand fragte mich sichtlich verstört, weshalb denn der Vorhang unten geblieben sei. Die Leute fühlten sich betrogen. Betrogen um das Recht, den Daumen zu heben oder zu senken. Eine kurze, triste Premierenfeier, Begräbnisstimmung.

Ich habe ein paar Misserfolge erlebt am Theater. Nie war einer so brutal hoffnungslos wie damals.

Die meisten Kritiken waren vernichtend. Ich wurde als faschistoid beschimpft.

Die Kritiken sind einem der Schauspieler so in die Glieder gefahren, dass er sich krankschreiben ließ. Und zwar für vier Wochen. Womit die Aufführung praktisch gestorben war.

Zum Glück wurde *Brod und Wein* in Wien nachgespielt, inszeniert von Hans Gratzer. Er hat es zum Erfolg gemacht. Was automatisch weitere Aufführungen nach sich zog. Der Schock indessen, den jene missglückte Uraufführung und die hasserfüllten Kritiken in mir ausgelöst hatten, blieb lange haften. Es wuchs in mir die Erkenntnis, dass mit dem Feuer spielt, wer ein Stück schreibt und zur Aufführung bringt. Die Erkenntnis auch, dass ich in jedem Fall dringend auf die Hilfe des Publikums angewiesen war.

Es ereilte mich indessen noch ein weiterer Schock, der mir zu denken gab.

Als ich mich entschloss, über das, was ich in jenem Zeitungsartikel gelesen hatte, ein Stück zu schreiben, habe ich auch beschlossen, mich ausschließlich auf diesen Artikel zu beschränken und den Fall nicht weiter zu recherchieren. Ich wollte die himmeltraurige Geschichte aus meiner Phantasie heraus formen und erzählen. So gab ich dem Lehrer eine junge Geliebte und dieser Geliebten einen Vornamen.

Wochen nach der Premiere erhielt ich einen Brief von einer Frau, die sich als junge Geliebte des realen Totschlägers vorstellte und mich fragte, warum ich so unmenschlich, herzlos, grausam sei, sie auf einer Theaterbühne in aller Öffentlichkeit dermaßen bloßzustellen. Ob ich keine Ehrfurcht vor dem Unglück anderer Menschen hätte?

Dieser Brief hat mich erschreckt. Denn alles, was ich erfunden hatte, entsprach, wie sie schrieb, der Wirklichkeit, selbst der Vorname. Ich bin erschrocken über die Genauigkeit meiner Phantasie. Und über meine Hybris, die Wirklichkeit zu erfinden.

Ich habe lange überlegt, wie ich auf diesen Brief reagieren soll. Persönlich treffen wollte ich die Dame nicht. Da wären sich zwei offenliegende Seelen begegnet, in irgendeinem Café. Also habe ich ihr die Wahrheit geschrieben, dass sie das, was ich ihr schrieb, wohl nicht glauben werde, obschon es die lautere Wahrheit sei. Ich hätte dies alles, auch ihren Vornamen, frei erfunden. Und ich hätte bestimmt niemanden bloßstellen wollen, oder höchstens mich selbst.

Sie hat darauf nicht geantwortet. Jahre später bin ich jenem Deutschlehrer, der seine Haft abgesessen hatte, in einer Gesellschaft begegnet. Wir haben uns sogleich erkannt. Wir haben uns wie zwei Fremdlinge die Hand gegeben.

Als unsere Kinder drei Jahre alt waren, haben wir im Emmental ein *Stöckli* gemietet, das wir über Bekannte entdeckt hatten. Ein *Stöckli* ist das Altenteil für das alte Bauernpaar, das den Hof an die Jungen übergeben hat.

Auf 800 Metern zwei Höfe auf einem langgezogenen Hügel, das Oberhaus und das Unterhaus. Je ein Bauernhof mit Ställen, Scheune und Wohntrakt. Ein Garten davor mit Gemüse und Blumen. Dann der Speicher für das Korn, zweistöckig, Außentreppe, alles mit kunstvoller Zimmermannsarbeit verziert. Schließlich das Stöckli, ebenfalls zweistöckig, von der Küche aus beheizbare Kachelöfen, auf der Laube draußen das Plumpsklo. Das Wasser holte man am Brunnen. Kein Telefon.

Wir gehörten zum Unterhaus. Mit dem gleichaltrigen Fridel habe ich mich angefreundet. Wir mussten uns erst aneinander gewöhnen, es waren zwei Welten, die da aufeinandertrafen. Ich wusste zum Beispiel nicht, wie ich seinen Großvater ansprechen sollte, ob mit Ihr, mit Sie, mit Herr. Schließlich merkte ich, dass ich nur den Familiennamen nennen musste, ohne Herr.

Die Emmentaler Bauernhöfe sind wahre Paläste. Die Küche zehn Meter tief, mit einem langen Tisch für ein Dutzend Personen. Die Stube schön getäfert, Geranien vor den Fenstern. Drei große Schlafzimmer unten, zehn Schlafkammern oben. Im Winter brannte im Küchenherd tagsüber ein Feuer.

In den beiden Ställen 24 Milchkühe, die morgens und abends gemolken wurden. Die Milch wurde morgens und abends in die Käserei im Rinderbach gefahren. Fridel fuhr sie im alten vw hin. Dres vom Oberhaus, der noch ein Ross hatte, brachte sie im *Milchwägeli* hin. Ein eigens zu diesem Zweck gebautes zweirädriges Pferdegefährt, auch dies gute, alte Zimmermannsarbeit.

Die Kühe waren die wahren Königinnen der Gegend. Sie fraßen Gras und Heu. Keinen silierten Mais, das war bei der Produktion der riesigen Emmentaler Laibe genau vorgeschrieben. Vom Frühjahr bis in den Herbst wurden sie auf die Weide getrieben, alle mit einer Glocke um den

Hals. Das Umhängen dieser Glocken, und dann wieder das Abhängen bei der Rückkehr in den Stall, war eine Heidenmühe, sinnlos eigentlich, denn die Weiden waren bestens mit Zäunen gesichert. Aber ich habe nie erlebt, dass eine Kuh ohne Glocke auf die Weide gegangen wäre. In den Sommernächten, wenn ich in meiner Bettstatt kurz aus einem Traum erwachte, hörte ich mindestens drei Herdengeläute. Eine wunderschöne Nachtmusik.

Ich habe nie gesehen, dass sich eine Kuh beeilt hätte. Sie rannten äußerst ungern, folglich ließen sie es bleiben. Sie gingen in träge schaukelndem Schritt. Bei der kleinsten Unsicherheit blieben sie stehen, um Ausschau zu halten, Ebenbilder der Göttin der Vorsicht. Ich habe lange gebraucht, bis ich erkannte, dass Fridels Herde eine Leitkuh hatte und wer diese Leitkuh war. Für meine Augen hat sie sich durch nichts ausgezeichnet. Aber die anderen Kühe folgten ihr alle. Und zwar so, dass es nicht auffiel.

Ich halte die Kuh für das heilige Wundertier der Eidgenossenschaft. Es war ein guter Pakt, den die Menschen damals im Neolithikum mit dem Hornvieh geschlossen haben. Ich sperre dich zwar ein, aber in einen warmen Stall mit Stroh auf dem Boden. Ich gebe dir im Winter zu fressen. Vom Frühjahr bis in den Herbst treibe ich dich auf die Weide und hänge dir, weil ich stolz bin auf dich, eine Glocke um. Dafür frisst du das Gras weg, verwandelst es durch geduldiges Wiederkäuen in Milch und lässt mich an dein Euter ran.

Ich weiß, es hat sich auch in der Viehwirtschaft vieles geändert. Trotz staatlicher Subvention rentiert die Milchwirtschaft kaum mehr. Die Milch ist nichts mehr wert. Und dies in einer Welt, in der anderswo Menschen Hungers sterben. Eine der Absurditäten der heutigen Zeit, die ich nicht begreife.

Die Menschen im Emmental hatten sich der Gangart der Kühe angeglichen. Auch sie schaukelten träge durch die Gegend. Das ging gar nicht anders. Alle arbeiteten von morgens früh bis in den Abend hinein. Sie machten nur zum *Znüni* und zum Mittagessen eine Pause und zum *Zvieri* und zum Abendessen. Sonst waren sie immer in Bewegung.

Diese alte Bauernkultur war unglaublich widerstandsfähig. Man machte alles so, wie es sich bewährt hatte. Die Großmutter saß meist in der Stube und flickte mit einer handbetriebenen Nähmaschine Wäsche. Ich bin oft bei ihr gesessen und habe ihr zugehört, wie sie langsam erzählt hat. Sie hat nachts über den Wiesen Lichtlein gesehen und wusste, was jedes einzelne Lichtlein bedeutete. Wenn abends ein Kauz zu hören war, fragte sie sich, wer wohl sterben musste. Sie kam wochenlang nicht vom Hof weg, was sie ganz normal fand. Denn sie war es, die zum Rechten schaute. Ihre beiden Söhne haben sie nicht geduzt, auch der jüngere nicht, welcher der Erbsohn war.

Immer gegen Abend, wenn ich in den Stall ging, um mit Fridel ein bisschen zu plaudern, saß sie auf einem der beiden Plumpsklos, bei offener Tür, durch die sie direkt auf Eiger, Mönch und Jungfrau sah. Ihre Beine waren von ihrem Kleid bedeckt, sie saß wie auf einem Thron. Sie freute sich immer, wenn ich kam, und sagte, das sei jetzt aber schön, dass ich vorbeikomme, um ein bisschen zu plaudern mit ihr.

Sie war weit über achtzig, als sie sich nach dem Mittagessen in ihren Lehnstuhl setzte, um auszuruhen. Sie ist eingeschlafen, für immer, ohne jeden Laut.

Mit diesen Leuten haben wir gut zusammengelebt. Sie fanden zwar vieles, was wir taten, äußerst merkwürdig, sie haben darüber gelacht. Aber sie haben uns akzeptiert, worauf ich ganz stolz bin.

Als *Sennentuntschi* vom Fernsehen ausgestrahlt wurde, hat mir Fridel im Stall erzählt, seine Bekannten hätten ihn gefragt, warum er einen solchen Sauhund im Stöckli habe. Der Schneider sei ein ganz normaler Mann, habe er geantwortet, er sei überhaupt kein Sauhund.

Im Emmental habe ich die Kraft und Vitalität des alten Volkstheaters erlebt. Es war eine kalte Februarnacht, als die Liebhaberbühne Madiswil im Wirtshaus Krone in Rüegsbach ein Gastspiel gab.

Das ging so vor sich: Abends um halb acht füllte sich der Wirtsraum der Krone bis auf den letzten Platz. Man trank Kaffee, mit oder ohne Schnaps. Kurz vor acht leerte sich der Wirtsraum ruckartig, alle gingen nach oben in den Theatersaal. Als alle saßen, ging das Licht aus. Es wurde gespielt, drei Stunden lang, irgendein Stück aus dem Tirol, das von Liebe und Wilderei handelte. Dann ging das Licht wieder an, eine Ländlerkapelle spielte zum Tanz auf. Alle tanzten, bis um zwei. Anschließend stiegen alle wieder in den Wirtsraum hinunter und aßen Bratwürste mit Zwiebeln. Gegen vier leerte sich der Wirtsraum, die Leute traten in den eisigen Morgen hinaus, um heimzufahren und sich noch kurz hinzulegen, bis die tägliche Arbeit begann.

Was mich enorm beeindruckte, war die Abfolge der Vorgänge, wie das alles ablief. Alle wussten, was als Nächstes an der Reihe war. Kaffee Schnaps, Theateraufführung, Tanz, Bratwurst. Es war ein Ritual.

Ich wurde also beschützt. Von A. natürlich und von meinen Kindern, aber auch von Fridel, vom Unterhaus und vom Oberhaus. Hier oben las niemand eine Theaterkritik. Sie wussten zwar, dass ich Schriftsteller war, aber das war ihnen egal. Hauptsache, ich war kein Sauhund.

Diese Geborgenheit hat mir sehr geholfen in jenen Jahren. Obschon ich inzwischen ziemlich hoch gehandelt wurde im Literaturbetrieb, nahm ich keine Notiz davon. Ich schrieb einfach weiter.

Ich verfasste einen Roman über mein bisheriges Leben. Ich schrieb ihn so rücksichtslos, wie ich *Sennentuntschi* und *Brod und Wein* geschrieben hatte. Ich gab ihm den Titel *Simson,* nach dem bärenstarken Mann im Alten Testament, der von seiner Geliebten Delila gezähmt und so geschwächt wird, dass er von den Philistern gefangen wird. Sie legen ihn in Fesseln und binden ihn an Säulen fest. Am Schluss, als ihm sein Haar, das Symbol seiner Kraft, wieder nachgewachsen ist, reißt er die Säulen und mit ihnen das ganze Gebäude ein und wird darunter begraben.

Als ich mit dem Roman fertig war, gab ich ihn A. zum Lesen. Sie verschwand damit in ihrem Zimmer. Als sie wieder herauskam, war sie totenblass. Da wusste ich sogleich, dass ich sie mit meiner rücksichtslosen Direktheit schwer verletzt hatte und den Roman so nicht herausgeben konnte. Ich legte ihn zur Seite, wir haben nicht groß darüber geredet. Eigentlich hätte ich sogleich einen zweiten Roman verfassen wollen, das beharrliche, tägliche Arbeiten an einer Geschichte hatte mir gefallen. Aber das ging jetzt nicht. Schließlich wollte ich niemanden verletzen, meine Frau schon gar nicht.

Nach zwei Jahren sagte sie, ich solle das Buch jetzt herausgeben, sonst würde ich noch daran ersticken. Ich nahm mir den Text noch einmal vor, kürzte ihn auf gut die Hälfte herunter, änderte den Titel in *Der Bub* und gab ihn dem kleinen Basler Lenos Verlag, der damals noch Lenos Presse hieß.

Der Grund, weshalb ich den Roman der Lenos Presse gab, war, dass ich mit Herrn Keckeis vom Benziger Verlag nichts mehr zu tun haben wollte. Er hatte ja gesagt, ich würde versanden. Der zweite Grund war der, dass Lenos ein linker Genossenschaftsverlag war, was meinen gesellschaftspolitischen Ansichten entsprach. Ein strategischer Fehler natürlich. Ein Autor mit Ambitionen, der sein Geld mit Schreiben verdienen will, sollte zum besten Verlag gehen, der ihm möglich ist. Zum Verlag mit der größten Reichweite. Aber das war mir damals egal, folglich war es richtig so. *Der Bub* erschien 1976 in der Basler Lenos Presse. Er ist immer noch in zweiter Auflage lieferbar.

Da Wollenberger mir riet, ich brauchte dringend einen Theaterverlag, der meine Stücke vertrieb und die Verträge und Abrechnungen mit den Theatern regelte, ging ich zum Kurt Reiss Theaterverlag in Basel. Das waren zwei Räume an der Steinentorstraße. In einem saß der alte Verleger Kurt Reiss, ein kluger, zuverlässiger Mann, im andern seine Sekretärin. Reiss hatte Dürrenmatt unter Vertrag, deshalb ging ich zu ihm.

Es lief ein Jahr lang gut. Dann wurde Kurt Reiss krank, es war eine Krankheit zum Tode. Nach einem weiteren Jahr starb er, und ich war ohne Verleger.

Anschließend ging alles drunter und drüber, was drunter und drüber gehen konnte. Lange war niemand im Verlag, außer der Sekretärin. Dann kam die Zeit der deutschen Subvertriebe. Einmal wurde ich von einer Frau Sommer vertreten, ein andermal von einer Frau Hunzinger, beide in Berlin. Als Reiss mit dem Zürcher Stauffacher Verlag fusionierte, saß eine Zeitlang die junge Andrea Stauffacher am Verlagspult. Das war die, die später wegen Sprengstoffdelikten hinter Gitter kam. All dies war meinem Geschäftsgang keineswegs dienlich. Es wurde erst besser, als ich mit allen meinen Stücken zum Verlag der Autoren ging.

Im Herbst 1973 wurde am Zürcher Schauspielhaus mein *Erfinder* uraufgeführt, wieder in der Regie von Reto Papst. Diesmal im normalen Programm. Eine gute Aufführung.

Die hochdeutsche Erstaufführung fand im Dortmunder Stadttheater statt. Ich wurde eingeladen, an den Proben teilzunehmen. Da zur gleichen Zeit in Dortmund ein internationales Kindertheatertreffen stattfand, schaute ich mir einige dieser Aufführungen an. Es waren ein paar Truppen aus Holland da, die das Kindertheater neu erfunden hatten. Nichts mehr von diesem Kitsch, der vormals als kindergerecht galt, sondern spielerisch genaues Aufklärungstheater. Die Aufklärungsarbeit der Achtundsechziger hatte das Kindertheater erreicht.

In Dortmund habe ich Volker Ludwig vom Grips-Theater Berlin und Karlheinz Braun vom Verlag der Autoren kennengelernt. Auch einigen unglaublich arroganten Schreihälsen bin ich begegnet, die sich als Dramaturgen bezeichneten und die Podien bevölkerten. Ich bin erschrocken über ihre fanatische Präpotenz. Ich erinnere mich, wie einer von ihnen einen Regisseur, der eine herkömmliche Inszenierung gezeigt hatte, niederschrie mit den Worten: »Rühren Sie ja kein Kind mehr an!« Was mich schrecklicherweise an den Ankläger Julius Streicher vor dem Volksgerichtshof erinnerte.

Ich gelte weiterum als Dramaturgenhasser. Das ist Schwachsinn. Ein paar meiner besten Freunde sind Dramaturgen. Was ich allerdings hasste, das waren diese arroganten Klugscheißer, die damals die deutschen Theater übernahmen. Sie wollten der Weltrevolution mittels Theaterarbeit zum Durchbruch verhelfen, indem sie stundenlang hochgestochenes Zeug daherredeten, ohne Liebe zur Arbeiterschaft, ohne Liebe zum Theater, ohne Liebe zu gar nix.

Ich erinnere mich an einen hochgehandelten Regisseur, der in Basel einen Sophokles inszenierte. Er hatte die geniale Idee, den Chor aus dem Boden heraussprechen zu lassen. So mussten die armen Kerle die ganze Zeit der Aufführung auf allen vieren unter dem Bühnenboden herumkriechen und den Chortext hinaufschreien. Natürlich hat man kein Wort verstanden, die Aufführung wurde ein Flop. Aber der Regisseur galt als Genie.

Zurück in der Schweiz habe ich es selber versucht, im Stöckli oben. Ich habe an wenigen Abenden bis tief in die Nacht hinein das Stück *Rotkäppchen spielen* verfasst. Ich weiß das noch so genau, weil ich jeweils am frühen Morgen die Kachelöfen einheizte. Dann habe ich mich hingelegt, bis ich aus der Stube A. mit den Kindern plaudern und lachen hörte. Ich habe gedacht, dass dies ein wunderbares Leben, ein wunderbares Schreiben sei. Das Stück ist in Heidelberg uraufgeführt worden, im großen, alten Stadttheater, das bis zum Rand vollgestopft war mit jungem, schreiendem Volk.

Es muss Ende 1974 gewesen sein, als Karlheinz Braun ein Rundschreiben an Autorinnen und Autoren startete mit der Frage, ob sie nicht ein Kinderstück schreiben möchten. Er hat eine Liste mit möglichen Themen beigelegt, worunter die Geschichte von Robinson war. Zur selben Zeit haben Ruth Oswalt und Gerd Imbsweiler, die ich vom Basler Theater her kannte, das Kindertheater Spielkiste (heute Vorstadttheater) gegründet. Hans Jakob Ammann, Dramaturg am Basler Theater, hat ebenfalls mitgemacht. Er hat mich gefragt, ob ich für sie ein Kinderstück schreiben könnte. Sie hätten einen jungen Kerl, der Barnie Palm heiße und wundervoll trommeln könne.

Ich habe für die Spielkiste das Stück *Robinson lernt tanzen* verfasst. Es wurde 1975 uraufgeführt und vom Fernsehen aufgezeichnet. Mein erstes Stück, das der Verlag der Autoren vertrieb. Es wurde mein größter Erfolg.

Ende 1973 hat die kleine Bühne der Münchner Kammerspiele mein *Sennentuntschi* gespielt, inszeniert von einer Dame aus Luzern, die an den Kammerspielen Dramaturgin war. Sie hat mir gesagt, es sei ihre erste Inszenierung. Ich bin mir sicher, es war auch ihre letzte.

Ich bin mit A. hingefahren. Wir sahen eine ganz und gar missglückte Aufführung. Mit hervorragenden Schauspielern. Nur wussten sie nicht, was sie spielen sollten.

An der Premierenfeier hat sich ein junger Mann mit auffallend hohen, knallgelben Stiefeln aus bestem Leder an mich herangemacht. Er komme aus Wien, erzählte er, er wolle ein eigenes Theater gründen und mit meinem Stück eröffnen. Er hieß Hans Gratzer. Ich habe ihm kein Wort geglaubt.

Am andern Morgen wurde ich in der Pension Erna Morena, wo wir übernachteten, aus dem Schlaf geklingelt. Ich zog mich an und stieg ziemlich verkatert hinunter. Es war ein Mann der Seitz Film AG, der mit Tausendmarkscheinen vor meiner Nase herumwedelte und dafür die Filmrechte von *Sennentuntschi* haben wollte. Ich habe sie ihm nicht gegeben.

Anschließend ging ich in den Englischen Garten, um auszunüchtern. Auch eines jener Lebensbilder, die ich vor Augen haben werde, solange ich atme. Der Park war frisch verschneit. Das Sonnenlicht fiel schräg und weiß auf die leuchtende Eisfläche eines großen Weihers, wo Leute in bunten Jacken und Mützen Schlittschuh liefen.

Ein paar Monate später fand in Wien Hans Gratzers Premiere statt, in einer Tiefgarage beim Kärntnertor. Star war Dolores Schmidinger, der Liebling Wiens. Ein Kracher. Das Fernsehen war da, ich war im siebten Himmel.

Als zweites Stück hat Hans Gratzer *Brod und Wein* gemacht, wieder in der Tiefgarage. 1975 hat er in der Altstadt von Krems / Wachau meinen *Schützen Tell* uraufgeführt. Die Titelrolle hat Heinz Bühlmann gespielt. Die Aufführung wurde vom österreichischen Fernsehen aufgezeichnet und gesendet. 1979 hat Hans Gratzer im Keller des Zürcher Schauspielhauses die Uraufführung meines *Lieben Augustin* besorgt. Das war, alles in allem, die schönste Aufführung, die ich je hatte.

Als er in der Wiener Porzellangasse die Eröffnung seines Schauspielhauses plante, hat Hans Gratzer mich angerufen und gefragt, ob ich sein Dramaturg werden wolle. Ich hätte es liebend gern gemacht, wusste aber gleich, dass es nicht ging. »Ich habe Familie«, habe ich gesagt, »meine Kinder gehen in Basel zur Schule.«

Nach der Uraufführung des *Erfinders* am Zürcher Schauspielhaus kam ein Journalist aus Hamburg angereist, von der Zeitschrift *Theater heute.* Wir setzten uns ins Bahnhofsbuffet Erster Klasse. Er machte mit mir ein langes Interview und trank dazu einen Liter Weißwein vom Genfersee. Ich habe gestaunt, wie leicht er den Wein wegschluckte.

Theater heute war die Zeitschrift, die von allen Theaterleuten gelesen wurde. Sie hat den *Erfinder* abgedruckt, selbstverständlich die hochdeutsche Fassung. Und das Interview.

Als ich las, was da stand, bin ich erschrocken. Es fehlte jeder Hinweis, dass ich Hausautor des Zürcher Schauspielhauses war. Denn das war ich inzwischen. Wollenberger hatte mir sogar 10000 Franken pro Saison angeboten, mit der Verpflichtung, alle meine neuen Stücke zuerst einmal dem Schauspielhaus anzubieten. Es wäre eigentlich das gewesen, was ich brauchte: ein großes Theater mit hervorragenden Schauspielern, das meine Stücke uraufführt. Ich habe das Angebot abgelehnt. Ich wollte mich wohl nicht exklusiv binden.

Im Interview stand nichts von alledem. Wohl deshalb, weil mich der Journalist nicht danach gefragt hatte. Ich selber war offenbar zu blöde gewesen, es zu erwähnen.

Das hat Buckwitz, der ein Intendant der alten Schule war, dermaßen beleidigt und erzürnt, dass er erklärte, von diesem Schneider spiele er kein Stück mehr. Er hat es mir nicht persönlich mitgeteilt, ich habe es über Wollenberger erfahren.

Buckwitz hat Wort gehalten. Ich hatte mein Stammhaus verloren. Meine folgenden Stücke wurden alle an verschiedenen Theatern uraufgeführt, von denen sich keines für den Dramatiker Schneider insgesamt verantwortlich fühlte. *Der liebe Augustin* wurde bereits unter der Intendanz von Gerhard Klingenberg gespielt.

Wie leicht in der Welt der Stadttheater etwas danebengehen kann, will ich am Beispiel meines Stückes *Das Kalbsfell* erläutern. Ich hatte von Hans Jakob Ammann, damals Dramaturg am Stadttheater in Freiburg im Breisgau, den Auftrag erhalten, für die baden-württembergischen Theatertage in Karlsruhe ein Stück über Grimmelshausen, der im Schwarzwald gelebt hat, zu schreiben. Ich habe den Anfang des Romans *Simplicissimus* als Vorlage genommen, der erzählt, wie der reine Tor Simplex, ein Bauernlümmel ohne jede Kultur, über verschiedene Stationen endlich an einem Fürstenhof landet, wo er ein Kalbsfell anziehen und den

Hofnarr spielen muss. Reto Papst sollte die Regie besorgen, die Uraufführung sollte auf der kleinen Bühne des Freiburger Stadttheaters stattfinden.

Ich habe das Stück mit Lust und Freude geschrieben, ich halte es für eines meiner besten.

Ich war noch immer ohne festen Verleger. Deshalb habe ich es auch an meinen Freund Guy Kayat geschickt, der in Malakoff im Süden von Paris bereits mein *Sennentuntschi* inszeniert hatte. Er hat gleich zugesagt, er würde es nachspielen.

Die Vorbereitungen liefen gut, Reto war frohgemut. Bis er zwei Tage vor Probenbeginn erfuhr, dass der Schauspieler, der die Titelrolle spielen sollte, gleichzeitig für eine große Rolle in einem zweiten Stück vorgesehen war. Er hat sein Veto eingelegt und die Bedingung gestellt, er werde mit den Proben nur beginnen, wenn er diesen Schauspieler ganz zur Verfügung habe.

Ein solcher Streit ist Theateralltag. Man droht und stellt Ultimaten, jeder kämpft mit dem Messer zwischen den Zähnen für seine persönlichen Interessen. Schlussendlich findet man fast immer eine Lösung.

In diesem Fall blieb Reto hart. Und da auch der Intendant Beilharz hart blieb, wurde die Produktion abgesagt.

Ich wundere mich noch heute, wie ich damals reagiert habe. Ich habe gar nicht reagiert. Ich habe es einfach hingenommen und bin in mich zusammengesackt.

Selbstverständlich hätte ich beste Gründe gehabt, Reto von seinem Schritt abzuhalten. Bei einem Stück von Shakespeare zum Beispiel hätte er die harte Tour ohne weiteres durchziehen können. Aber nicht bei einer Uraufführung.

Denn die Absage der Produktion fiel voll auf den Autor zurück. Und der war ich.

Ich habe nicht einmal versucht, Reto umzustimmen. Weiß der Teufel warum.

So fand die Uraufführung unter dem Titel *Simplex* in Malakoff bei Paris statt. Was von den deutschsprachigen Gazetten kaum zur Kenntnis genommen wurde. Immerhin war in *Le Monde* darüber zu lesen. Aber wen interessierte das schon.

Ich weiß noch, wie ich damals nach der Premiere in Malakoff mit A. und Egon Ammann in einem der wunderschönen Restaurants bei den Halles Zwiebelsuppe und ein Dutzend Austern aß und Chablis trank. Und wie mir dabei plötzlich, ohne dass ich es hätte verhindern können, Tränen über die Wangen liefen.

Die deutsche Erstaufführung fand dann im Stadttheater Kiel statt.

Ähnliches ist mir immer wieder passiert. Ich habe offenbar ein Laster: Ich kann mich nicht für meine Texte wehren. Grundsätzlich bin ich der Meinung, es genüge, einen guten Text zu schreiben. Alles andere würde sich von selber ergeben. Ich bin immer noch dieser Meinung, obschon ich längst begriffen habe, dass ein Text eine Ware wie jede andere Ware auch darstellt. Um sie in den Schaufenstern gut zu platzieren und gut verkaufen zu können, braucht es einen guten Verkäufer. Bei der Ware, die ein Dramatiker herstellt, ist dies der Verleger.

Ich weiß, es gibt keine zufriedenen Dramatiker. Es gibt nur unzufriedene. Jeder denkt, er sei der Beste, der Größte, der Schönste. Würde ein Autor dies nicht denken, würde er nie und nimmer die Mühe auf sich nehmen, ein Stück zu schreiben. Denn der gesunde Menschenverstand zeigt klar und deutlich, dass die ganze Plackerei vergeblich ist. Es werden zwar viele Stücke geschrieben, aber es kommen nur sehr wenige auf die Bühne.

Ich hatte vor, ein Stück über den sogenannten Brand von Uster zu schreiben.

Die Geschichte: 1832 hatten in Uster im Kanton Zürich einige Weber, aus Protest gegen neue Webstühle, mit denen sie nicht konkurrieren konnten, eine Weberei angezündet. Die Rache war exemplarisch. 73 Weber wurden verurteilt. Ein Hauptschuldiger erhielt 24 Jahre Kettenstrafe.

Ich suchte in der Unibibliothek Material zu diesen Vorkommnissen und habe wieder einmal darüber gestaunt, wie selektiv die schweizerische Geschichtsschreibung war. Es fand sich nämlich nichts außer einem sehr naiven Drama des Dichters Jakob Stutz (1801–1877). Sein 1836 erschienenes, schweizerdeutsches Stück trug den schönen Titel *Der Brand von Uster oder die Folgen versäumter Volksaufklärung in Wort und Tat* und war ein hilfloser Versuch, die aufmüpfigen Weber zu entschuldigen.

Ich nahm dieses Stück, strich es auf zwölf Personen zusammen, übertrug es in ein stilisiertes Hochdeutsch und schrieb einen neuen Schluss. Ich gab es Frau Sommer in Berlin, die damals meine Verlegerin war. Sie brachte es auf die kleine Bühne des Stadttheaters Köln.

Ich gab es auch der Schauspielerin Anneliese Betschart vom Neumarkt-Theater Zürich. Claus Bremer, der dort

Dramaturg war, hat sich gemeldet und gesagt, sie möchten es auch spielen. Allerdings hätten sie nur einen Termin vor der Kölner Premiere frei. Und ich Idiot habe zugesagt. Selbstverständlich hätte ich auf dem Kölner Premierentermin beharren sollen, das Neumarkt-Theater hätte das Stück ohnehin gespielt. Frau Sommer war mir keine Hilfe.

Während der Proben am Neumarkt wollte Claus Bremer ein paar Kleinigkeiten ändern. Worauf ich hingeschmissen und gesagt habe, sie sollten doch machen, was sie wollten, aber bitte ohne meinen Namen. Das haben sie getan. Am 31.12.1974 wurde mein Stück *Der Brand von Uster* unter den Namen Claus Bremer, Urs Bitterli und Felix Prader am Neumarkt uraufgeführt. Es wurde ein großer Erfolg. Ich erhielt die Hälfte der Tantiemen. Aber ich war wieder einmal am Boden zerstört.

Knapp ein halbes Jahr später wurde das Stück in der Regie von Valentin Jeker in Köln nachgespielt. Es war eine der besten Aufführungen, die ich je hatte. Aber es war eben keine Uraufführung mehr, das Echo war gering. Immerhin hat der Kritiker Ulrich Schreiber in der *Frankfurter Rundschau* folgenden seltsamen Satz veröffentlicht: »Diesen bis zur erneuten Naivität reflektierten Theaterstil beherrscht ein überraschend ausgeglichenes Ensemble in solchem Maße, dass man sich plötzlich wie bei einem hochrangigen Theaterereignis vorkam.«

Ja was denn nun? War es ein hochrangiges Theaterereignis oder nicht? War es eine Uraufführung oder doch nicht? Hatte überhaupt etwas stattgefunden?

Frau Sommer aus Berlin ließ sich übrigens eine halbe Stunde vor Premierenbeginn wegen Diarrhö entschuldigen.

Für das Jahr 1977 erhielt ich ein einjähriges Stipendium des Deutschen Akademischen Austauschdienstes in Berlin. Obschon unsere Zwillinge neun Jahre alt waren und mich gebraucht hätten, habe ich es angenommen.

Die ersten neun Monate habe ich beim Galeristen Carlos Hulsch gewohnt, der eine riesige Wohnung an der Fasanenstraße hatte, im Haus, in dem später die Berliner Filiale des Suhrkamp Verlags war. Die letzten drei Monate war ich an der Holsteinischen Straße einlogiert, unweit der Szenebeiz Witwe Bolte an der Uhlandstraße. Dort habe ich die Leute des Kindertheaters Rote Grütze kennengelernt.

Es war kein gutes Jahr für mich. Das Stipendium war zwar großzügig dotiert, aber ich bin in Berlin nicht recht froh geworden. Immer öfter bin ich nach Basel zurückgefahren, mit dem Zonenzug Berlin–Frankfurt am Main. Der Speisewagen jenes Zuges wurde zu meinem bevorzugten Schreibort. Ich trank Schwarztee, aß Spiegeleier mit Speck und füllte Seite um Seite meines Heftes. Ich war stets der einzige Gast, allein mit dem Kellner und dem Koch, die sich einem kontrollierten Suff hingaben. Eine langsame, fast endlose Bahnreise. Erst die Industriekombinate von Halle und Jena, dann die bewaldeten, menschenleeren Mittelgebirge. Bahnhöfe, wo Menschen herumstanden, die den fremden Zug keines Blickes würdigten. Mit Maschinenpistolen bewaffnete Hundeführer, die ihren Hund unter den Waggons hindurchkriechen ließen, um Flüchtlinge aufzuspüren, die dem Arbeiterparadies DDR entfliehen wollten. Für mich war es jedes Mal eine Reise durch eine verstörende Irrealität, ein guter Ort zum Schreiben.

Einmal war ich eingeladen nach Ost-Berlin. Auf der

kleinen Bühne im Palast der Republik fand ein Gastspiel eines Stückes von mir statt, gespielt von Guy Kayats Pariser Truppe. Von dieser Truppe waren zwei Drittel Mitglieder der Kommunistischen Partei Frankreichs. Gespielt wurde *La Marie Poupette*, was die Übersetzung meines *Sennentuntschis* war. Nach einer halben Stunde erhob sich der Schweizer Botschafter mit hochrotem Kopf und ging hinaus. Er war offenbar der Einzige, der den Text verstand. Alle andern blieben brav sitzen bis zum Schluss und applaudierten höflich.

Anschließend wollten wir im Hotel Stadt Berlin, wo wir logierten, etwas essen. Obschon es das beste Hotel am Ort war, erwies sich dies als unmöglich. Es gab eine Bartheke mit festgeschraubten Sesseln, die alle besetzt waren. Es standen leere Tische da. Dort setzten wir uns hin und wollten bestellen. Bedienung nur an der Theke, bekamen wir zu hören. Um 23 Uhr leerten sich die Sessel, wir setzten uns drauf. Essen nur bis 23 Uhr, bekamen wir zur Antwort. Es befinde sich aber eine Bar im 32. Stock oben, dort gebe es zu essen. Also fuhren wir mit dem Lift hinauf. Eintritt nur mit Krawatte, war der Bescheid.

Damals sind einige aus der Pariser Truppe von ihrem Glauben abgefallen. Wo es nichts zu essen gibt, dachten sie wohl, kann nicht das Paradies der Werktätigen sein.

Ein kurzes Wort zur Mundart.

Ich halte die Mundart für meine Muttersprache. Das heißt, die Fähigkeit, mich mittels Sprache auszudrücken, habe ich in Mundart erlernt.

Lesen und Schreiben habe ich auf Hochdeutsch gelernt.

Das heißt, Hochdeutsch ist für mich die Schriftsprache, die Literatursprache. Ich brauche schon einen triftigen Grund, um etwas in Mundart aufzuschreiben. Kein Mensch weiß ja, wie man Mundart korrekt schreibt. Deshalb ist das Lesen von Mundart äußerst mühselig.

Es würde mir nie im Leben einfallen, einen Brief oder einen Zeitungsartikel in Mundart zu schreiben. Ein Theaterstück indessen schon. Denn im Theater wird ja nicht gelesen, sondern zugehört. Und dafür ist Mundart eine ebenso geeignete Sprache wie jede andere Sprache auch. Theaterstücke, die in Mundart aufgeführt werden, gehören ebenso zur Literatur wie hochdeutsche Stücke. Das gilt jedenfalls, solange man oral tradierte Literatur nicht aus dem Kanon ausschließt. Und dies hat im Ernst wohl niemand im Sinn. Die Urner Sagen, die Spitalpfarrer Müller gesammelt hat, gehören zur Schweizer Literatur wie Bräkers Lebensgeschichte *Der arme Mann im Tockenburg* und Hermann Burgers *Schilten*.

Die Deutschschweiz ist eine Mundartnation. Daraus beziehen die Deutschschweizer Autoren ihre verblüffende Kraft: aus der Spannung zwischen Mundart und Hochdeutsch.

Ich finde es erstaunlich, welch grandiose Sprachkraft einige der größten Autoren der Schweiz aus ihrer Mundart entwickeln. Huldrych Zwingli, Heinrich Pestalozzi, Jeremias Gotthelf, Friedrich Dürrenmatt, alles Prediger vor dem Herrn mit alttestamentarischer Sprachgewalt.

Ich finde, wir könnten ruhig ein bisschen froh sein über unsere Mundarten.

Ich habe eine großartige Zeit erlebt am Stadttheater. Es sind alle meine Stücke aufgeführt und nachgespielt worden. Ich habe davon gelebt. Und ich habe einige wunderschöne Aufführungen meiner Stücke gesehen, was alle Niederlagen bei weitem aufwog.

Einer Aufführung will ich noch gedenken, weil sie von besonderer Lustigkeit war. Schon von der Idee her verrückt, in vielem grottenschlecht, als Ganzes ein krachender Erfolg. *Die schwarze Spinne* nach Gotthelf anno 1988 im emmentalischen Trachselwald.

Ich habe Anfang der achtziger Jahre am Stadttheater Bern einen blutjungen Regieassistenten kennengelernt, der Lukas Leuenberger hieß. Er saß meist schweigsam mit am Tisch und ist in keiner Weise aufgefallen.

Einige Jahre später, als in Solothurn mein *Lieber Augustin* Premiere hatte, bin ich hingefahren. Nach der Vorstellung kam Lukas zu mir und sagte, ich solle mit ihm ins Emmental kommen. Er wolle dort Gotthelfs *Schwarze Spinne* aufführen, ich solle die Dramatisierung besorgen.

Wir sind nach Trachselwald gefahren und haben bei der Wirtschaft Tanne geparkt. Von dort sind wir in ein Seitental hineingewandert, bis sich der Weg verzweigte zu einem Bauernhof links oben und zu einem Bauernhof rechts oben. Geradeaus erstreckte sich eine sumpfige Wiese zum Waldrand hin. Auf dieser Wiese, sagte Lukas, werde er eine Tribüne mit 3000 Plätzen aufbauen. Und da, wo wir jetzt stünden, und auf den umliegenden Hügeln werde er die Sage von der schwarzen Spinne spielen. Er werde Scheiterbeigen, also Holzstöße, in die Wiesen stellen, hinter denen sich Teufel verstecken würden, die alle gleich aussähen. Und immer wieder werde einer dieser Teufel hinter einer der Scheiterbeigen auftauchen, zur nächsten Scheiterbeige gehen und plötzlich wieder hinter einer ganz anderen Scheiterbeige hervorkommen, als ob der Teufel tatsächlich unsichtbar in der Gegend herumhüpfen könne. Die Hauptfigur Christine werde Barbara Sukowa spielen. Das alles klang so verwegen, dass ich gleich einverstanden war.

Wir sind nach Hamburg geflogen und haben Barbara Sukowa besucht, die am Ufer der Elbe wohnte. Sie hat zugesagt. Wir haben Sigfrit Steiner in München besucht, er sollte den erzählenden Großvater spielen. Das war nicht möglich, Steiner war bereits sterbenskrank. Immerhin war es mir so vergönnt, den großen Schauspieler persönlich kennenzulernen.

Für die Rolle des Burgherrn von Stoffeln hatte Lukas Peter Ustinov vorgesehen. Wir haben auch ihn aufgesucht, in der Nähe von Frankfurt am Main. Ustinov hatte zwar sichtlich Spaß an dem, was wir ihm erzählten. Aber er war schon verplant. Von Stoffeln wurde dann von Peter Kern gespielt, in großartiger Weise.

Lukas hat eine Handvoll weiterer deutscher Schauspieler geholt und einige der beliebtesten Schweizer Schauspieler. Stephanie Glaser, Mathias Gnädinger, Walo Lüönd, Erwin Kohlund, Franz Matter. Er hat dort, wo sich der Weg gabelte, eine Versenkung in den Boden graben lassen, in der er den Teufel samt Christine verschwinden lassen konnte.

Er hat eine Bergsteigergruppe engagiert, die sich vom Turm des Schlosses Trachselwald, das links oben zu sehen war, in panischer Angst vor der Spinne abseilen sollte. Das hat sich als unmöglich erwiesen, es war zu gefährlich.

Die Sage der schwarzen Spinne erzählt unter anderem, dass der Teufel über Nacht mehrere Buchen pflanzt, so dass sie einen Schattengang für von Stoffeln bilden. Dieses Problem gedachte Lukas zu lösen, indem er auf die Flaschenzüge zurückgriff, mit denen die Bauern schwere Lasten heben konnten. Diese Flaschenzüge hießen Habegger, jeder Hof besaß einen. Das Verb dazu lautet ›habeggern‹. Lukas ließ also auf einem Hügel oben junge Buchen hinlegen, die dann in einem bestimmten Moment von den Bauern der Umgebung emporgehabeggert werden sollten, so dass es aussah, als wüchsen sie direkt aus dem Boden. Der Moment kam, wir warteten gespannt. Die Bauern habeggerten mit aller Kraft, aber es geschah nichts. Die Buchen waren zu schwer, oder der kaum spürbare Luftzug war zu stark. Die Übung wurde abgebrochen.

Auch hatte Lukas vor, den größten Vorhang der Welt, wie er es nannte, aufzustellen. Auf mein Argument, eine Landschaft brauche keinen Vorhang, ging er nicht ein. Diesen Vorhang wollte er mit dem Benzinmotor eines Bauern bewegen. Er engagierte eine Firma für Skilifte und Seilbahnen, welche die beiden Portalpfeiler errichtete, das Drahtseil spannte und in schwindelnder Höhe die beiden Teile des Vorhangs aufhängte. Dann wurde der Benzinmotor angeworfen. Wir schauten alle zu, wie sich der Vorhang langsam schloss und sich, wie von Geisterhand bewegt, zu einem riesigen Segel aufblähte und davonzufliegen drohte. Es war der Wind, den man zwar nicht spürte, der aber doch unaufhaltsam auf die riesigen Flächen traf. Die Techniker, die oben am Drahtseil hingen, hatten alle Mühe, die beiden Vorhangteile wieder zu den Pfeilern zurückzubewegen.

Dort blieben sie bis zum Ende der Spielzeit, zwei stumme Zeugen von Leuenbergers produktiver Phantasie, die der Emmentaler Realität nicht standhielt.

Dafür liebe ich Lukas Leuenberger noch heute. Er hat nicht bloß geträumt, er hat versucht, seinen Traum in die Realität hineinzupflanzen. Vieles ist missglückt, aber einiges hat funktioniert.

Wir hatten vier Wochen Probezeit. Oft fielen die Proben aus, weil es zu stark regnete oder weil die Techniker die Tribüne aufstellten. In den letzten Tagen vor der Premiere war an ein konzentriertes Proben nicht zu denken, weil eine Firma, die aus dem Ostblock kam, die Lautsprecheranlage installierte. Der Ton musste ja zeitgleich mit dem, was man vorne auf dem Spielplatz sah, zu hören sein. Was auf den hinteren Plätzen der Tribüne schwierig zu erreichen war.

Es war bald klar, dass Lukas das Stück nicht selbst inszenieren konnte und im Grunde auch nicht wollte. Er ernannte einen erfahrenen Schauspieler zu seinem persönlichen Assistenten. Dieser Assistent hat das Stück inszeniert. Er hat es meiner Meinung nach gut gemacht. Es ging nicht um genaue Probenarbeit, dafür war keine Zeit da. Es ging bloß ums Organisieren. Wer tritt wo auf, wer tritt wann ab, wer spricht wo was. Klassische Schmiere also, das Können und die Routine der Schauspieler waren gefragt. Da es hervorragende Schauspieler waren, war es hervorragende Schmiere.

Wenige Tage vor der Premiere stand bloß noch die Frage im Raum, ob es an der Premiere regnen würde oder nicht. Hätte es geregnet und gestürmt, wäre die Tribüne leer geblieben. Verschieben wäre kaum möglich gewesen, denn Lukas hatte viel Prominenz eingeladen.

Es wurde eine windstille, strahlende Vollmondnacht. Ein durchschlagender Publikumserfolg. Die ganze Cervelat-Prominenz des Ringier Verlags war anwesend. Sogar Bundesrat Leuenberger (mit Lukas nicht verwandt) hat mir die Hand geschüttelt.

Lukas hatte drei mächtige Bundesgenossen an Bord geholt. Den Ringier Verlag mit der *Schweizer Illustrierten*. Eine Großbank, die an den Schaltern die Eintrittskarten verkaufte. Und die SBB, die ebenfalls Billette verkaufte.

Alle Aufführungen waren ausverkauft, 100000 Zuschauer. Eigentlich hätte Lukas mit dieser Produktion Geld verdienen müssen. Hat er aber nicht. Er war viel zu gutgläubig, zu naiv. Seine Finanzministerin, die ein frisches, schönes, im Übrigen ahnungsloses Mädchen war, hat er zwar entlassen, aber leider zu spät. Er ist von allen Seiten, vor allem von den schlauen Emmentaler Bauern, über den Tisch gezogen worden. Ich habe in Fridels Stall zum Beispiel gehört, dass ein Bauer, der vom Projekt Wind bekommen hatte, auf einem steilen, unfruchtbaren Hang plötzlich Kartoffeln angepflanzt hat. Und ein Jahr später, als dieser Hang zur Bühne wurde und er folglich keine Kartoffeln mehr anpflanzen konnte, finanziellen Ersatz für die entgangene Kartoffelernte verlangt und auch bekommen hat.

Mich hat Lukas korrekt bezahlt.

Damals habe ich wieder einmal die vernichtende Kraft, ja den Hass der rechtgläubigen Theaterkritik miterlebt. Dieser Hass galt nicht mir, ich war irgendwie sakrosankt. Aber Lukas Leuenberger haben sie fast zerstört. Sie haben nicht mit ihm geredet und gestritten, sie haben ihn schlicht verleumdet. Er sei ein arrogantes, geldgieriges, raffiniertes Bürschlein. Tatsächlich war das Gegenteil der Fall. Wäre er auch nur eine Spur raffiniert gewesen, wäre er nicht in Schulden geraten.

Es wurden von der zünftigen Kritik einfach so ein paar aberwitzige Verbote aufgestellt. Es war verboten, Schmiere zu spielen. Obschon am Zürcher Schauspielhaus in der Zeit um 1960, wegen Zeitmangels, ebenfalls Schmiere gespielt wurde. Es war verboten, sich von einer Bank helfen zu lassen. Obschon auch das Schauspielhaus von einer Bank gesponsert wurde. Und es war ganz allgemein verboten, ein solches Freilichttheater zu machen.

Damals ist für mich zum ersten Mal die Schere zwischen politisch korrekter Theaterkritik und unkorrektem Publikum aufgegangen. Denn jeden Abend war die Tribüne in Trachselwald voll. Was die Kritiker nur noch wütender machte.

Ich habe versucht, Lukas zu helfen, indem ich einen mehrseitigen Brief an die woz schrieb, die Lukas am brutalsten in die Pfanne gehauen hatte. Ich habe keine Antwort bekommen.

Festzuhalten ist, dass Lukas keinerlei staatliche Subvention erhielt. Im Gegenteil, am Schluss bekam er eine saftige Rechnung für die Billettsteuer.

Heutzutage findet zur Sommerzeit praktisch an jedem lauschigen Schweizer See ein großes Freilichttheater statt. Und alle finden es in Ordnung.

Etwas später hat mir Lukas Leuenberger erzählt, dass er zum 700-jährigen Jubiläum der Eidgenossenschaft, genannt CH 91, eine einmalige Aufführung im großen Nationalratssaal des Bundeshauses in Bern plane, die vom Fernsehen übertragen werde. Anwesend würden alle sieben Bundesräte und das gesamte Parlament sein. Ob ich das Stück schreiben wolle?

Eine typische Leuenberger-Idee, rotzfrech und genialisch. Selbstverständlich habe ich zugesagt. Sonst hätte ich mich ja gleich aufhängen können.

Mitten in der Arbeit an diesem Stück habe ich am Rundfunk die Meldung gehört, dass eine Reihe prominenter Schweizer Autoren als Erstunterzeichner eine Resolution unterschrieben hatte, die CH 91 zu boykottieren, wenn nicht die Fichen offengelegt würden. Es wurden Zweitunterzeichner gesucht.

Damals war eben herausgekommen, dass während Jahrzehnten alles, was irgendwie links roch, von obskuren staatlichen Spitzeln überwacht und fichiert wurde. Die Empörung darüber war gewaltig, auch bei mir.

Als ich jene Radiomeldung hörte – ich weiß es noch genau, ich saß in einem Haus am Lago Maggiore an der Arbeit –, bin ich gleich aufgesprungen und habe Dres Balmer, den Präsidenten der Gruppe Olten, angerufen. Ich habe ihn gefragt, was er in Arbeit habe. Was konkret er also boykottieren würde, wenn die Fichen nicht offengelegt würden. Er hat geantwortet, er mache ohnehin nichts für die CH 91. Anschließend habe ich Franz Hohler und Otto F. Walter angerufen und habe dieselbe Antwort erhalten. Da habe ich gedacht, dass diese Erstunterzeichner (es war auch

298

eine Erstunterzeichnerin dabei) ja gar nichts zu boykottieren hatten. Dass sie sich mit fremden Federn schmücken wollten, zum Beispiel mit meiner. Ich sollte als Zweitunterzeichner meine eigene Arbeit boykottieren, damit sie als Erstunterzeichner groß herauskamen.

Das hat mir gewaltig gestunken. Und ich habe beschlossen, meine Arbeit zu Ende zu bringen und mitzumachen bei der CH 91. Und mich im Übrigen nicht zu Wort zu melden zum sogenannten Kulturboykott.

Das hat sich als schwerer Fehler erwiesen. Die Fichen wurden zum geforderten Termin nicht offengelegt. Die Erstunterzeichner haben in einer zweiten Resolution ihren tatsächlichen Boykott ausgesprochen. Die WOZ hat ihre Chance gewittert, zum Sprachrohr der linken Gruppierungen des Landes zu werden. Erreicht hat sie das Gegenteil. Sie hat die linken Gruppierungen gespalten und sich selbst ins gesellschaftspolitische Abseits geschrieben. Auch die Gruppe Olten hat sie gespalten. Der sogenannte Kulturboykott war der Anfang vom Ende der Gruppe Olten.

Ich selber wurde als Streikbrecher bekämpft und als Hurer, der für Geld alles macht, verleumdet. Das wurde geglaubt, da es ja in der linken WOZ stand.

Ich hätte den Bettel hinschmeißen und mich vom Druck, der von meinen eigenen Leuten auf mich ausgeübt wurde, befreien sollen. Oder ich hätte mich lautstark zu Wort melden und meinen Standpunkt verteidigen sollen. Beides habe ich nicht getan. Ich habe zwar zwei lange Interviews zum Thema gegeben, war aber dabei so zittrig, dass ich meine Situation nur verschlimmerte. Offenbar, so überlege ich heute, habe ich deshalb so stur reagiert, weil ich gegen jede Form von Verboten allergisch war.

Der Druck war ungeheuer. Ich erwachte jede Nacht, nass von Angstschweiß, aus einem Angsttraum. Aber das Stück für den Nationalratssaal habe ich fertiggeschrieben.

Es ist dann alles anders als erwartet herausgekommen. Da Dürrenmatt überraschend starb, hat sich Lukas Leuenberger bei Daniel Keel vom Diogenes Verlag die Rechte am Stück *Herkules und der Stall des Augias* geholt und in einer miserablen Inszenierung im Nationalratssaal aufgeführt. Mein Stück ist in einer szenischen Lesung vom Deutschschweizer Radio gesendet und in einer Zeitschrift mit niedriger Auflage gedruckt worden.

Einen Teil meiner mit Leuenberger ausgemachten Gage habe ich mir über den Anwalt meines Buchverlages Ammann erstritten. Es war der einzige Prozess, den ich in meinem Leben geführt habe.

Aufgefallen ist mir bei dieser Geschichte, wie allein ich plötzlich dastand. Nicht einer meiner Kollegen hat sich für mich eingesetzt. Die wussten doch alle, dass ich kein Hurer war. Damals habe ich hautnah erlebt, wie schlimm es sein kann, wenn man als Autor aus dem Versteck, das sich jeder Autor bauen muss, um schreiben zu können, durch irgendeinen Zufall herausgerissen und in den Fokus der öffentlichen Diskussion gestellt wird. Was dem Wesen der Schriftstellerei diametral widerspricht. Denn das Schreiben geschieht in der Einsamkeit.

Selbstverständlich gilt auch das Gegenteil. Niklaus Meienberg zum Beispiel hat sein Schreiben in der Öffentlichkeit inszeniert. Bei ihm lief alles über die Medien. Anstatt mich, der ich mich als sein Freund und Kollege verstand, anzurufen oder mir einen Brief zu schreiben, hat er mir über den *Tages-Anzeiger* geschrieben. Worauf ich die Antwort verweigert habe.

Die ganze Geschichte hat mir sehr geschadet. Ich habe meine Unbeschwertheit verloren. Und ich habe meinen Ruf beschädigt, vor allem bei meinen eigenen Leuten.

Ich habe mich in mein Versteck zurückgezogen. Was ich nur deshalb tun konnte, weil ich bei A. und den Kindern bestens aufgehoben war.

Seit längerer Zeit lese ich fast keine Romane mehr. Ich bevorzuge Geschichtsbücher, Biographien und Autobiographien. Ich gleiche mich dabei immer mehr meinem Vater an. Überhaupt scheint mir, ich ähnele immer mehr meinem Vater. Was mich seltsamerweise keineswegs beunruhigt.

Am liebsten lese ich Autobiographien. Ich zähle *Die Welt von gestern* von Stefan Zweig und *Mein Leben* von Reich-Ranicki zu den interessantesten Büchern des zwanzigsten Jahrhunderts.

Bei vielen Autobiographien fällt mir auf, dass sie gleich oder ähnlich aufgebaut sind. Der erste Teil, der von der Kindheit handelt, ist äußerst spannend zu lesen. Der zweite Teil, der über die Zeit bis zum 40. Lebensjahr berichtet, ist immer noch interessant. Der dritte Teil, der die Zeit bis zur Niederschrift der Autobiographie schildert, ist oft langweilig. Es drückt die Alterseitelkeit durch.

Da ich dies weiß, und da ich meiner eigenen Alterseitelkeit entgehen will, beschreibe ich meine letzten Jahre nur noch kurz.

Ich hatte mehrmals unverschämtes Glück in meinem Leben. Als meine Zeit am Stadttheater zu Ende ging, habe ich für Louis Naefs Landschaftstheater geschrieben, später auch für Liliana Heimberg, die ebenfalls Landschaftstheater machte. Da diese Produktionen ohne staatliche Subvention auskommen mussten, waren sie auf ein großes Publikum angewiesen. Wir haben vor Tribünen mit 700 Plätzen gespielt, die fast immer voll waren. So kam viel Geld herein, und ich wurde anständig bezahlt.

Ich habe Louis Naef Anfang der siebziger Jahre kennengelernt, als er in der Dramaturgie des Basler Theaters arbeitete. Später hat er angefangen, seine eigene Vorstellung eines modernen, zeitgemäßen Volkstheaters zu entwickeln. Sein Konzept sah so aus: Man holt die Leute nicht ins Zentrum einer Stadt ins Stadttheater, sondern man geht zu den Leuten hin. Man sucht eine Geschichte, welche die Leute betrifft und interessiert. Man stellt einen Dramatiker ein, der diese Geschichte dramatisiert. Dann ruft man die Laienschauspieler zusammen, von denen es vor allem in den alten katholischen Orten hervorragende gibt. Man sucht einen Spielplatz draußen in der Landschaft und stellt eine Tribüne hin. Man spielt den ganzen Sommer über, vielleicht 25 Mal. Louis Naef nannte es Landschaftstheater.

Ich behaupte, dass diese großartige Theaterform nur in der Schweiz möglich ist. Es gab in der Schweiz kein höfisches Theater, weil es keine Fürstenhöfe gab. Es gab aber von alters her ein Volkstheater. Gottfried Keller hat in seinem *Grünen Heinrich* eine Aufführung von *Wilhelm Tell* in der Landschaft großartig beschrieben. In vielen Dörfern gibt es noch heute Theatervereine, die regelmäßig Schwänke spielen. Es gibt aber auch Liebhaberbühnen, die ernste Themen zur Darstellung bringen. Bekannt sind die Tell-Spiele in Interlaken und in Altdorf/Kanton Uri, wo man eigens zu diesem Zweck ein großes Tellspielhaus gebaut hat. Und es gibt die Welttheatergesellschaft in Einsiedeln, mit der Tradition des *Großen Welttheaters* von Calderón.

Theater für das Volk, gespielt von Laien, hat also eine große Tradition in der deutschen Schweiz. Diese Theaterform wird oft belächelt, besonders von Leuten, die noch nie eine dieser Aufführungen gesehen haben. Selbstverständlich können Laien keinen *Tasso* spielen und auch keinen *Don Carlos*. Aber wenn sie eine Figur zu ihrer eigenen Sache machen und sich im eigenen Dialekt ausdrücken können, erreichen sie oft eine hinreißende Präsenz. Das hat man inzwischen manchenorts gemerkt im Schweizerlande. Das neue Volkstheater boomt.

Louis Naef ist einer der großen Theatermänner der Schweiz, ein Pionier des neuen Laientheaters. Wobei sich seine Leistung keineswegs nur auf die Arbeit mit den Schauspielern beschränkte. Erst musste er die Gemeinderäte von seinen Plänen überzeugen. Dann die verschiedenen, oft verfeindeten Theatervereine der Gegend. Die Feuerwehr, den Turnverein, die Damenriege. Die umliegenden Bauern, die Kirche, das Kloster. Endlich das Publikum. Das war jedes Mal eine Herkulesarbeit, bei der manche Flasche sauren Weines geöffnet wurde.

Da er aus Willisau stammt, dem Städtchen an der oberen Wigger, hat er im hintersten Krachen am Napf, in Hergiswil, angefangen, mit einer lokalen Geschichte von Goldsuchern. Er hat im Freilichtmuseum Ballenberg im

Berner Oberland Kellers *Romeo und Julia auf dem Dorfe* aufgeführt, dramatisiert von Heinz Stalder. 1993 hat er, ebenfalls auf Ballenberg, meine Bearbeitung von Zuckmayers *Katharina Knie* inszeniert. Wobei der Volksschauspieler Inigo Gallo mit einem Motorrad über das hohe Seil gefahren ist.

Ich habe mit Naef insgesamt sechs große Landschaftstheater gemacht, unter anderem *Tag des Jammers* in Stans, wo ganz Nidwalden mitgemacht hat. Und *Bauernkrieg 1653* in Escholzmatt, da hat das ganze Entlebuch mitgezogen.

Ein Wort zum Freilichtmuseum Ballenberg, wo alte, anderswo abgerissene Häuser auf einem großen Gelände wieder aufgebaut worden sind. Ballenberg ist im Schweizerdeutschen inzwischen zum Synonym für rückwärtsgewandtes Schweizertum geworden. Wer tatsächlich einmal auf Ballenberg war, der weiß, dass dieses Vorurteil Unsinn ist. Man kann, wenn man die alten Häuser nicht einfach auf einem Schuttplatz entsorgen will, ein solches Häusermuseum nicht besser machen.

Für uns war Ballenberg auch deshalb ein ideales Theatergelände, weil die ganze Infrastruktur mit Parkplätzen, Wirtschaften und Toiletten schon da war.

Ich hege generell eine eigentümliche Sympathie zu den Leuten in den Bergen. Und sie offenbar auch zu mir. Jedenfalls sind wir meist gut ausgekommen miteinander. Ihr Vorteil war, dass sie stets laut und deutlich gesagt haben, was sie wollten und was nicht. Und wenn sie etwas ablehnten, haben sie es kurz begründet. Dann konnte ich abreisen. Oder bleiben und einen andern Vorschlag machen.

Die Schauspieler waren, unter der behutsamen, geduldigen Regie von Louis Naef, sehr gut. Meist haben auch zwei, drei Profis mitgespielt. Wobei die guten Profis versucht haben, sich der authentischen Kraft der Laienspieler anzugleichen.

1993 haben wir auf Ballenberg Gotthelfs *Elsi, die seltsame Magd* gespielt. Eine überaus gelungene Aufführung, vor allem deshalb, weil es eine durch und durch politische Geschichte ist, die 1798 endet, als die französischen Soldaten die Schweiz besetzten und das Ende der Alten Eidgenossenschaft besiegelten. Elsi wurde gespielt von Brigitta Weber, ihr unglücklicher Geliebter von Ernst Sigrist.

Dasselbe Thema, der Einfall der Franzosen im Jahre 1798, diente auch als Vorlage für die Aufführung von *Tag des Jammers* in Stans anno 1998. Damals hatten sich die Nidwaldner geweigert, den Eid auf die neue helvetische Verfassung zu leisten. Sie haben sich mit aller Kraft gewehrt, was im totalen Fiasko endete. Nidwalden wurde von den französischen Soldaten verwüstet. Der Titel *Tag des Jammers* ist ein Zitat von Pestalozzi, der als Mitarbeiter der helvetischen Regierung von Luzern aus am Himmel den Widerschein des brennenden Stans leuchten sah.

Über diese Aufführung will ich etwas ausführlicher berichten, weil sie wohl einzigartig war.

Obmann des Komitees, das mich anfragte, ob ich eventuell ein Stück für Stans schreiben könnte, war Klaus von Matt, von Beruf Arzt. Als ich zum ersten Mal in seiner Stube saß, war auch sein Bruder Peter von Matt, Professor in Zürich, anwesend. Er hat mir eine kurze Erzählung von Gottfried Keller zum Thema gegeben, die ich nicht gekannt hatte. Eine zarte Liebesgeschichte im Krieg. Ich habe sie übernommen und hatte so den Schlüssel zum Stück.

Ich habe mich in den Stoff eingearbeitet und alles gelesen, was vorlag. Eine Abfolge von Geschehnissen, wie wir sie in heutiger Zeit nur allzu gut kennen. Ein alter Innerschweizer Kanton, der seine Geschäfte an der Landsgemeinde unter freiem Himmel mit Handmehr regelt, kämpft bis aufs Blut für seine Unabhängigkeit und wird von einer ausländischen Übermacht überwältigt. Ein lehrreiches Exempel, direkte Demokratie gegen EU zum Beispiel. Wobei in Nidwalden die alten Wunden auch nach zweihundert Jahren noch nicht verheilt waren.

Louis Naef hat drei Schauplätze entworfen. Der erste Teil spielte auf dem langgezogenen, leicht ansteigenden Dorfplatz, das Publikum wanderte mit. Im zweiten Teil saßen die Leute auf einer Tribüne im Garten eines Klosters und schauten in ein eindunkelndes Tal hinein. Es folgte eine Pause, in der man sich verköstigen konnte. Für den dritten Teil setzte sich das Publikum auf eine weitere Tribüne und schaute in die Nacht hinaus. Das Ganze dauerte gut vier Stunden.

Sämtliche Theatervereine Nidwaldens haben mitgemacht, selbst Buochs, das über einen eigenen Theaterbau verfügt. Louis hat es sogar fertiggebracht, dass während der Aufführung für ein paar Minuten der Durchgangsverkehr nach Engelberg hinauf unterbrochen wurde. Es war Theater im altgriechischen Sinne. Eine ganze Polis hat sich zusammengefunden, um gemeinsam über die eigene Vergangenheit, und insofern auch über die Zukunft, nachzudenken.

Ein Detail noch. Als wir, noch vor Probenbeginn, eines Abends auf der Terrasse des Gasthofs Engel zusammensaßen, Klaus von Matt, der Kulturbeauftragte und ich, kam der Wirt und sagte, es sei jetzt Feierabend. Das sei nicht weiter schlimm, sagte Klaus, er solle noch eine Flasche bringen und dann einfach das Licht abschalten. So geschah es. Wir saßen aber nicht ganz im Dunkeln, da Licht von der Straßenbeleuchtung einfiel.

Ob ich mit der Bezahlung zufrieden sei?, fragte mich der Kulturbeauftragte.

Ja schon, sagte ich, obschon es mehr Arbeit gemacht habe als gedacht.

Der Kulturbeauftragte blickte Klaus an und fragte: »Was meinst du?«

Klaus überlegte eine Weile, wiegte dabei sein nächtliches Haupt und nannte dann eine Summe, die wesentlich höher war als das, was wir ausgemacht hatten. Und ich merkte, dass ich wieder einmal zu wenig verlangt hatte.

»Gut«, sprach der Kulturbeauftragte. »Wirf den alten Vertrag fort. Übermorgen hast du einen neuen im Briefkasten.«

So geschah es.

Ich erzähle diese Geschichte nicht des Geldes wegen. Ich erzähle sie wegen der Art und Weise, wie man in Stans mit mir geredet hat. Wegen des Anstandes der Nidwaldner, die wussten, dass auch die Arbeit eines Schriftstellers ihres Lohnes wert ist.

Kurz noch etwas zum *Bauernkrieg 1653*, den wir 2003 in Escholzmatt im Entlebuch aufgeführt haben. Auch dies war eine dreiteilige Aufführung. Der erste Teil spielte auf Plätzen und in Wirtschaften, der zweite Teil in der Kirche. Der dritte Teil auf einem Berg oben, auf den das Publikum in alten Postautos hochgefahren wurde. Dort oben hatte Louis Naef eine Tribüne aus Holz aus den umliegenden Wäldern bauen lassen. Man hat sie während der Fahrt schon von weitem im Licht der untergehenden Sonne aufragen sehen.

Auch in dieses Thema habe ich mich eingearbeitet. Es lag erstaunlich wenig vor. Denn auch hier wurde die Geschichte von den Siegern geschrieben. Und das waren die reichen, starken Städte. Sie haben nicht nur die Führer der Bauern hinrichten lassen, sondern sie haben auch dafür gesorgt, dass über den Krieg nichts berichtet wurde. Da sich die aufständischen Entlebucher auf den Freiheitshelden Tell berufen hatten, wurde ihnen verboten, den Namen Tells auch nur zu erwähnen.

Der linke Freigeist Hans Mühlestein, einer der interessantesten Schweizer Schriftsteller des 20. Jahrhunderts, hat darüber ein großartiges Buch geschrieben. Es heißt *Der große schweizerische Bauernkrieg 1653*. Mühlestein hat es 1942 im Selbstverlag veröffentlicht. Da er keinen professionellen Vertrieb gefunden hat, hat er versucht, sein Werk direkt an die Bauern zu verkaufen. Er hat es so produziert, dass es rein äußerlich etwas Handfestes, Edles darstellte, ähnlich einer alten Bibel. Damit sind seine Leute im Emmental und im Entlebuch von Hof zu Hof gereist und haben versucht, es zu verkaufen. Was wohl oft gelungen ist. Noch heute kann man dieses bibliophile Meisterwerk in Antiquariaten relativ billig erwerben.

Der Inhalt ist pures Dynamit. Indem Mühlestein auf Grundlage der Quellen erzählt, was damals tatsächlich geschehen ist, erzählt er auch, dass die Geschichte von der jahrhundertealten Freiheit der Schweizer, vor allem der Bauern, nichts als ein schönes, altes Märchen ist. Diese alte Schweizer Freiheit hat zwar in den Innerschweizer Landsgemeindekantonen weitgehend überlebt. In den Kantonen aber, die von den großen Städten wie Luzern oder Bern dominiert wurden, waren die Bauern keine freien Schweizer mehr, sondern rechtlose Untertanen. Und als sie sich erhoben und in riesigen Versammlungen, zum Beispiel in Sumiswald im Emmental, einen neuen Bauernbund beschworen und ihre Forderungen formulierten, wurden sie von den gnädigen Herren nicht erhört, sondern blutig zusammengeschossen. Und die Rache war grausam.

Als im Aargau die Armee der Städte den Ort Mellingen besetzt hielt, um den Übergang über die Reuss zu kontrollieren, hat sich das Bauernheer beim benachbarten Wohlenschwil aufgestellt. Die Bauern suchten den Kampf, denn sie hatten wenig Zeit. Zu Hause wartete die Arbeit. Einige provozierten die verschanzten Soldaten, indem sie sich den Schanzen näherten und ihre nackten Ärsche zeigten. Eine alteidgenössische Taktik, um den Gegner zur Weißglut zu bringen. Diese Taktik hat nicht mehr funktioniert. Die Anführer der Städtearmee haben kühl den richtigen Zeitpunkt abgewartet. Dann haben sie losgeschlagen, den Bauernhaufen zersprengt und Wohlenschwil angezündet.

Das geschah nicht auf dem Gebiet der Städtekantone, die gnädigen Herren zündeten nicht ihre eigenen Dörfer an. Das geschah im Untertanenkanton Aargau.

Noch etwas. Ich bin überzeugt, dass die Fäkalienpakete, die ich nach der Fernsehausstrahlung von *Sennentuntschi* zugeschickt bekam, sehr viel mit den nackten Bauernärschen von Mellingen zu tun hatten.

Vor der Premiere meines Stückes in Escholzmatt hat auf Heiligkreuz, dem heiligen Ort des Entlebuchs, eine Jubiläumsfeier stattgefunden, an der auch Bundesrat Samuel Schmid gesprochen hat. Es war unglaublich, was er erzählt hat. Alles sei nicht so schlimm gewesen. Der Aufstand der Bauern habe bewirkt, dass viele ihrer Forderungen akzeptiert und erfüllt worden seien. Er hat sogar das Wort »nachhaltig« gebraucht, der Aufstand habe zu nachhaltigen Verbesserungen geführt.

Ich weiß noch, wie die Entlebucher brav in den Bänken der alten Kapelle saßen und dem bundesrätlichen Schwachsinn schweigend zuhörten. Ich weiß nicht, ob aus Anstand dem hohen Herrn gegenüber oder weil sie es nicht besser wussten. Die Wahrheit ist, dass die Wirkung des Bauernkrieges tatsächlich nachhaltig war. Die Bauernführer wurden hingerichtet. Der Bauernstand wurde noch mehr unterdrückt, der alte Bauernstolz zerstört.

Der Emmentaler Bauernführer Niklaus Leuenberger wurde auf Schloss Trachselwald in Ketten gelegt. Er wurde in die Stadt Bern geschleppt und geviertelt. Sie haben die vier Körperteile an verschiedenen Orten zur Schau gestellt, wohl auch deshalb, weil sie verhindern wollten, dass die vier Teile bei der Auferstehung, beim Jüngsten Gericht, wieder zusammenfinden konnten.

Auffällig bei den Landschaftstheater-Aufführungen war das enorme Medieninteresse. Es wurde in allen großen Deutschschweizer Zeitungen und sogar im Fernsehen darüber berichtet. Das hing natürlich auch mit dem sogenannten Sommerloch zusammen, in dem die Redaktionen dringend nach Themen suchten. Aber eben nicht nur. Die Theaterkritiker haben gemerkt, dass hier eine neue Theaterform entstand. Eine Art Theater, die sich zwar weniger kunstvoll darstellte als im Stadttheater, die aber glaubwürdig Geschichten erzählte, welche die Leute direkt betrafen. Tatsächlich gab es nur gute Kritiken. Und ich, der ich am Stadttheater immer auch Verrisse erlebt habe, habe gestaunt.

Aufgefallen ist mir auch, wie gut vorbereitet das Publikum war. Die Abende konnten ja ziemlich kühl sein auf Ballenberg und im Entlebuch. Aber die Leute wussten, was auf sie zukam. Sie hatten Decken und Thermosflaschen dabei. Selbst Regen schreckte sie nicht ab.

Mit Liliana Heimberg habe ich fünf große Landschaftstheater gemacht. Angefangen haben wir auf Ballenberg mit Gottfried Kellers *Fähnlein der sieben Aufrechten,* das die Schweiz kurz vor 1848 beschreibt. Sie hat dann *Vreneli* von Elisabeth Müller vorgeschlagen. Was ich zuerst für keine gute Idee hielt. Als ich aber das Buch wiedergelesen habe, sah ich, dass es eine geniale Idee war.

Die Geschichte: Das Mädchen Vreneli lebt bei einem alten Ehepaar in einem kleinen Bauernhaus. Sein Vater ist bei einer Feuersbrunst umgekommen. Seine Mutter ist weggezogen, um Arbeit zu finden. Vreneli hat es bei den

alten Leuten gut. Bis es von der Mutter, die wieder geheiratet hat, abgeholt wird. Nun muss sich das Mädchen in
einer neuen Heimat zurechtfinden. Was ihm schließlich
auch gelingt.

Ich habe den Roman dramatisiert, habe die Endfassung
aber Liliana überlassen. Das Hauptproblem war die Besetzung der Titelfigur. Liliana hat zwei Mädchen gefunden,
die sich abgewechselt haben. Ich schreibe hier kurz über
das Mädchen, das die Premiere gespielt hat.

Sie war, wie in Elisabeth Müllers Buch, noch keine zwölf
Jahre alt und kam von einem Bergbauernhof auf dem Has-
liberg oben. An der Premierenfeier habe ich mich zu ihren
Eltern gesetzt, einem gescheiten, zurückhaltenden Berg-
bauernpaar, wir haben uns bestens verstanden.

Ein Mädchen im Zentrum einer Theateraufführung vor
einem 700-köpfigen Publikum, das fast ausschließlich aus
Erwachsenen bestand, konnte das gutgehen? Es ging um-
werfend gut, es war eine Offenbarung. Das Mädchen hat
mit einer so genauen Selbstverständlichkeit gespielt, dass
die Leute gebannt zugeschaut haben. So ist aus dem Kinderbuch eine ergreifende Familiengeschichte geworden.

An der Premiere hatten wir Pech. Es hat während der
ganzen Vorstellung wie aus Kübeln gegossen. Die Schauspieler ließen sich davon nicht beeindrucken. Sie haben
gespielt, als stünden sie nicht im Regen. Da die Tribüne
gedeckt war, saß das Publikum zwar im Trockenen. Aber
da der Regen pausenlos auf das Dach trommelte, hat man
kaum ein Wort verstanden. Zudem war es saukalt.

Als ich nach der Vorstellung zur Wirtschaft zurückging,
um mich aufzuwärmen, tauchte eine Gestalt neben mir auf,

die eingepackt und vermummt war wie ein Polarforscher. Sie schien mich zu kennen, sie lächelte mir freudig zu. Ich wollte nichts wissen, ich war noch immer ergriffen von der Aufführung. Bis die Gestalt kurz die Kapuze runternahm und ich sah, dass es eine mir bekannte Serviererin aus der Wirtschaft in Glashütten bei Murgenthal war. Eine Dame, die wohl noch nie ein Stadttheater von innen gesehen hatte. Hier aber war sie dabei.

Etwas später sind Liliana Heimberg und ich von der Ortschaft Muri im Aargau angefragt worden, im großen Klosterhof eine Theateraufführung zu machen. Ich habe mich wieder einmal an die Arbeit gemacht und passende Geschichten gesucht. So kam ich auf die Legende vom heiligen Burkard aus Beinwil am Lindenberg, der mit einem Raben zusammenlebte, mit dem er reden konnte. Er war der Schutzheilige der Burkard-Kirche, in deren Keller heilendes Wasser aus einer Quelle floss. Dieses Wasser konnte man sich frei und gratis holen. Wer es besonders heilig haben wollte, konnte es auch von einem Priester gesegnet und geweiht beziehen. Dafür musste man allerdings bezahlen, und nicht zu knapp. Das gab es damals tatsächlich. Und ich denke, das gibt es noch immer.

Bei meiner Arbeit bin ich auf den pensionierten Bezirkslehrer Dr. Müller gestoßen. Er war ein hervorragender Lokalhistoriker, der auf Quellen gestützte Feldforschung betrieb, vor allem über die Bestrafung lediger Mütter und untreuer Frauen im 19. Jahrhundert. Die Ergebnisse seiner Forschung hat er in einem alljährlich erscheinenden Murianer Periodikum veröffentlicht.

Mein Stück hieß *Der heilige Burkard und die bösen Weiber von Muri,* 2003 aufgeführt im Klosterhof.

Dr. Müller war in fast allem das Gegenteil von mir. Er war ein Leben lang Bezirkslehrer gewesen, wohnte mit seiner Frau in einem gepflegten Einfamilienhaus am Hang oben und war, soweit ich es beurteilen konnte, in keiner Weise ein Freund sozialistischer Ideen. Seine Gattin war offenbar eine tief gläubige Katholikin. In einer Szene meines Stücks wird die Muttergottes vorbeigefahren, und zwar so, dass es aussieht, als schwebe sie vorüber. Sie wird von einem Mann, der auf der Suche nach zwölf Jungfrauen ist, mit deren Blut er seine Krankheit heilen will, gefragt, ob sie tatsächlich eine Jungfrau sei? Marias Antwort: »Was geht Sie das an?«

Über solche und ähnliche Sätze hat sich in Muri schon während der Proben eine rege Diskussion entwickelt. Dr. Müller hat mir versichert, dass seine Frau empört sei, denn für sie sei Marias Jungfräulichkeit ein wichtiger Glaubenspunkt.

Wir haben uns erst vorsichtig beschnuppert, dann geachtet, dann gemocht. Dr. Müller hat mir nach der Premiere gesagt, diese Aufführung sei der Höhepunkt seiner wissenschaftlichen Arbeit.

Dies ist eine kleine Theatergeschichte aus der Provinz. Begeisterter Schlussapplaus übrigens, alle Vorstellungen ausverkauft.

Neben meiner Theaterarbeit habe ich regelmäßig auch Romane und Tagebücher geschrieben und veröffentlicht. Dazu will ich nichts sagen. Bücher sind zum Lesen da, nicht zum Drüberreden.

Für das Stadttheater habe ich nur noch selten geschrieben. Zum letzten Mal vor einem halben Dutzend Jahren, als mich das Stadttheater Bern anfragte, ob ich ein Stück über die sogenannte administrative Verwahrung schreiben wolle. Das war ein staatliches Instrument, mit dem man unbotmäßige Kinder, Jugendliche und auch Erwachsene in Anstalten wegsperren konnte. Ich hatte schon einmal darüber geschrieben, im Krimi *Hunkeler macht Sachen.* Das Thema interessierte mich brennend. Liliana Heimberg sollte die Inszenierung besorgen.

Ich stieß dabei auf das Werk von C. A. Loosli (1877–1959), einem Berner Autor, der das Schicksal eines administrativ Verwahrten als Zögling im Erziehungsheim auf Schloss Trachselwald / Emmental am eigenen Leibe erfahren und ein Leben lang gegen die administrative Verwahrung angekämpft hatte. In Aufsätzen, die zum Besten gehören, was die Schweizer Literatur zu bieten hat. Ein würdiger Nachkomme von Heinrich Pestalozzi. Auch über ihn hatte ich während meines Germanistikstudiums kein Wort gehört.

Inzwischen gab es eine Ausgabe seiner Werke in sieben Bänden. Und eine mehrbändige Biographie von Erwin Marti.

Wer sich für die Geschichte der Schweiz in der ersten Hälfte des zwanzigsten Jahrhunderts interessiert, sollte die Biographien über Friedrich Glauser, Meinrad Inglin, C. A. Loosli und Robert Walser lesen. Allesamt hervorragende Geschichtswerke, die tief in die geistige Problematik jener Zeit eindringen.

Das Stück hieß *Looslis Kinder* und wurde von Liliana

Heimberg sehr gut inszeniert. Sie hat mit Schauspielern des Berner Ensembles gearbeitet, eine Gruppe Kinder und Jugendliche dazugenommen und zu einer kompakten Gruppe zusammengefügt.

Heute ist der 8. März 2017. Ich sitze in meiner Küche und notiere, was ich soeben von einem Kollegen gehört habe.

Am 2. März, also vor knapp einer Woche, ist im Basler Alterszentrum auf dem Bruderholz der Dramatiker Heinrich Henkel, geboren 1937 im deutschen Koblenz, gestorben. Dieses Alterszentrum ist der Ort, wo man die unter schwerer Demenz leidenden Patienten versorgt.

Am 17. September 1970 ist in der Basler Komödie Heinrich Henkels Stück *Eisenwichser* uraufgeführt worden, in der Regie von Horst Siede. Die ganze Kritikerprominenz Deutschlands war angereist. Denn das Stück war eine Sensation. Endlich ein dramatischer Bericht aus der Arbeitswelt, geschrieben von einem echten Malergesellen, entdeckt von Hermann Beil! Das Stück wurde zum Riesenerfolg.

Henkel hat weitere Stücke geschrieben, die alle ebenfalls in der Komödie uraufgeführt wurden. Bis es, nach etwa zehn Jahren, still wurde um ihn. Erst hinaufgeschossen in den plüschenen Theaterhimmel, dann hart gelandet draußen auf dem Asphalt. Denn das Theater ist die verführerischste, schönste Geliebte, die es gibt. Es ist aber auch die treuloseste, brutalste.

Henkel hat es wieder auf seinem erlernten Beruf versucht und eine Malerwerkstatt eröffnet. Was aber nicht mehr geklappt hat. Ich habe ihn einmal, als ich in einem Café saß, draußen vorbeigehen sehen, einem Clochard gleich. Ich bin sogleich hinausgerannt, um ihn an meinen Tisch zu bitten. Er lehnte ab, er habe kein Geld für einen Kaffee. Dann ließ er sich doch von mir einladen. Wir saßen zwei Stunden zusammen, er hat erzählt, wie dreckig es ihm ging.

Vor Jahren habe ich eine Biographie des großen italienischen Dramatikers Carlo Goldoni (1707–1793) gelesen, der mit seinen Komödien ganz Venedig zum Lachen gebracht hat. Ein bekannter, erfolgreicher Mann, der in der Lagunenstadt ein eigenes Haus bewohnt hat. Später ist er nach Paris emigriert. Dort sei er, habe ich gelesen, noch mit über achtzig Jahren von Theater zu Theater gewandert auf der vergeblichen Suche nach einer Bühne, die sein neustes Stück spielte.

Zum Glück hatte ich A. an meiner Seite. Sie hat nicht nur zu den Kindern geschaut, sondern auch zu mir.

Sie hat eine Teilzeitstelle gefunden bei einem Hilfswerk für die Dritte Welt mit Sitz in Basel. Da sie Spanisch konnte, ist sie im Auftrag dieses Hilfswerks zweimal nach Südamerika gereist.

Später ist sie Leiterin des Basler Kunstkredits geworden, der an Basler Künstler Aufträge vergab und Werke aufkaufte. Sie hat in einem Gebäude der Mustermesse die alljährliche, riesige Ausstellung des Kunstkredits organisiert.

Als unsere Kinder größer wurden, hat A. entschieden, dass die Dreizimmerwohnung an der Markircherstraße für uns zu klein sei. Sie hat an der Mittleren Straße eine große Vierzimmerwohnung gefunden. Eine bürgerliche Gegend am Rande des traditionell proletarischen St. Johann-Viertels. Ich wohne noch immer an der Mittleren Straße, in einer Dreizimmerwohnung beim Kaminfeger Senn.

Das Stöckli im Emmental mussten wir, wegen Eigenbedarfs des Bauern, aufgeben. A. hat im grenznahen Elsass ein altes Bauernhaus gekauft. Keine zwanzig Kilometer von der Basler Grenze entfernt, im abgelegenen, hügeligen Sundgau. Stall mit Scheune, Schweinestall, Pferdestall, Umschwung mit Korbweide, Pappel, Birnbaum, Kirschbaum und einem Dutzend Zwetschgenbäumen. Ein verschlafenes Dorf, das dank der Landesgrenze dem Basler Expansionsdruck widerstanden hatte. Keine Wirtschaft im Ort, nicht einmal eine Filiale des Crédit mutuel. Keine Einkaufsmöglichkeit, der Bäcker und der Metzger kamen zweimal pro Woche mit einem Kastenwagen hergefahren. Jede Menge Singvögel. Sogar einen Gartenrotschwanz und einen Zaunkönig hatten wir.

Als A. 1997 starb, habe ich das Haus noch eine Zeitlang behalten. Da ich kaum mehr hinfuhr, begann das Grünzeug alles zu überwuchern. Als die wilde Rebe, die ich gepflanzt hatte, aus dem Dach herauswuchs, habe ich das Haus verkauft.

Kurz nach 1980 habe ich das getan, was ich schon längst hätte tun müssen. Ich bin mit allen meinen Stücken zum Verlag der Autoren in Frankfurt gegangen. Und ich habe im neu gegründeten Ammann Verlag unter dem Titel *Ein anderes Land* meine gesammelte frühe Prosa herausgegeben. Ich war mit Egon Ammann schon einige Jahre befreundet, er wurde ein guter Verleger für mich. Er hat die Vertriebsleiterin Ulla Steffan angestellt, die mir zu den hohen Auflagen der *Hunkeler*-Romane verholfen hat. Als er sie wieder hinauswarf, fand ich, es sei Zeit für mich, einen neuen Buchverlag zu suchen. Ich bin mit meinen Büchern zum Diogenes Verlag gegangen.

Trotzdem behalte ich Egon Ammann in guter Erinnerung.

Dann habe ich eine Geschichte gehört von einem Albaner, der in Zürich in der Kanalisation arbeitete. Er hat im Kanal unten in Plastik verpackte Industriediamanten gefunden. Er hat sich gefragt, wie er seinen Fund am besten verkaufen könnte. Und ich habe mich gefragt, ob dies nicht die Geschichte für einen Fernsehkrimi sein könnte.

Ich habe ein fünfseitiges Treatment über diesen Mann geschrieben und an einen mir bekannten Fernsehredaktor in Zürich geschickt. Nach wenigen Tagen habe ich die Antwort bekommen, die Geschichte sei gut, sie bräuchten dringend etwas für die *Eurocops*-Serie, ich solle das Drehbuch schreiben.

Eurocops war damals ein Verbund von zehn europäischen Fernsehsendern. Jeder einzelne Film dieser Serie wurde von allen zehn Sendern gezeigt. Die Schweizer Beiträge wurden in Basel gedreht, was mir entgegenkam.

Das hat mir gefallen, abseits des üblichen Literaturbetriebs zu arbeiten. Ein Fernsehfilm als Business, Unterhaltungsindustrie, nicht hohe Literatur. Die Fernsehredaktoren waren Fachleute, die nichts anderes wollten als einen spannenden, unterhaltenden Film drehen. Die Bezahlung war von vornherein geregelt.

Wir haben den Film gemacht. Er ist unter dem Titel *Silberkiesel* 1993 gesendet worden.

Damals habe ich die Produktionsbedingungen solcher Serien kennengelernt. Ein einzelner Film dauert nicht ganz eine Stunde. Ein Teil des Personals ist vorgegeben. Alles in allem Konfektion von der Stange.

Mein Drehbuch war viel zu lang. Auch habe ich einige Schauplätze ins Elsass verlegt. Die Fernsehleute winkten gleich ab, sie würden mit ihren Technikwagen nicht ins Elsass fahren. So fiel immer mehr weg von meinem Drehbuch. Und beim Drehen auf dem Set machte der Regisseur ohnehin, was er wollte.

Ich wusste natürlich, dass es so sein würde. Ich hatte schon bei der Verfilmung meines Stücks *Der Erfinder* am Drehbuch mitgeschrieben, bis ich endlich merkte, dass mein Mitschreiben gar nicht gefragt war. Damals hatte ich mir geschworen, nie mehr ein Drehbuch zu verfassen, außer wenn ich die Kamera selbst in die Hand nehmen konnte.

Vor allem war ich enttäuscht darüber, dass von meiner ausgearbeiteten Geschichte das meiste wegfiel. Also habe ich mich hingesetzt und meine Geschichte als Roman geschrieben. Das Hauptpersonal, die beiden Schnüffler, habe ich ersetzt durch einen einzelnen Mann, der Kommissär des Kriminalkommissariats Basel war und Peter Hunkeler hieß. Hunkeler deshalb, weil in Zofingen einige Leute Hunkeler hießen. Und Peter hatte schon einmal eine meiner Hauptfiguren geheißen.

Peter Hunkeler ist ein Zofinger, den es nach Basel verschlagen hat. Er wohnt an der Mittleren Straße, hat ein altes Bauernhaus im grenznahen Elsass und verkehrt in den gleichen Beizen wie ich. Er ist nicht ich, ich könnte zum Beispiel nie Kriminalkommissär sein. Aber ich habe ihm einiges von mir mitgegeben, einen Teil meiner Vergangenheit, einen Teil meiner Gedanken und mein Alter. Das hatte den großen Vorteil, dass ich authentisch über ihn schreiben konnte. Und in den folgenden Jahren ist er mit mir gealtert.

Dies war mein erster *Hunkeler*-Krimi, erschienen 1993 bei Ammann in Zürich. Inzwischen habe ich neun *Hunkeler*-Krimis veröffentlicht. Und vielleicht werde ich es weiterhin versuchen.

Ich habe gemerkt, welch herrliche Literaturform der Krimi ist. Ich konnte zum Beispiel ohne Umschweife meine tägliche Umgebung beschreiben. Das St. Johann-Viertel, den Grenzübergang nach Hegenheim. Die Fahrt auf die Hochebene von Trois Maisons hinauf. Den weiten Blick zu den Vogesen hinüber, die Abzweigung zum Dorf, in dem Hunkeler sein Haus hat. Dies alles war bestes Romanfutter, das überdies noch nahezu unbeleckt dalag. Ich jedenfalls hatte noch nie einen Roman über diese Gegend gelesen.

Ich habe die *Hunkeler*-Krimis mit derselben Inbrunst geschrieben wie alle meine Texte. Ich habe eine einfache, zupackende Schreibweise gesucht, die sehr viel Kraft erforderte. Wobei einfach nicht mit kunstlos gleichzusetzen ist. Dürrenmatt hat dafür die Formulierung gebraucht: Kunst dort machen, wo sie niemand vermutet.

Ich weiß natürlich, dass Krimis als zweitrangige Literatur gelten. Aber es hat mich nie interessiert, ob etwas erstrangig oder zweitrangig war. Mich hat interessiert, wie ich jeden Text möglichst gut schreiben konnte.

Ich selber lese sehr selten einen Krimi. Meist finde ich sie langweilig, weil alles so belämmert vorhersehbar abläuft. Aber von Raymond Chandler habe ich alles gelesen, von Glauser und Dürrenmatt auch, von Simenon vieles. Einfach deshalb, weil alle vier große Autoren sind.

Ich habe im Laufe des Schreibens entdeckt, dass ich ohne weiteres Geschichte und Geschichten aus der neueren Schweizer Vergangenheit einbauen konnte. Die administrative Verwahrung zum Beispiel oder die Flüchtlingspolitik im Zweiten Weltkrieg, als sich die Basler Regierung der Ausweisung der jüdischen Flüchtlinge entgegenstellte.

Im Grunde sind meine *Hunkeler*-Romane nichts anderes als Theateraufführungen, in denen ich alles bestimme bis hin zum Bühnenbild.

Marie-Louise Bless ist dann auf die Idee gekommen, *Das Paar im Kahn* zu verfilmen. Sie hat diesen Plan mit größter Energie durchgezogen und einen guten Fernsehfilm gemacht. Als sie mich fragte, ob ich das Drehbuch schreiben wolle, habe ich dankend abgelehnt. Bloß bei der Besetzung von Peter Hunkeler habe ich mich stark gemacht. Das Fernsehen wollte einen zwar hervorragenden, aber meiner Ansicht nach viel zu jungen Schauspieler besetzen. Ich habe argumentiert, ein junger Hunkeler würde das ganze System der Geschichte ins Wanken bringen. Ich wollte Mathias Gnädinger haben.

Zu meinem Erstaunen habe ich mich durchsetzen können. Markus Fischer, der die weiteren *Hunkeler*-Filme geprägt hat, hielt an Gnädinger fest.

Leider ist Mathias kurz vor der Verfilmung meines letzten *Hunkeler*-Romans gestorben. Das Drehbuch war bereits fertig. So ist es bei sieben Filmen geblieben.

Diese Filme waren eine neue Dimension für mich. Da hatte sich etwas, was ich mir im stillen Kämmerlein aus den Fingern gesogen habe, plötzlich selbständig gemacht und erschien nun millionenfach auf den Bildschirmen verschiedener Sender. Auch die Hörspiele nach den *Hunkeler*-Romanen haben zu Hunkelers Popularität beigetragen. Produziert wurden sie von Radio DRS, inszeniert von Reto Ott, die Hauptperson gesprochen von Ueli Jäggi.

Man kann einer massenhaften Vervielfältigung der eigenen Phantasiewelt am besten standhalten, indem man sie nicht zur Kenntnis nimmt und sich zum Beispiel, so wie ich es getan habe, im Schwarzwald oben versteckt. Aber auch dort geschieht es immer wieder, dass ich mit Herr Hunkeler angesprochen werde.

Im letzten Sommer bin ich eines heißen Morgens in Badehosen über die Mittlere Brücke gewandert, weil ich von Kleinbasel nach Großbasel zurückschwimmen wollte. Mitten auf der Brücke habe ich die Fahrbahn überquert. Da ich dabei nicht aufpasste, habe ich einem Radfahrer den Weg abgeschnitten. Ich habe ihn bremsen hören und aufgeschaut. Natürlich war er wütend und wollte mich beschimpfen. Aber dann hat er mich erkannt. Er überlegte kurz und rief: »Hopp Hunkeler!« Da wusste ich, dass ich in Basel endgültig angekommen war.

Ich habe lange überlegt, wie ich diesen meinen autobiographischen Bericht abschließen solle. Ich lebe ja noch. Und ich gedenke, auch weiterhin zu schreiben.

Ich schließe mit Dank. Ich bin meinem Schicksal dankbar, dass ich versuchen konnte, was ich versuchen wollte. Ich habe geschrieben, was ich schreiben wollte.

Ein Schriftsteller blickt auf sein Leben
Nachwort

Hansjörg Schneider eröffnet seine Lebensgeschichte ganz unzeitgemäß, mit einer festlichen Ouvertüre. Es ist, als wollte er damit auf das »Lob des Herkommens« antworten, das Gottfried Keller am Anfang des *Grünen Heinrich* anstimmt. Ein Preislied auf den Aargau führt zunächst weit zurück in die Geschichte, noch hinter die Zeiten, da das Land Untertanengebiet der Berner und der Innerschweizer war. Damals war es auch noch nicht gespalten in die von den späteren Herrschern befohlenen Konfessionen – Risse, die in Schneiders Jugend noch offenkundiger zutage traten als heute und die mitten durch seine Familie liefen. Der Vater, Gewerbeschullehrer in Zofingen, stammte aus dem katholischen Würenlingen, einem Dorf 1,5 km östlich der Aare in der ehemaligen Grafschaft Baden gelegen, dem »schwarzen Erdteil« der einst Gemeinen Herrschaft. Die Mutter kam aus früher bernischem Hoheitsgebiet, dem reformierten Schinznach, 1,5 km westlich der Aare.

Vor Zeiten aber war alles ungeteilt, wasserdurchflossen, ein Naturraum, mythisch leuchtend. Hier sieht das »Kind der Aare« seine Seelenheimat. Dieser vorgeschichtlichen »goldenen Mitte des Aargaus« begegnet es in Träumen, und schreibend wird es sie wieder erwecken, sogar als Vorstellung des Kommissärs Peter Hunkeler. Flüsse, Träume, Dichtung: In Schneiders Werk sind das eng verbundene Elemente. Man darf sogar behaupten, dass es ohne die Flüsse seiner Kindheit und die Träume von ihnen bei ihm gar kein Schreiben gäbe. Zweischwänzige Wassernixen macht er zum Leitmotiv seines autobiographischen Unternehmens. Sie tauchen auf aus den Wellen, finden sich aber auch über Hauseingängen oder unter Misericordien versteckt im Chorgestühl des Klosters Wettingen. Die heilige Verena von Zurzach schwebt als »alte Wassergöttin« durch die Gegend.

Dass er selber ein Wassertier sei, gehört zu den Lieblingsphantasien des Autors. Wenn er sommers im Fluss liegt, lässt er sich treiben und denkt, es ziehe ihn nun hinunter ins Meer: »Du staunst, wie lange du es aushältst, ohne zu atmen, es gefällt dir, kein Lufttier mehr zu sein. Du denkst an Kiemen, die sich an deinem Halse öffnen, durch die das Wasser einfließt und dich zum Wassertier macht.« So berichtet er im Prosastück *Schwimmen im Fluss.* Der Roman *Das Wasserzeichen,* der ursprünglich *Der Lurch* hieß, nimmt das Motiv wieder auf. Der Held Moses Binswanger ist wahrhaftig mit Kiemen ausgestattet.

Zum Einzugsgebiet der Aare gehört der Altachenbach. Er zog am Wohnhaus der Familie Schneider am Südrand von Zofingen vorbei. An und auch in diesem Gewässer hat der Autor seine ersten zehn Jahre verbracht. Sein »Gurgeln, Wimmeln und Fließen« wird zu einem bestimmenden Moment seines Romanwerks, bildet gewissermaßen dessen Unterstrom. Müde vom Fahnden nach bösen Verbrechern träumt selbst Kommissär Hunkeler davon, denn auch er kommt aus dem Altachen-Quartier: »Dieser Bach war seine Heimat gewesen, seit er sich erinnern konnte«, heißt es in *Hunkelers Geheimnis* (2015). Für Moses Binswanger im *Wasserzeichen* bedeutet dieses »Wurzelwasser, Tannenwasser, Wiesenwasser« das »Fruchtwasser schlechthin«. Hier begegnet er seiner Mutter, die »fast eine Wasserfrau« ist.

Das Wasserland um Aare, Wigger, Altachenbach bezeichnet der Autobiograph denn auch als Frauenland. Das zeigt sich nicht zuletzt im ergreifenden Porträt, das Schneider seiner Mutter widmet, die lachen und strahlen konnte, die viel las und den Kindern Geschichten erzählte. Ihre Krankheit und ihr schrecklicher Tod, als er achtzehn war, hätten dem Sohn fast das Genick gebrochen. Ledig hieß sie Hilda Riniker, und auch er hätte lieber Riniker geheißen, statt den Namen des Vaters zu tragen, des Aufsteigers, über dessen gestrenge Willkür er nie ganz hinwegkam.

Schreibende Söhne berufen sich gern auf ihre Mütter. »Ich ... ein Löwy«, schrieb Franz Kafka, dessen Mutter Löwy hieß, im berühmten *Brief an den Vater*. Hermann Hesse preist im autobiographischen Roman *Hermann Lauscher* die Mutter als Erweckerin seiner Erzählfreude. Bei Friedrich Dürrenmatt ist zu lesen, seine Mutter habe ihn im »embryonalen Zustand« seiner Kindheit mit den großen Epen der Bibel konfrontiert. Die Sintflut stellte sie »gewaltig« dar, schreibt er in den *Stoffen:* »Gottes Zorn: den ganzen Ozean kippte er über die Menschheit – nun schwimmt mal ... Bei diesem Befehl ging ein Ruck durch das Weltgefüge.« In Jakob Bossharts Hauptwerk *Ein Rufer in der Wüste* (1921), einem unterschätzten Roman der

Schweizer Literatur, sagt der Protagonist Reinhard Stapfer, er sei eigentlich ein Landert – so heißt die sanfte musische Mutter – und nicht ein Stapfer wie der Vater, der kaltschnäuzigem Erfolg frönt.

Anders hingegen Hermann Burger und Thomas Bernhard. Mit aggressivem Furor greifen sie ihre »Eismütter« an, Bernhard in *Ein Kind* und Burger in der *Künstlichen Mutter.*

Zugegeben: Das sind fiktionale Texte, die autobiographisches Material lose verwenden – dessen Realitätscharakter aber deutlich machen. Auch Hansjörg Schneider hat so gearbeitet, im *Nachtbuch für Astrid* (2000) beispielsweise, dem Trauerbuch um seine Frau, die 1997 an Krebs starb. Beschwörende Erinnerungen versuchen da, die Tote zurückzuholen. Gleichzeitig aber nähert sich die wilde Schrift einem heutigen Eheroman an, in dem eine Beziehung immer neu entworfen sein will und Gefährdungen, Brüche nicht verschwiegen werden. In seiner rabiaten Selbstanalyse erinnert das *Nachtbuch* an *Lieber Leo*, Schneiders zweiten Roman von 1980, der 2016 wieder aufgelegt wurde. Der Roman *Der Wels* (1988) variiert auf seine Weise die dramatische Geschichte einer beklemmenden Bindung. In verstört karger Diktion rennt der Protagonist dagegen an. Seiner aufgepeitschten Seele aber steht ein Emblem der Undurchschaubarkeit und der unerschütterlichen Ruhe entgegen: das Leitmotiv eines zwei Meter langen Fischs, der reglos auf schlammigem Seegrund verharrt. Auch frühere Liebesgeschichten weiten sich aus zu dichterischen Lebensberichten, beispielsweise jene, die der Autor seine »Urtexte« nennt, *Leköb* und *Distra.* Sie sind in den 1960er

Jahren entstanden, und Dieter Roth hat sie herausgebracht: Prosa von gedrängter Sprachkraft.

Möglicherweise sind erklärte Autobiographien, welche das gelebte Leben direkt ins Auge fassen, verschwiegener als Romane. Beziehungsgeschichten werden vorsichtiger angegangen. Zwar spielt Astrid oder A., wie sie genannt ist, auch in dieser Selbstdarstellung eine wichtige Rolle. Sie wird aber vorwiegend als die Frau gezeigt, welche das Schreiben ihres Mannes ermöglicht und behütet hat. Denn hier geht es nun wesentlich um die Frage: Wie bin ich der geworden, der ich bin? Wie bin ich zum Schreiben gekommen? Auch jetzt, im Alter, betont der Autor, sei dies für ihn immer noch das Wichtigste. Mehr noch: »Schreiben ist für mich zum Leben geworden.« So sagt er es schon etwas früher, in *Nilpferde unter dem Haus* (2012).

Es war ein langer Weg hin zur Schriftstellerei, einer voller Zufälle und Gefahren. Diesen Weg gilt es in *Kind der Aare* zu erforschen. Nach der mythisch sagenhaften Eingangspassage wird diese Selbstwerdung nüchtern, wenn auch in spielerischen Sprüngen erzählt. Hier pocht der Verfasser auf eine »Prosa der Wirklichkeit«. Als solche hat Franz Grillparzer einst den Stil seiner bewusst schmucklosen *Selbstbiographie* bezeichnet.

Die Kindheit ist, wie so oft in den Lebensbeschreibungen von Dichterinnen und Dichtern, für Schneider eine entscheidende Epoche. Erika Burkart, seine große verstorbene Kollegin aus dem aargauischen Freiamt, hat in *Das Schimmern der Flügel*, dem Buch, das sie ihre »Jugendmythen« nannte, die frühen Erfahrungen als »unzerstörbare Nährgründe und nie zu stillende Wundlöcher« bezeichnet.

»So muss das gewesen sein, damals«, sagt sie, und: »Ich erfinde, versuche die Wahrheit zu finden im Rückblick auf reale Bilder, die sich einbrannten.« Das sieht Schneider nicht anders, wenn er unterstreicht, dass die Erinnerung die Fakten auswähle, ja verwandle und neu gestalte. Doch um der versunkenen Welt einigermaßen habhaft zu werden, geht er streckenweise ethnographisch genau vor. Das Städtchen Zofingen der 1940er Jahre steht präzise vermessen da mit seinen alten Gassen, den kleinen Läden – Bäckereien, Metzgereien, Papeterien, Hutgeschäften –, den Schulen, Arbeiterwohnungen, Fabrikantenvillen, seiner nahen, aber konfessionell und mental fast hermetischen Grenze hin zum katholischen Luzernerland.

Für Leserinnen und Leser seiner Generation wachen bei solchen Schilderungen die eigenen frühen Jahre wieder auf: Die Lehrer verabreichten »Tatzen«, Schläge mit dem Lineal oder einer Haselrute auf die Innenfläche der ausgestreckten Hand; man trug seltsame Bekleidungskonstruktionen wie die *Gschältli,* welche die gestrickten Strümpfe an Gummibändern festhielten; man las die gleichen Bücher und erlebte eine spärliche Jugendkultur mit *Globi* und Fip Fop Club. Ging man einkaufen, brauchte man *Märkli,* die Rationierungsmarken der Kriegs- und Nachkriegszeit, und, hatte man Glück, erhielt man im Geschäft ein leuchtend rotes Himbeerbonbon. Die bloße Inventarisierung einstiger Dinge, scheinbarer Kleinigkeiten, vergegenwärtigt ein Stück Vergangenheit.

Isolation und *drôle de guerre*: das sind Begriffe, die das Schicksal der Schweiz zur Zeit von Schneiders früher Kindheit benennen. Außenherum herrschte Krieg. Die Landesgrenzen blieben geschlossen. Der kleine Hansjörg hörte manchmal Hitlers gellende Stimme am Radio, doch seiner ganzen Umgebung sei klar gewesen, dass man sich bei einem Angriff unter allen Umständen wehren würde. Wäre die deutsche Wehrmacht einmarschiert, hätte sein Vater – »ein Möchtegern-Bürgerlicher ... aber ein Antifaschist« – drei stadtbekannte Nazis erschossen. Sie hatten ihn auf eine schwarze Liste gesetzt. Unbeteiligt aber flossen Aare und Altachenbach durch eine noch intakte Landschaft. Und die Zofinger Kinderfeste mit Kadetten und Böllerschüssen, die Erst-August-Feier mit Lampions und Höhenfeuern waren »so unglaublich schön, dass ich behaupte, ich sei in einer Idylle aufgewachsen. Und dies in einer Zeit, in der die deutschen Städte in Schutt und Asche fielen.«

Auch in der Schweiz erlebten die Kinder den Krieg unterschiedlich. Urs Widmer, der gleichaltrige Schriftsteller aus Basel, erinnert sich in seiner Autobiographie *Reise an den Rand des Universums* an nächtliche Bombergeschwader, »ein tödlich drohendes Donnern«, an abstürzende Flugzeuge im nahen Elsass und versehentliche Bombenabwürfe nahe beim Bahnhof SBB.

Ich selbst, wenig älter als Schneider, habe damals das Bombardement der Stadt Friedrichshafen gesehen. Ich weilte in Romanshorn bei meiner Großmutter in den Ferien. Bei Bombenalarm ging sie vorschriftsgemäß hinunter in den Luftschutzkeller. Die kühne und von mir bewunderte Urgroßmutter hingegen liebte es, aufs Dach zu steigen. In einer Frühlingsnacht 1944 nahm sie mich mit hinauf, und die gewaltigen Feuerexplosionen am jenseitigen Ufer brannten sich mir tief ins Gedächtnis ein.

Die ein, zwei Jahrzehnte Älteren, Jugendliche und junge Erwachsene, erfuhren die Abschottung jener Jahre existentiell: Friedrich Dürrenmatt (1921 geboren) erlebte diese Schweiz als labyrinthisches Gefängnis, was sein künftiges Schaffen bestimmte. Die Baslerin Lore Berger (Jahrgang 1921), Verfasserin des Romans *Der barmherzige Hügel*, setzte dem alles Leben erstickenden Stillstand ihren trunkenen Suizid entgegen; der von Schneider hochgerühmte Lyriker Alexander Xaver Gwerder (geboren 1923) hatte, als er sich 1952 das Leben nahm, Lore Bergers Buch im Gepäck. Erika Burkart (Jahrgang 1922) schreibt Mitte der 1970er Jahre am autobiographischen Roman *Der Weg zu den Schafen* und hält fest, selbst drei Jahrzehnte später erscheine jene Kriegszeit »unerträglich und unsere Jugend in ihr ein Alptraum«. Auch sie aber erinnert sich – darin Lore Berger ähnlich – an einen unbändigen, verzweifelten Lebenshunger, gerade unter jungen Frauen.

Wer jedoch während des Krieges ein kleines Kind war, wurde meist erst nach Kriegsende der Schrecken der Zeit gewahr. Hansjörg Schneider hat schon verschiedentlich von einem Erlebnis berichtet, das ihn 1945, im Alter von sieben Jahren, traumatisierte. Im Schreibtisch seines Vaters fand er eine Dokumentation über die Konzentrationslager der Nazis, eine Broschüre, in der Hügel von Leichen, daneben brandmagere Menschen mit übergroßen Augen, abgebildet waren. Seine helvetische Idylle zerbrach. Er erinnert sich auch, wie er später vernahm, dass die Schweiz Flüchtlinge abgewiesen und in den Tod geschickt habe. Von da an verfolgten ihn Stimmen, die »Wo ist dein Bruder Abel?« murmelten.

In dieser Autobiographie beklagt Hansjörg Schneider vehement die noch lange nachwirkende Isolation der Schweiz. Er legt nahe, dass sich sein Werdegang verzögert habe, weil er bis zum Basler Literaturstudium von jeglicher Moderne abgeschnitten war, weder von Brecht und Beckett noch von Else Lasker-Schüler und den Expressionisten etwas gehört habe.

Wie er dann aber doch Schriftsteller wurde: Das herauszufinden, entpuppt sich immer deutlicher als das eigentliche Anliegen der Lebensgeschichte. Der Autor will wissen, was inmitten der Unübersichtlichkeit vergangener Tage dazu beigetragen hat, dass er zuletzt einen so ungesicherten, ja abenteuerlichen Beruf auch wirklich ergriff und ausübte. Viele Schriftstellerinnen und Schriftsteller scheint diese Frage umzutreiben. Wie gäbe es sonst eine so große Zahl von Autobiographien, die sie sich stellen, von Jean-Paul Sartre *(Die Wörter)* über Elias Canetti *(Die gerettete Zunge)*, Meinrad Inglin *(Werner Amberg)*, Friedrich Dürrenmatt *(Stoffe)* bis zu Hugo Loetscher *(War meine Zeit meine Zeit)* und Christian Haller *(Die verborgenen Ufer)*.

Im Rückblick lassen sich die entscheidenden Faktoren erkennen, die den Autor sein Ziel erreichen ließen und das ausgreifende Lebenswerk als Dramatiker und Erzähler ermöglichten.

Da gab es nach dem Studium eine psychische Krise, die jegliche Aktivität für Monate lahmlegte. Sie erweist sich im Nachhinein als die Inkubationszeit der kommenden Schreibkunst. Beeindruckt von Sigmund Freud und psychoanalytisch betreut, fand der Ratlose Zugang zu seinen

Träumen. Und damit zu dem, was er schließlich als sein wahres Selbst und seine eigene Sprache entdeckte.

Da gab es die Lehrzeit bei Basler Zeitungen. Als Lokal- und Kulturberichterstatter, dann auch als Kolumnist, trainierte er schnelles, präzises Schreiben.

Da begegnete ihm in Otto F. Walters Erstling *Der Stumme* die vertraute jurassische Gegend als literaturfähiger Schauplatz. Und während Walter sich mit William Faulkner auseinandersetzte und Gerhard Meier mit Faulkners Lehrmeister Sherwood Anderson, erkor sich Schneider einen weiteren Amerikaner, Ernest Hemingway, zu seinem Vorbild. Dessen einfacher und genauer, auch atmosphärisch dichter Reportagestil leuchtete ihm ein. Er wirkt bis heute nach, gerade in den *Hunkeler*-Romanen und in den Prosastücken – freilich mit Schneider'scher Intonation.

Da gab es auch wichtige Freunde. So wie Urs Widmer die Basler Bohèmekneipe Hasenburg zu seiner Heimat machte, fand der eher zurückhaltende Schneider in deren Pendant, der Rio Bar, Leute, die ihm zuhörten, ihn dazu brachten, seine Gedanken darzulegen. Der Künstler Dieter Roth und Arnold Rüdlinger, Leiter der Basler Kunsthalle und »ein Genie im Erkennen neuer Kunst«, waren dabei. Ob Schneider in der Rio Bar sein in der Schweiz sonst seltenes Gespür für Dialoge entwickelt hat?

Überdies nahm Werner Düggelin, der charismatische Direktor der Basler Theater, den noch unbekannten Autor 1968 in seine Theaterfamilie auf. Dieser hatte ihm ein Dramenfragment vorgelegt: *Antonius und Cleopatra* nach Sueton. Vielleicht habe Düggelin an dem missglückten Text doch eine versteckte Qualität entdeckt, werweißt Schneider. Jedenfalls lernte er jetzt das Bühnenleben von innen kennen. Er spielte Nebenrollen, bearbeitete Texte, übernahm Regieassistenzen, etwa in Düggelins Inszenierung von Dürrenmatts Shakespeare-Bearbeitung *König Johann*. Diesem Regisseur verdankt Schneider nicht nur die Theaterpraxis, sondern später auch die Uraufführung seines Dramas *Irrläufer* in der Basler Komödie.

Hans Hollmanns Basler Inszenierungen von Schnitzlers *Liebelei* und von Karl Kraus' *Die letzten Tage der Menschheit* waren für den jungen Dramatiker prägend. Jetzt entstand *Sennentuntschi,* sein großes, knallig hintersinniges Durchbruchswerk, das 1972 am Schauspielhaus Zürich uraufgeführt wurde.

Die Entwicklung seines dramatischen Schaffens wird in *Kind der Aare* eingehend geschildert – auch die Hinwendung zum Landschaftstheater mit Regisseuren wie Louis Naef und Liliana Heimberg. Vor Erfolg und Rummel ums *Sennentuntschi* hatte er sich zunächst retten müssen, um weiterschreiben zu können. Zeiten des Rückzugs gehören entscheidend zu dieser Schriftstellervita. Mit einer Ausnahme – Paris – hat Hansjörg Schneider seine Rückzugsorte stets auf dem Land gefunden: heute im Schwarzwald, früher im Jura und im Emmental, etwas später im Tessin und dann im Elsass.

Über ein Drehbuch, was nichts anderes als ein Stück ist, mit dem Titel *Silberkiesel* gelangte er 1993 schließlich zum Kriminalroman. Dieses Genre mit seinen Dialogen und dem szenischen Aufbau ersetzte ihm immer mehr das Theater. »Es ist auch eine gute Art, über mich selber zu schreiben – samt diesem Schwermütigen, etwas Aargauischen, das zu mir gehört – und eben auch zu Hunkeler«, sagt Schneider. Kommissär Hunkeler ist inzwischen die markanteste Figur der neueren Schweizer Kriminalliteratur, mit Ausstrahlung weit über die Grenze hinaus. Dieser Fahnder, melancholischer Menschenfreund und Verfechter der Gerechtigkeit, zudem liebevoller Kenner der Natur, hat das Dreiländereck von Basel, insbesondere das Arbeiterquartier St. Johann und das angrenzende Elsass, erstmals in eine literarische Gegend verwandelt.

Über seine anderen Werke, die Romane, Erzählungen, Prosaminiaturen, schweigt sich Schneider in seinem Lebensbericht fast gänzlich aus. Die solle man eben lesen, empfiehlt er. Recht hat er.

Bitte beachten Sie
auch die folgenden Seiten

Hansjörg Schneider
im Diogenes Verlag

Das Wasserzeichen
Roman

Ende der dreißiger Jahre kommt in einem Schweizer Dorf ein Junge zur Welt, der an seinem Hals eine kiemenartige Öffnung aufweist. In seiner Kindheit findet man Moses Binswanger häufiger in den Bächen und Tümpeln der Umgebung als in seinem tristen Elternhaus.

Ins Wasser zieht sich Moses auch zurück, wenn er es unter den Menschen nicht mehr aushält, die ihm mit einer Mischung aus Abscheu und Faszination begegnen. Fasziniert von seiner Wunde zeigen sich vor allem die Frauen. Doch Moses muss erfahren, dass die Liebe ein gefährlicher Strudel ist, der die Liebenden in die Tiefe zu reißen droht – ist Moses Binswanger ein Mörder, eine Gefahr für die Öffentlichkeit?

»So schön, so genau, so sinnlich klar kann Schneider erzählen.«
Beatrice von Matt / Neue Zürcher Zeitung

Nachtbuch für Astrid
Von der Liebe, vom Sterben, vom Tod und von der Trauer darüber,
den geliebten Menschen verloren zu haben

»Ich habe beim Verfassen dieses Berichts nicht groß auf stilistische Feinheiten geachtet, ich habe auf Authentizität geschaut. Es ist ein Tagebuch meiner Trauer. Ich könnte Astrid auch einen Stein setzen. Aber da ich nicht Steinmetz bin, sondern Schriftsteller, schicke ich ihr dieses Buch nach in den Tod.«
Als seine Frau Astrid 1997 an Krebs starb, hatten sie und Hansjörg Schneider über dreißig Jahre zusammen-

gelebt. »Die Wahrheit wird sein, dass wir uns von Anfang an geliebt haben, ein Leben lang.« Nach ihrem Tod führte Hansjörg Schneider ein Jahr lang ein Tagebuch. Entstanden ist ein persönliches Buch über eine große Liebe.

»Einerseits ist *Nachtbuch für Astrid* die Beschreibung der existentiellen Krise des verlassenen, überlebenden Ehepartners. Interessant wird es vor allem dadurch, dass es mehr vom Glück der Liebe erzählt als vom Schmerz über den Tod.«
Carsten Hueck / Der Tagesspiegel, Berlin

»Hansjörg Schneiders intimes Zeugnis seiner Trauer ist ein Geschenk, ein Lobpreis der Liebe und eine Versöhnung mit dem Sterbenmüssen. Es hat die Kraft zu trösten.« *Stefan Seidel / Der Sonntag, Leipzig*

Nilpferde unter dem Haus
Erinnerungen, Träume

Über einen Zeitraum von zehn Jahren hinweg hat Hansjörg Schneider Tagebuch geführt. Er notiert Lektüren, Begegnungen, Projekte. Er hält die Glücksmomente fest, die der Tag bringt, und die Alpträume, die ihn in der Nacht heimsuchen. Und immer wieder führt die dichteste Gegenwart zurück in die Vergangenheit, die ihn nicht loslässt: seine Jugend im sinnenfeindlichen Mief der fünfziger und sechziger Jahre, das Leben mit seiner verstorbenen Frau Astrid, seine Erfolge und Niederlagen als Schriftsteller. In der direkten, klaren Sprache, die seine Leser aus den *Hunkeler*-Romanen schätzen, protokolliert Hansjörg Schneider sein Leben – schonungslos gegen sich und die Welt, berührend und mit lakonischem Humor.

»Ich beobachte mit Vergnügen, wie ein Autor Alltag in Literatur verwandelt. Schneider kann das meisterhaft.« *Dieter Forte*

Lieber Leo

Roman

Seine Freundin Bea hat ihn nach zehn Jahren ohne Adieu verlassen. Die Suche nach ihr führt den namenlosen Erzähler, einen Drehbuchautor Anfang vierzig, zu den Schauplätzen ihrer Liebe und seiner Biographie: ins Tessin, nach Basel, zum Vaterhaus im Aargau, nach Paris im Mai 1968. In der Neuen Welt, in San Francisco, findet der Erzähler Bea wieder. Und muss entdecken, dass sein bester Freund, Leo, etwas mit ihrem Verschwinden zu tun hatte. Zurück in Europa erfährt der Erzähler, dass Leo, den er zur Rede stellen will, gestorben ist. In Berlin beginnt er seinem toten Freund einen Brief zu schreiben: Lieber Leo ...

Hansjörg Schneider hat mit *Lieber Leo* und *Das Wasserzeichen* bedeutende Romane geschaffen.«
Beatrice von Matt / Neue Zürcher Zeitung

Die *Hunkeler*-Romane:

Silberkiesel

Hunkelers erster Fall

Roman

Die Jagd nach Diamanten, die der Drogenmafia gehören, hält Kommissär Hunkeler in Atem.
Ein libanesischer Kurier entledigt sich seiner Ware, bevor die Polizei zugreifen kann. Gefunden werden die Diamanten von einem Kanalarbeiter, der das ihm zugefallene Glück nicht mehr hergeben will. Doch der Kurier setzt alles daran, sie zurückzuerobern ...
Mit diesem Fall betritt Kommissär Peter Hunkeler aus Basel die literarische Bühne.

»Dieser Silberkiesel ist fürwahr ein kleiner Diamant.«
Susanne Schaber / Die Presse, Wien

Verfilmt mit Mathias Gnädinger
als Kommissär Hunkeler

Flattermann
Hunkelers zweiter Fall
Roman

Hochsommer in Basel. Nach seinem morgendlichen Bad im Rhein wird Kommissär Hunkeler Zeuge, wie von der Johanniterbrücke ein Mann in den Fluss stürzt. Auf den ersten Blick scheint es ein Selbstmord zu sein.

Doch Hunkeler zweifelt daran und geht den Spuren des Flattermanns nach. Sie führen ihn selbst an den Rand der Legalität und in die Tiefen seiner eigenen Geschichte.

»Hansjörg Schneiders Krimis machen süchtig.«
Benedikt Scherer / Tages-Anzeiger, Zürich

Das Paar im Kahn
Hunkelers dritter Fall
Roman

Eine junge Türkin wird ermordet aufgefunden, ihr Gesicht ist entsetzlich zerschnitten. Offenbar hat ihr Mann sie aus Eifersucht getötet – wenige Stunden später erhängt er sich in der Zelle.

Doch Kommissär Hunkeler mag an eine so einfache Lösung des Falles nicht glauben und recherchiert weiter. Was ist das Motiv für diesen grausamen Tod im Basler St. Johann-Quartier? Tatsächlich Eifersucht und Ehre? Oder hat die türkische Mafia etwas damit zu tun?

»Hunkeler ist der würdige Nachfolger von Wachtmeister Studer und *Das Paar im Kahn* einer der atmosphärisch dichtesten Krimis der letzten Zeit.«
Die Welt, Berlin

Verfilmt mit Mathias Gnädinger
als Kommissär Hunkeler

Tod einer Ärztin
Hunkelers vierter Fall
Roman

An einem heißen Montag im Sommer erhält Kommissär Hunkeler einen dringenden Anruf von der Sprechstundenhilfe seiner Hausärztin: Frau Dr. Christa Erni liegt ermordet in ihrer Praxis.
Schnell ergeben sich Verdachtsmomente gegen eine Gruppe Drogenabhängiger, die von der liberalen Ärztin mit Methadon versorgt worden waren. Aber Hunkelers Instinkt für die Abgründe der menschlichen Psyche führt ihn untrüglich auf andere Fährten.

Verfilmt mit Mathias Gnädinger
als Kommissär Hunkeler

Hunkeler macht Sachen
Der fünfte Fall
Roman

Es ist bereits nach Mitternacht, als der leicht angetrunkene Kommissär Hunkeler auf seinem Nachhauseweg in Basel den alten Hardy auf einer Bank sitzen sieht. Er möchte mit ihm eine Zigarette rauchen, aber der sonst so gesprächige Hardy bleibt stumm – seine Kehle ist eine klaffende Wunde. Medien und Polizei sind sich rasch einig: Hinter dem Mord steckt eine mafiöse Schmugglerbande aus Albanien. Doch Hunkeler geht seiner Intuition nach und gerät ins Basler Rotlichtmilieu und in dunkle Abgründe der jüngeren Schweizer Geschichte.

»Kein Wort zu viel, aber auch keines zu wenig.«
Sonja Kolb / Rheinische Post, Düsseldorf

Verfilmt mit Mathias Gnädinger
als Kommissär Hunkeler

Hunkeler und der Fall Livius
Der sechste Fall
Roman

Das neue Jahr beginnt für Kommissär Peter Hunkeler mit einem schauerlichen Fall: In einem Schrebergarten am Stadtrand von Basel wird eine übel zugerichtete männliche Leiche gefunden. Auf der Suche nach dem Mörder muss sich der launische Kommissär nicht nur mit streitsüchtigen Hobbygärtnern, sondern auch mit den Widrigkeiten der grenzüberschreitenden Polizeiarbeit auseinandersetzen. Der Fall wird immer rätselhafter, als Hunkeler auf Verdrängtes aus dem Zweiten Weltkrieg stößt: Was genau geschah im Februar 1943 im elsässischen Ballersdorf, und was hat es mit diesem Fall zu tun?

»*Hunkeler und der Fall Livius* ist in meiner Lesart ein Buch über eine Grenze, und zwar ein sehr gutes.«
Franz Schuh / Literaturen, Berlin

Verfilmt mit Mathias Gnädinger
als Kommissär Hunkeler

Hunkeler und die goldene Hand
Der siebte Fall
Roman

Peter Hunkeler liegt im Außenbecken des Seebads in Rheinfelden und kuriert sein Rückenleiden, als die Leiche eines Kunsthändlers aus Basel vorübertreibt. Der Kommissär beginnt zu ermitteln und taucht ein in eine Welt des illegalen Kunsthandels, in der Erfolg und Verbrechen kein Widerspruch sind. Die Spur führt ihn schließlich zur sagenumwobenen ›goldenen Hand‹ Rudolfs von Rheinfelden, für die sich einige Leute zu interessieren scheinen ...

»Naturbelassen bodenständig bewegt sich das Personal durch jene schöne mitteleuropäische Gegend zwi-

schen Schwarzwald, Vogesen und Jura, wo man schon immer nachbarschaftliche Querelen über die Grenzen hinweg in zweieinhalb Sprachen austrug. So prismatisch und spitzbübisch schillern auch die *Hunkeler*-Krimis allesamt.«
Günther Grosser / Berliner Zeitung

Hunkeler und die Augen des Ödipus
Der achte Fall
Roman

Wo steckt der Theaterdirektor Bernhard Vetter? Sein Hausboot ist herrenlos beim Stauwehr von Märkt aufgefunden worden, von ihm selbst fehlt jede Spur. Und das wenige Tage nachdem eine Inszenierung von König Ödipus in Basel die Gemüter erhitzt hat. Kommissär Peter Hunkeler steht sechs Wochen vor der Pensionierung. Aber ist er bereit, von der Bühne abzutreten? Mit gemischten Gefühlen taucht er ein ins Theatermilieu, zu dem er als junger Mann selbst gehört hat.

»Gemütlich und mit viel Spaß am Basler Lokalkolorit erzählt. Sympathisch schrulliger und intelligenter Kriminalroman.«
Wolfgang Höbel / KulturSpiegel, Hamburg

Verfilmt mit Mathias Gnädinger
als Kommissär Hunkeler

Hunkelers Geheimnis
Der neunte Fall
Roman

Peter Hunkeler, inzwischen pensionierter Kommissär des Kriminalkommissariats Basel, ist nach einer Operation im Krankenhaus und teilt das Zimmer mit einem alten Bekannten: Stephan Fankhauser, einer schillernden Figur. Einst ein wilder Achtundsechziger, ist er im Laufe der Jahre durch die Institutionen marschiert und Leiter einer Bank geworden, der Basler Volkssparkasse. Nun ist er schwer krank.

Eines Nachts, Hunkeler hat bereits ein Schlafmittel erhalten, beobachtet er, wie eine Krankenschwester mit einem Rubinring an der Hand dem Zimmernachbarn eine Spritze setzt. Merkwürdig nur, dass Fankhauser sich so heftig dagegen wehrt. Und trug die Nachtschwester sonst nicht immer einen Diamantring?

Am nächsten Morgen, als Hunkeler aufwacht, ist Fankhauser tot. Hat Hunkeler alles nur geträumt? Er ist sich nicht sicher, aber er ist entschlossen, der Sache auf den Grund zu gehen.

Friedrich Glauser
im Diogenes Verlag

»Glauser erfand die Figur des Wachtmeisters Studer. Nach eigener Auskunft dachte er dabei an Georges Simenons Maigret. Aber Studer wurde nicht eine Kopie. Glauser verhalf ihr zu unverkennbar helvetischer Selbständigkeit, indem er das Hintergründige in die Biederkeit steckte.« *Hugo Loetscher*

»Friedrich Glauser mit seinem abenteuerlich umgetriebenen Leben und seiner Fähigkeit, es spontan in Sprache umzusetzen, mit seiner Unmittelbarkeit, seiner leidend und leidenschaftlich durchlebten Erfahrung ist tatsächlich eine Entdeckung.«
Bayerischer Rundfunk, München

Die Kriminalromane mit Wachtmeister Studer
in einem Band im Schuber
Wachtmeister Studer / Matto regiert /
Die Fieberkurve / Der Chinese /
Krock & Co.
Mit einem Nachwort von
Hugo Loetscher

Die Kriminalromane in sechs Bänden in Kassette
Alle Bände auch als Einzelausgaben lieferbar:

Wachtmeister Studer
Roman. Mit einem Nachwort
von Hugo Loetscher

Die Fieberkurve
Roman

Matto regiert
Roman

Der Chinese
Roman

Krock & Co.
Roman

Der Tee der drei alten Damen
Roman

Urs Widmer
im Diogenes Verlag

*Vom Fenster meines
Hauses aus*
Prosa

Schweizer Geschichten

Liebesnacht
Eine Erzählung

Die gestohlene Schöpfung
Ein Märchen

Das Paradies des Vergessens
Erzählung

Der blaue Siphon
Erzählung

*Die sechste Puppe im
Bauch der fünften Puppe
im Bauch der vierten*
und andere Überlegungen zur Literatur. Grazer Vorlesungen 1991

Im Kongo
Roman

Vor uns die Sintflut
Geschichten

Der Geliebte der Mutter
Roman
Auch als Diogenes Hörbuch erschienen, gelesen von Urs Widmer

*Das Geld, die Arbeit,
die Angst, das Glück.*

Das Buch des Vaters
Roman
Auch als Diogenes Hörbuch erschienen, gelesen von Urs Widmer

Ein Leben als Zwerg

*Vom Leben, vom Tod
und vom Übrigen auch
dies und das*
Frankfurter Poetikvorlesungen

Herr Adamson
Roman

Stille Post
Kleine Prosa

Gesammelte Erzählungen

*Reise an den Rand des
Universums*
Autobiographie

Außerdem erschienen:

Shakespeares Königsdramen
Nacherzählt und mit einem Vorwort von Urs Widmer. Mit Zeichnungen von Paul Flora

Valentin Lustigs Pilgerreise
Bericht eines Spaziergangs durch 33 seiner Gemälde. Mit Briefen des Malers an den Verfasser

*Das Schreiben ist das Ziel,
nicht das Buch*
Urs Widmer zum 70. Geburtstag. Herausgegeben von Daniel Keel und Winfried Stephan

*Die schönsten Geschichten
aus Tausendundeiner Nacht*
Erzählt von Urs Widmer. Mit vielen Bildern von Tatjana Hauptmann

Liebesbrief für Mary
Erzählung
Diogenes Hörbuch, 3 CD, ungekürzt gelesen von Wolfram Berger

Martin Suter
im Diogenes Verlag

»Martin Suter erreicht mit seinen Romanen
ein Riesenpublikum.«
Wolfgang Höbel / Der Spiegel, Hamburg

Die Romane:

Small World
Auch als Diogenes Hörbuch

*Die dunkle Seite des
Mondes*
Auch als Diogenes Hörbuch

Ein perfekter Freund

Lila, Lila
Auch als Diogenes Hörbuch

Der Teufel von Mailand
Auch als Diogenes Hörbuch

Der letzte Weynfeldt
Auch als Diogenes Hörbuch

Der Koch
Auch als Diogenes Hörbuch

Die Zeit, die Zeit
Auch als Diogenes Hörbuch

Montecristo
Auch als Diogenes Hörbuch

Elefant
Auch als Diogenes Hörbuch

Die *Allmen*-Krimiserie:

Allmen und die Libellen
Roman
Auch als Diogenes Hörbuch

*Allmen und der rosa
Diamant*
Roman
Auch als Diogenes Hörbuch

Allmen und die Dahlien
Roman
Auch als Diogenes Hörbuch

*Allmen und die
verschwundene María*
Roman
Auch als Diogenes Hörbuch

Außerdem erschienen:

*Richtig leben mit Geri
Weibel*
Sämtliche Folgen

Business Class
Geschichten aus der Welt des Managements

Business Class
Neue Geschichten aus der Welt des
Managements

Huber spannt aus
und andere Geschichten aus der Business Class

Unter Freunden
und andere Geschichten aus der Business Class

Das Bonus-Geheimnis
und andere Geschichten aus der Business Class

Abschalten
Die Business Class macht Ferien

Alles im Griff
Eine Business Soap
Auch als Diogenes Hörbuch

Cheers
Ferien mit der Business Class
Auch als Diogenes Hörbuch

Business Class
Geschichten aus der Welt des Managements
Diogenes Hörbuch, 1 CD, live gelesen
von Martin Suter

De ge ... Blog ...
üb e doc les au !